# 내 아이가
# 그럴 리
# 없어요

한 번쯤은
당사자가 될 수 있는
**학교폭력**과
**교권침해** 이야기

# 내 아이가 그럴 리 없어요

최건희
김익환
노정철
고재현

부모의 관심 밖 학교폭력과 교권침해
"내 아이도 충분히 그럴 수 있습니다"

문예춘추사

PROLOGUE

## 학교폭력과 교권침해에 대한 바른 '이해'를 위하여

이 책의 글쓴이들은 교육지원청에서 학교폭력과 교권보호 관련 업무를 주로 하고 있습니다. 학교폭력과 교권침해 업무는 갈등을 주로 다루기에 아무래도 기피 업무로 인식되는 경향이 있습니다. 그런 반면에 사안을 접수하고 조치결정을 통보하기까지의 행정적인 절차들을 매뉴얼대로 처리한다고만 생각하면 단순한 일로도 볼 수 있습니다.

하지만 학교와 교육지원청은 학교폭력과 교권침해 사안에 대해 기계적으로만 바라보지 않습니다. 아이들 행동에 대해 섣불리 먼저 결론내리기보다 왜 그런 갈등이 생겼는지, 교육적으로 해결할 수는 없었는지, 앞으로 어떤 아이로 자랄 수 있을지 생각합니다. 사안을 다양한 측면에서 볼 수 있도록 심의위원들이 여러 분야 전문가들로 꾸려져 있기도 합니다. 간혹 아이들이 아닌 학부모들이 잘못된 행동을 했을 경우에도 아이에게 미칠 영향을 세심하게 고려하기 위해 노력하고 있습니다.

글쓴이들이 일하는 부서에서는 지난해에 학교폭력과 관련하여 『우리 애가 그럴 리 없어요』라는 책을 낸 적이 있습니다. 이 책과 함께 보시면 학교폭력에 대해 더 잘 이해할 수 있을 거라고 생각합니다. 이번 책에서는 그때 미처 다루지 못했던 학교폭력 사례 및 유형들과 더불어, 2024년부터 교육지원청에서 담당하게 된 교권보호위원회에서 심의한 교권침해 사례를 함께 담아볼 수 있도록 애썼습니다.

학교폭력 사안은 일부 예외적인 경우를 제외하고 주로 학생 간 갈등을 다루는 데 비해, 교권침해는 학생과 선생님, 또는 학부모 간에 생기는 갈등을 내용으로 한다는 차이가 있습니다. 학교폭력에 비해 사안이 접수되는 수는 적지만, 특히 선생님이 교권침해를 당하면 수업에 들어가서 만나는 다수 학생들에게 피해가 미친다는 점에서 더욱 관심을 가질 필요가 있습니다. 교권을 보호하는 것은 결국 학생의 학습권을 보호한다는 생각을 가져야 하는 것이지요.

이 책의 내용은 학교폭력과 교권침해 사안과 관련한 업무를 하면서 알거나 겪게 된 여러 교육지원청의 실제 사례들을 바탕으로 하고 있습니다. 물론 개인정보 보호 등 여러 이유와 한계로 인해 모든 이야기들은 각색이 되어 있음을 밝힙니다.

1부는 학교폭력, 2부는 교권침해와 관련한 이야기를 담았습니다. 사안을 진행하며 업무 처리 시 고려해야 할 점과 함께, 법률적으로 생각해볼 수 있는 점들도 같이 다루어 전문성을 높이기 위해 노력했습니다. 그리고 화해중재, 위센터 등 학교를 중심으로 일어나는 갈등을 교육적으로 해결하기 위한 노력들도 소개해보았습니다. 학교폭력과 교권침해에 대한 이해를 넓히면서 학교와 교육지원청의 수고 역시 살펴볼 수 있을 것입니다.

일선 학교와 교육지원청에서 아이들을 위해 노력하는 모든 분들께 감사의 말씀 드립니다. 이 책이 여러 어려움 속에서도 학교현장을 조금이라도 더 행복하게 만들기 위해 애쓰는 분들에게 미약하나마 힘이 되면 좋겠습니다. 그리고 부족한 원고를 기다려주시고, 좋은 책을 만들기 위해 노력해주신 문예춘추사에도 감사 인사 드립니다.

# CONTENTS

**PROLOGUE**  학교폭력과 교권침해에 대한 바른 '이해'를 위하여  • 005

## {1부}
## 학교폭력 없는 안전한 학교를 위하여

어벤저스 • 014

20=3 • 022

캐치 미 이프 유 캔 • 020

I'll be back • 034

케이팝 스타를 꿈꾸며 • 040

NASA 빠진 사람들 • 046

가을 우체국 앞에서 • 051

골때리는 그녀들 • 057

공무도하가 • 065

국가의 명령 • 071

나 보기가 역겨워 가실 때에는 • 078

나 떨고 있니 • 084

| | |
|---|---:|
| 나에게는 꿈이 있습니다 | • 090 |
| 낙장불입 | • 095 |
| 낮과 밤이 다른 그놈 | • 102 |
| 내 아이가 아파요 | • 108 |
| 눈물의 여왕 | • 114 |
| 당근이지 | • 119 |
| 딥페이크, 거짓의 대가 | • 124 |
| 럭키비키잖아 | • 131 |
| 마지막 승부 | • 137 |
| 만 원의 행복 | • 145 |
| 맹모삼천지교 | • 151 |
| 소풍 | • 159 |
| '어이'를 찾습니다 | • 165 |
| 옥상으로 따라와 | • 172 |
| 이상한 변호사 | • 178 |
| 제주도의 푸른 밤 | • 186 |
| 종합선물세트 | • 193 |
| 줄을 서시오 | • 200 |

| | |
|---|---|
| 춘향이가 학교폭력을? | • 206 |
| 친구 아이가 | • 213 |
| 타짜 | • 220 |
| 특별한 아이들 | • 226 |
| 하쿠나 마타타 | • 233 |
| 형제의 난 | • 241 |
| 용서는 힘이 세다 | • 246 |
| 더 알아보기 ❶ | • 252 |

## {2부}
## 교권침해 없는 행복한 학교를 위하여

| | |
|---|---|
| Can you speak Korean? | • 256 |
| 고르디우스의 매듭 | • 262 |
| 교권침해인 듯, 교권침해 아닌, 교권침해 같은 | • 269 |

| | |
|---|---|
| 남의 집 귀한 자식 | • 275 |
| 네가 왜 거기서 나와 | • 282 |
| 마음을 열면 사랑이 들어올지니 | • 288 |
| 망상 속의 그대 | • 295 |
| 선을 넘은 녀석들 | • 300 |
| 얼마예요? | • 305 |
| 초보운전 | • 311 |
| 하늘과 땅이 알고, 너와 내가 안다 | • 318 |
| 더 알아보기 ❷ | • 324 |
| 더 알아보기 ❸ | • 326 |

**EPILOGUE**　"상처는 피한다고 저절로 낫지 않습니다"　　• 329

## 1부

# 학교폭력 없는
# 안전한 학교를 위하여

학교폭력 사안 처리 업무를 담당하는 공무원으로서, 용서와 처벌 중 어느 것이 나은지 이야기하기는 어렵다. 개별 사안마다 내용이 다 다르기 때문이다. 하지만 어쨌든 이곳은 학생을 '교육'하는 것이 중심인 곳이다. 피해 학생에 대한 보호처분과 가해 학생에 대한 선도처분 모두가 학생에게 보다 교육적으로 다가갈 수 있기를, 그래서 그 학생들이 결국 좀 더 나은 어른으로 살아가길 희망해본다.

## 어벤저스

'어벤저스(avengers)'는 'avenge'에서 나온 말로, 원래는 복수하는 사람 정도의 의미를 가진다. 그러다가 2012년 마블 사에서 영화 〈어벤저스〉가 나온 이후, '잘못을 바로잡는 사람들' 정도의 의미를 거쳐 지금은 어떤 분야에서 최고의 능력을 가진 이를 뜻하는 말로 '어벤저스급'이라는 말이 흔히 쓰이고 있다. 아이언맨, 토르, 헐크 등 최강 능력을 가진 슈퍼 히어로들이 지구를 구하기 위해 애쓰는 화려한 액션을 영화가 상영되는 내내 흥미 있게 보았던 기억이 많은 이들에게 있을 것이다.

학교폭력 대응 부서에서 일하는 이들이 적어도 이 업무에서만큼은 어벤저스가 되기 위해 노력하고 있다면 어떨까. 과한 자화자찬이라고 하겠지만, 학교폭력 없는 안전한 교육환경을 만들기 위해 교육지원청에서 많은 사람들이 노력하고 있음을 전하는 것도 의미 있는 일이라고 생각한다.

지역별로 차이는 있겠지만, 대개 학교폭력에 관해서는 생활교육을 담당하는 부서 또는 담당자가 지정되어 있다. 글쓴이들이 근무하는 교육지원청의 경우 학교폭력업무를 담당하는 전문 장학사를 팀장으로 하여, 장학사, 변호사, 주무관, 상담사 등이 학교폭력을 포함한 생활교육 관련 업무를 진행하고 있다.

우선 학교폭력 업무의 최일선이라고 할 수 있는 각 학교에는 학교폭력 업무 담당 책임교사들이 지정되어 있는데, 이중 역량이 뛰어난 분들을 지원단으로 모셔서 학교폭력예방 소식지를 발간하고, 근무지 주변 학교들을 묶어 사안처리 등을 돕고 있다.

학교폭력이 발생하면 관련 학생들 간의 갈등을 조정하기 위한 노력이 중요하다. 학교폭력이 사회적 이슈가 되면서 2차 가해에 대한 우려가 커지자, 학교폭력 발생 이후 가해 관련 학생과 피해 관련 학생을 즉시 분리하도록 제도화되었다. 긍정적인 측면도 있지만 이로 인해 관련 학생 간 접근이 금지되어 화해를 위한 시도 자체가 막히는 경우가 많아졌다. 피해 학생은 사과를 못 받아서 서운하고, 가해 학생은 사과를 하고 싶어도 접근금지 때문에 못하게 되었다며 심의에 와서야 하소연하곤 한다. 이럴 경우 화해 또는 중재를 지원하는 프로그램을 활용하면 서로 간 오해를 푸는 데 큰 도움을 받을 수 있다. 이를 위해 중재단이 운영되는 것이다.

학교폭력 사안에 대해 관련 학생과 보호자가 얼굴을 맞대고 이야기 나누는 것이 부담스럽다면 개별적으로 프로그램이 진행되며, 학교 외 장소에서 진행하고 싶다면 교육지원청 등을 활용할 수 있다. 직장 생활로 바쁜 학부모를 위해 방과 후에도 진행하는 등 맞춤형으로 지원하면서 갈등을 중재할 수 있도록 적극 노력 중이다.

또한 사안 조사를 위해 학교폭력 전담조사관 제도가 2024년부터 시행되고 있다. 원래는 학교 선생님들이 사안 조사를 했었지만, 학교에 대한 민원이 빈발하는 등 업무 부담이 과중하다는 측면을 고려해야 했다. 이와 함께 전문적인 역량을 갖춘 조사관이 사안 내용을 좀 더 잘 살펴 공정하게 심의를 진행할 수 있도록 돕고 있는데, 실제 어느 정도 효과가 있는 것으로 보고되고 있다. 여전히 일부 민원이 있기도 하지만, 꾸준히 연수를 진행하는 등 역량을 키우기 위해 노력하고 있다.

이런저런 노력에도 불구하고 심의가 열려 학생과 학부모가 출석하면 심의위원들을 만나게 되는데, 이분들 역시 중요한 축이다. 평소 각자의 본업에 종사하다가 학교폭력 심의가 배정되면 시간을 조율하여 교육지원청으로 향한다. 사안과 관련하여 많게는 수백 페이지씩 보고되는 제출 자료들을 시간을 쪼개가며 검토하고, 심의 시 몇 시간이고 가해 및 피해 관련 학생과 학부모의 이야기를 듣고 교육적 효과에 대한 고민을 거쳐 조치결정을 의결한다.

중재단, 학교폭력 전담조사관, 학교폭력대책심의위원 등은 전·현직 교원, 검·경찰, 변호사, 전문상담가, 학부모 등으로 구성된다. 학교폭력과 관련해서는 말 그대로 최상의 팀이다. 물론 노력에 비하면 부족하지만 약간의 수당이 지급되기도 한다. 각 분야의 전문가로서, 또한 본인이 자녀를 키우는 입장에서 아이들이 학교폭력 없는 좀 더 안전하고 행복한 교육환경에서 교육받을 수 있도록 노력하고 있다.

그리고 이러한 조직들을 꾸리고, 효율적으로 운영하며, 더 나은 개선책을 찾아 끊임없이 노력하는 장학사와 주무관들이 있다. 우리 부서에는 뛰어난 역량을 가진 상담사님도 있어, 선생님과 학부모 등을 가리지 않고 학교폭력을 포함한 전반적 생활지도와 관련한 다양한 질의에 답변하고 행정적인 업무도 함께 진행한다. 학교폭력이나 생활지도 담당 부서는 기피부서라는 인식이 있기는 하지만, 교육지원청의 타 부서와 달리 초등과 중등이라는 학교급 구분 없이 하나의 팀으로 업무를 하고 있어 어느 부서보다 팀워크가 좋다.

또한 교육지원청별로 다르긴 하지만 규모가 큰 지역이거나 사안이 많은 경우, 변호사가 소속되어 있기도 하다. 우리 교육지원청에도 2023년부터 변호사님이 근무 중이며, 학교폭력과 관련된 행정심판과 행정소송에 대한 법률 지원을 중심으로 교권침해와 아동학대 사안에 대한 대응과 교사 연수 등의 업무를 하고 있어 학교 현장을 지원하는 데 큰 힘이 되고 있다.

물론 간혹 본인 또는 자녀의 학교폭력 사안 처리에 대해 불만이 있는 경우 전담조사관이 뭐하는 사람이냐, 심의위원 이름이 뭐냐면서 항의하는 학부모도 있지만, 적어도 학교폭력에 대해서만큼은 어벤저스가 되기 위해 성심성의껏 노력하는 이들이 모여 있는 곳이라고 자부한다.

영화 속 여러 히어로 중 아이언맨 슈트에 장착된 인공지능 자비스가 위기 상황을 해결하는 모습이 기억에 남는다. 학교폭력도 짠~! 하고 인공지능이 나타나 갈등도 중재하고, 사안조사도 하고, 심의 조치 결과도 결정하고, 머리 아픈 조치결정통보서 작성도 해주면 좋으련만 학생들 간의 갈등은 결국 사람 문제이고, 어른들이 관심을 가지고 도와야 하는 일일 수밖에 없다.

영화에서는 어벤저스들이 끝내 악을 물리치고 지구를 구하는 것으로 끝을 맺는다. 학교폭력도 그랬으면 좋겠지만 동서고금을 막론하고 아이들은 싸우면서 크는 법이니, 그때그때 교육적인 해결을 위해 언제나 노력해야 한다.

　한 편의 영화가 끝나면, 이쯤 되면 지구는 이제 영원히 평화롭기만 해야 할 것 같은데 다음 영화에 또 다른 위기가 나오고 다시 어벤저스들이 어디선가 나타난다. 굳이 마블의 히어로들이 아니면 어떤가. 여러 다른 영화나 뮤지컬 등을 보면 곳곳에 번개맨도 있고, 하다못해 뽀로로도 있어, 서로 도와가며 이런저런 어려운 상황 극복을 위해 노력하기에, 덜컹대면서도 우리의 일상이 이어지는 건 아닐까. 학교폭력과 관련해서도 책임교사나 교육지원청의 업무담당자뿐 아니라 우리 사회의 수많은 어른들이 따뜻한 마음으로 아이들을 바라보고 지켜준다면 아이들은 큰 걱정 없이 잘 자랄 수 있다.

　아이들은 우리의 미래이고, 여전히 교육이 희망이다. 교육지원청은 학교폭력에 대응하는 역량을 끊임없이 키우고 더 나은 교육을 위해 노력해나갈 것이다. 어벤저스 출동!

 **김 팀장의 사안 관련 팁**

1만 시간의 법칙이란 말이 있습니다. 한 분야에서 전문가가 되기 위해서는 약 1만 시간의 집중적인 연습과 노력이 필요하다는 이론이라고 합니다. 이 개념은 캐나다의 심리학자 앤더스 에릭슨(Anders Ericsson)의 연구를 바탕으로 만들어졌으며, 이후 말콤 글래드웰(Malcolm Gladwell)이 그의 책 『아웃라이어(Outliers)』에서 이를 대중화하면서 널리 알려졌다고 합니다. 학교폭력 사안 조사를 하기 위해 구성된 전문가들도 각자 조직적인 세부 업무를 담당하고 있으며 주기적으로 역량강화 연수를 받는 등 전문성을 키우기 위해 많은 노력을 기울이고 있습니다. 교육지원청 바깥에서는 잘 드러나지 않지만 중요한 역할을 하는 숨은 영웅(Invisible Hero)이라고 할 수 있습니다.

일선 학교에는 학교폭력 책임교사 및 부장으로 재직하며 수많은 학생들이 겪는 다양한 갈등을 중재 및 해결하기 위해 노력하는 분들이 있습니다. 학교폭력 사안 초기에 갈등 해결이 잘 된다는 것은 학교현장 전문가 덕분이라고 볼 수 있습니다.

교육지원청 내 학교폭력 전담조사관은 퇴직 교원, 퇴직 경찰, 청소년 전문가 등으로 구성되며, 이들이 학교폭력 신고 접수 이후 피·가해 관련자 및 보호자까지 면담을 통해 사안을 파악한 후 조사보고서 작성을 하게 됩니다.

사안조사 이후 학교장 자체해결이 되지 않을 시 장학사와 주무관은 학교폭력 관련 행정업무를 담당하며, 특히 장학사는 한 사안의 신고접수부터 심의위원회 의결 및 안내, 조치결정까지 총괄하게 되는데, 심의 이후 민원응대 및 조치불복까지 업무를 진행합니다.

학교폭력 심의위원회 개최요청 시, 각 지역 교육지원청마다 다르지만 최소 30명에서 최대 50명까지 위원을 구성하여 운영하고 있습니다. 위원회 구성원은 전문직 장학관 2명, 전현직 교원, 변호사, 경찰, 학부모, 청소년 전문가 등으로 이루어져 있어, 학교폭력 심의 진행에서만큼은 어벤저스라고 해도 무방할 것입니다. 이처럼 학교폭력 사안은 많은 전문가가 개입하여 사안 심의가 이뤄지는 만큼, 학교폭력 피·가해 학생 및 보호자의 조치불복(행정심판, 행정소송)이 있더라도 교육지원청이 패소하는 비율은 매우 적습니다.

당장 내 아이가 피해를 입어 마음이 아프고 속상한 것은 누구보다 노 공감하고 이해할 수 있습니다. 가해 학생 및 보호자도 당장 아이 말만 듣고 내 아이가 그럴 리 없다고 목소리를 높이기보다 차분히 사안을 파악한 후, 원만한 해결을 위해 노력하면서 관계기관에 협조적이어야 할 것입니다. 어벤저스를 믿지 못한다면 사안의 본질을 잊은 채 또 다른 사안으로 확대, 변질될 수 있습니다. 이때 오롯이 피해를 입는 것은 우리 자녀들이며, 또한 가정과 학교 모두 상처를 받습니다. 이를 누구보다 많이 경험했던 당사자로서, 그에 대한 안타까움을 전합니다.

 ## 최 변호사의 법률 조언

- 학교폭력대책심의위원회 위원분들은 회의를 진행하는 장학사 외에 퇴직 교원, 경찰, 변호사, 상담 전문가, 학부모 등으로 구성되고, 학교폭력 전담 조사관은 주로 퇴직 교원과 경찰분들이 주를 이루는 소위 '어벤저스' 그룹입니다.
- 따라서 학부모들이 학교폭력대책심의위원회의 조치결정에 설령 불만이 있어 행정심판이나 행정소송을 제기하시더라도, 법원은 지나치게 불합리한 조치가 아니라면 교육 전문가의 결정을 최대한 존중하는 의미에서 대부분 교육지원청이 승소하는 방향으로 결론을 내립니다.
- 따라서 변호사들도 학교폭력 조치처분에 불복하기 위해 찾아오는 학부모 의뢰인에게 행정심판이나 행정소송을 제기하더라도 결과를 쉽게 뒤집기는 어렵다는 점을 종종 고지합니다. 그리고 어렵게 변호사까지 선임해서 학교폭력 조치처분에 불복하는 소송을 했더라도, 결국 교육청에 패소했을 경우 기존의 변호사 선임비는 당연히 돌려받을 수 없을 뿐만 아니라, 교육청이 선임했던 변호사 비용까지 학부모가 온전히 부담해야 하므로, 소송을 제기하실 경우에는 필히 여러 변호사와의 상담 후 소송 제기 여부를 신중하게 결정하셔야 할 것입니다.

## 20=3

　학교폭력 사안은 아무래도 관련 학생이 피해자 한 명, 가해자 한 명인 경우가 많다. 가끔 피해, 가해 관련 학생이 여러 명인 경우도 있는데, 그러면 사안 처리 과정에서 학생과 보호자 확인서 등 서류를 확인하고 심의를 진행하는 과정도 신경쓰이기 마련이다. 학교폭력 업무를 담당하는 장학사들은 각자 순번을 정해 학교에서 학교폭력 사안이 접수되는 대로 사안을 배정받게 된다. 우리 부서의 경우, 업무의 어려움을 고려하여 관련 학생이 10명을 넘으면 두 건, 20명을 넘으면 세 건을 진행한 것으로 간주해서 업무 분배를 하고 있다. 간혹 관련 학생이 10명을 넘는 경우는 몇 번 있었지만 20명을 넘는 경우는 거의 없었는데, 관련 학생이 한번에 30명을 넘는 사안이 접수되어 당황스러울 때가 있었다.

　이 사안은 초등학교 학생들이 온·오프라인에서 서로 말다툼 등 언어폭력을 행사했다는 내용이었다. 여러 학생이 관련되는 사안들 중에는 사실 인원만 많지, 한 명이 다른 여러 명의 학생들을 괴롭히는 등 사안 내용은 비교적 단순한 것들도 있는데, 이 건은 서로 간에 정도가 다른 피해와 가해가 얽혀 있었다.

　이 사안을 누가 맡을 것인가부터 고민이었다. 이렇게 많은 학생이 연관된 사안은 처음이었기에, 30명이 넘는 관련 학생을 일반 사안 몇

건으로 보아야 할지부터 이야기가 오갔다.

　순번에 따라 사안을 맡게 된 후 학교를 방문하여 사안을 살펴보았다. 접수된 학생 중 일부가 학교장 자체 결과 중재에 동의하면서 다행히 관련 학생 수는 줄었지만, 여전히 20명대 초반의 인원이었다.

　사안을 어느 정도 파악하고 개최계획을 세우는 것도 어려웠다. 일반적인 사안의 경우 점심 시간 후부터 심의를 시작하여 한 학생당 2, 30분 정도 진술할 수 있도록 시간을 안배하는데, 이 사안은 관련 학생이 많아서 각자 20분만 배정해도 진술 시간만 8시간이 훌쩍 넘는다. 그렇다고 진술 시간을 5분이나 10분으로 무작정 짧게 잡을 수도 없는 일이었다. 학생과 보호자 입장 시, 그리고 진술을 마친 후 기본적으로 안내해야 하는 멘트에만 5분 정도 소요된다.

　하루로는 도저히 심의 운영을 하지 못할 사안이었다. 어쩔 수 없이 이틀 동안 오전부터 오후까지 심의를 진행하는 것으로 계획해야 할 것 같았다. 또 다른 문제는 심의위원 섭외였다.

　학교폭력대책심의위원회에 심의위원으로 위촉된 분들은 자신의 본업에서 일하다가 심의위원회 시간에 맞춰 참석해주시는데, 이틀 동안 진행될 심의에 누가 참석할지 짐작하기 어려웠다. 그리고 이틀 동안 같은 사안이 진행되는데 이틀 중 하루만 출석하는 식으로 운영할 수도 없었다. 점심 식사 제공도 필요해서 식당도 섭외가 필요했다. 어찌어찌 어렵게 섭외를 하고, 관련 학생을 반으로 나누어 이틀간 심의를 진행했다. 다행히 학생들은 통보된 시간에 맞춰 출석해주었지만, 비슷비슷한 이야기들을 하루종일 듣는 것은 고역이었다. 누가 누구를 괴롭혔는지, 그 아이는 어떤 피해를 받았다고 주장하는지 피해와 가해 관계를 구분해가며 사안을 파악해야 해서 기나긴 집중력도 필요했다. 그렇게 오전부터 늦은 오후까지 이틀간 진행된 일정에 다들 녹초가 되었다.

그나마 심의위원들은 심의를 마치고 돌아가면 되었지만, 사안 담당 장학사로서 조치결정통보서를 작성해야 하는 것은 정말 힘든 일이었다. 아이들 이름 중에는 비슷비슷한 이름도 있어서 혼동하지 않도록 누가 누구였는지, 이 아이가 그때 무슨 말을 했는지 다시 떠올리며 내용을 작성했다. 인공지능이 있어서 정리를 좀 도와주면 좋을 텐데 하는 푸념도 들었다.

간신히 조치결정통보서 작성도 마치고 결재 후 발송했다. 점검을 몇 번이고 했지만 틀린 곳은 없을지, 정보공개청구나 행정심판, 행정소송이 들어오면 또 이걸 살펴봐야 할 텐데 무사히 넘어가면 좋겠다는 생각이 늘었다. 다행히 이후 별다른 이의제기는 없었다. 그래도 사안 마무리까지 잘 되었구나 싶어서 한숨 돌릴 수 있었다.

사안 관련 학생들과 보호자들이야 본인과 관련한 내용만 집중할 것이니 이런 행정적인 어려움은 당연하다고 생각할 수도 있다. 또 누군가는 어차피 당신이 해야 할 일이니 그 정도는 감수해야 하는 것 아니냐, 인원이 많은 사안이라 일반 사안 세 건을 한 것으로 통쳐주니 괜찮지 않냐고 속 편한 소리를 할 수도 있을 것이다. 물론 맡은 업무이니 해나가야겠지만, 이런 사안은 일반적인 학교폭력 사안보다 몇 배는 힘들다. 좋은 일이라 해도 어려운 일은 맡기 싫은 게 인지상

정일 텐데, 애들 싸운 내용을 처리하는 건 정말 고역이다.

학교폭력 사안접수 목록을 정리해놓은 파일을 살펴본다. 중간중간 또 열 명이 넘는 사안들이 보인다. 저건 또 누가 하려나… 이번엔 내 순번이 아니었으면 하고 다시 살펴본다. 하지만 왜 슬픈 예감은 틀린 적이 없나. 공문 파일부터 다운받아 정리해야겠다.

## 김 팀장의 사안 관련 팁

사안에 관련 학생이 20~30명인 경우는 사이버폭력, 혹은 1대1 신체폭력 사안에 방관자들이 있는 경우입니다. 학생이나 보호자 입장에서는 학교폭력에 연관되면 가벼운 내용이라고 말할 수는 없을 것입니다. 이처럼 다수 학생들이 관련된 사안이라면 특히 학교에서의 사안접수 및 조사단계에서 학생들의 학교폭력 피해 및 가해 정도를 잘 살펴 학교장 자체해결을 위한 노력이 필요할 것입니다.

심의를 진행하다 보면 단순 사이버상 가담자로서 단체방에 잠시 들렀다 한마디 하거나 다른 친구가 싸우는 장소에 구경 갔다가 신고되는 경우가 많습니다. 학교폭력 사안 절차를 보면 접수일로부터 2주 이내 혹은 1주 연장하여 최대 3주 이내에 학교장 자체해결 또는 심의 요청 중 하나를 선택해 교육지원청에 보고해야 합니다. 이 2주 혹은 최대 3주 기간 중 무엇보다도 학교와 관련 학생 및 가정에서의 긴밀한 연계를 통해 중재를 포함한 갈등 해결이 될 수 있도록 애쓰면 좋겠습니다. 어렵더라도 이런 과정을 지역교육지원청 내 원스톱 맞춤중재 요청 등을 통해 진행한다면 설령 30명 이상이 관련된 학교폭력 사안일지라도 슬기롭게 해결되거나, 심의가 요청된다 해도 최소한의 인원만 심의할 수 있을 것입니다. 교육지원청 내 원스톱 맞춤중재 프로그램(교육지원청별 상이)을 꼭 안내하고 확인해보면 좋겠습니다.

## 최 변호사의 법률 조언

- 하나의 학교폭력 사안일지라도 관련 학생이 이렇게 10명이 넘어가는 대형 사건인 경우에는 각 당사자마다 피·가해에 관한 사실관계를 특정하고 정리하기가 어려워 통상의 사건보다 훨씬 시간도 오래 걸리고 복잡해집니다.
- 이런 단체 사안을 자세히 살펴보면, 주도적으로 학교폭력을 행한 학생은 소수에 불과하고 이를 옆에서 동조하는 학생들이 대부분입니다. 이런 부류의 친구들은 단체 채팅방에서 어떤 친구가 다른 친구를 험담하는 것에 한두 마디 얹었다가 졸지에 언어폭력 공범이 되어 학교폭력 사안에 휘말리게 되고, 동조를 넘어 다른 친구들에게 같이 놀지 말자고 제안했다면 순식간에 사이버 따돌림을 한 가해 학생이 되어버립니다.
- 따라서 학부모님들이 자녀를 교육할 때에는 3~4명 이상이 있는 단체 채팅방에서의 언행을 필히 조심하도록 주의시켜주시는 것이 좋습니다.

## 캐치 미 이프 유 캔

⟨Catch me if you can⟩은 스티븐 스필버그가 감독하고 레오나르도 디카프리오와 톰 행크스 등이 나온 2002년 개봉 영화다. 제목은 '나 잡아봐라' 정도의 의미로 생각하면 될 것 같다. 주인공 디카프리오는 세상을 속이는 능청스러운 사기꾼 역할을 선보인다. 그는 아버지의 사업 실패와 부모의 이혼 이후, 파일럿, 하버드의대 수석 졸업, 예일 법대 출신 변호사 등으로 사기를 치면서 미국 전역을 여행하며 FBI를 발칵 뒤집어놓는다. FBI 수사관을 연기한 톰 행크스가 이를 추적하는데 둘 사이 쫓고 쫓기는 연기가 영화를 보는 내내 긴장감 있게 전개된다.

학교폭력 사안을 살펴보다 보면 자신의 가해 행동에 대해 증거 있느냐면서 끝까지 뻔뻔하게 부인하는 경우가 종종 있다. 그런 날이면 심의 진행을 돕는 간사 역할을 하면서 나도 머리끝까지 화가 나기도 한다.

고등학교 남학생 간 사안이 접수되었다. 한 학생이 다른 학생에게 언어폭력과 인터넷상에서의 뒷담화 등을 해왔다는 내용이었는데, 가해 관련으로 출석한 학생은 자신의 행동을 부인했다. 언어폭력을 했다는 증거가 없지 않느냐는 것이 주된 주장이었다.

하지만 학교에서는 피해, 가해 관련 학생들에 대한 확인서는 물론 주변 목격 학생들의 확인서도 충분히 제출했다. 심의시 진술을 통해 각 학생들이 주변 친구들과의 관계를 진술했는데, 자신의 가해 사실을 부인하는 학생이 친구라고 이야기한 학생 역시 목격 학생 확인서를 통해 가해 사실을 서술했다. 비록 친구지만 이런 행동은 하지 말아야 할 행동이었다고 생각한 것이었다.

특이한 것은 담임 선생님이 제출한 자료였다. 대개 담임 선생님은 학교폭력 심의 결과야 어찌되었든 관련 학생들과 생활을 계속해야 하는 경우가 많아 심의와 관련한 민원에 시달릴 것을 염려해 자료를 제출하지 않거나, 제출하더라도 중립적 입장에서 사실관계만 간단히 전하는 경우가 많다. 그런데 이 선생님은 별다른 의견은 없었지만 학생생활 기록 내용을 제출해주었다. 학생에 대한 개별 의견은 제출하지 않아 추후 분쟁에 휘말릴 가능성을 줄이면서도, 자신이 관찰해온 내용을 심의위원회에 제출함으로써 본인 의견을 간접적으로나마 전달하기 위함인 것을 알 수 있었다.

가해 학생은 인터넷상에서의 뒷담화 역시 자료가 없지 않느냐고 이야기했는데, 대화 내용이 일정 시간이 지나면 자동 삭제되는 기능이 있는 앱을 이용했을 때 이 같은 주장을 하는 경우가 있다. 물론 학생의 생각대로 대화 내용은 시간이 지나 삭제되었을지 모르지만, 대화가 오갔던 순간 방에 있었던 학생들이 캡처를 하거나 그도 안 될 경우 화면 자체를 촬영해서 증거 자료로 제출하기도 한다. 자기 딴에는 친구들이 의리를 지켜서 자신의 잘못을 숨겨줄 것이라고 믿을지 모르겠지만, 친구들도 그건 진정한 의리가 아니라고 여기는 것이다.

결국 이 학생은 반성정도와 화해정도 등에 불리한 점수를 받아 자신이 한 행동에 비해 적어도 두 단계는 강한 선도처분을 받게 되었다.

같은 반 학생을 몰래 촬영해서 가지고 있던 것을 다른 학생이 눈치채고 학교폭력으로 접수된 후 심의 요청되었는데, 해당 사실이 있는지 물어보니 가해 학생이 본인 입으로 증거를 없애기 위해 자신이 사용하던 휴대폰과 노트북 등을 강에 던졌다고 하는 경우도 있었다. 물론 교육지원청 학교폭력대책심의위원회는 수사권을 가지고 있지 않아 수색 등 조사가 어렵지만, 사안이 경찰로 넘어가면 이야기가 달라질 수 있다. 혹시 운이 좋아서 벌을 받지 않는다 해도 하늘이 알고, 땅이 알고, 스스로 아는 잘못이다. 차라리 학생 때 적절한 벌을 받고 잘못된 행동을 멈춰야지, 한순간 빠져나간다 한들 나중에 더 큰 화가 되어 돌아오게 된다.

물론 개그 소재로 쓰이는 경우겠지만 '나 잡아봐라'로 인터넷에 검색해보면 훈훈한 마무리보다 제풀에 넘어지거나, 약 올리며 도망가는 상대를 결국에는 잡아서 파도에 던져 넣는 경우도 흔하다. '나 잡아봐라'는 학교폭력이 아닌, 연인들끼리 사랑을 속삭이며 해야 어울리는 말일 것이다.

 **김 팀장의 사안 관련 팁**

　학교폭력과 관련된 법률이 제·개정되는 과정을 거치면서 학교폭력에 대한 관심도 높아졌습니다. 특히 2024학년도부터는 대학입시에도 불이익이 주어져 가해 관련 학생 및 보호자는 특별한 증거나 객관적 증빙자료가 없다고 생각되면 사안에 대해 절대 인정하지 않거나 오히려 피해를 입었다며 피해신고(쌍방신고)를 하는 경우가 흔합니다.

　초·중·고 학생들은 실제 심의실에 들어와 사실관계 확인을 위한 답변 시 긴장한 탓에 제대로 말을 하지 못하고 신체적으로 이상 행동을 보이거나 답변을 제대로 하지 못하는 경우가 많습니다. 이는 자신이 거짓 증언을 하고 있다는 방증일 것입니다. 그래서 심의위원들은 더 날카롭게 집중적으로 세세하게 묻게 됩니다. 반면 어떤 심의위원은 가해 관련 학생의 장래를 위해 조치의결을 위한 기준 중 하나인 반성 정도를 감안하고자 재차 잘못을 인정하는지 여부를 물어보기도 합니다. 이렇듯 심의위원이 어떤 사안에 대해 다시 묻는다는 것은 객관적 증거자료나 논리적 정황을 확실히 확인하기 위한 것이므로 관련자의 거짓증언은 결국 본인에게 도움보다는 더 큰 재앙으로 돌아올 수 있습니다.

　이때 눈치 있는 학생 및 보호자라면 즉각 사안에 대해 시인하고 잘못을 반성하고 후회한다는 말을 하겠지요. 그렇다면 적어도 가중된 조치를 받지 않을 확률이 높습니다. 그러나 가해 관련 학생이 사안에 대해 끝까지 인정하지 않는다면 오히려 더 큰 가해조치를 받을 확률이 높아집니다. 물론, 반성이나 진실된 사안 인정을 하긴 했지만 진정성 없이 말로만 "단순히 반성하고 사안에 대해 인정한다"라고 연기하는 학생도 있습니다. 그러나 심의위원들은 수년간 심의를 통해 얻은 경험을 통해 "진심으로 반성을 하는지" 아니면 "단순히 심의위원들에게 조치를 낮게 받으려 잘 보이려고 하는지" 학생의 표정과 말에서 알아볼 수 있습니다.

무엇보다 중요한 것은 자신이 한 행동에 대해 책임질 줄 알고 그에 맞는 교육적 조치를 이행하는 것입니다. 이를 통해 자신의 마음이 홀가분해질 것이며, 작게나마 피해 학생의 아픔에 대해 최소한의 도리를 하게 될 것입니다. 만일 가해 관련 학생이 진실되지 않은 발언을 한다면 평생 마음속에서 자신을 용서하지 않고 족쇄처럼 스스로를 정신적으로 괴롭힐 것입니다. 또한 그것이 언젠가 부메랑처럼 자신에게도 더 큰 재앙으로 되돌아가게 되겠지요.

## 최 변호사의 법률 조언

- 대법원은 형사재판에서 형을 정할 때 국민의 건전한 상식을 반영하고 국민이 신뢰할 수 있는 공정하고 객관적인 양형을 실현하기 위해 양형기준을 설정하고, 이와 관련된 양형정책을 연구·심의하는 '양형위원회'를 대법원 산하에 독립된 국가기관으로 두고 있습니다.
- 이러한 양형위원회에서는 양형기준을 정해 대외적으로 공개하고 있는데, 범행을 저지른 행위자가 자신의 범행을 진심으로 반성한다면 형을 감경할 수 있도록 하는 '일반양형인자'에 '진지한 반성'이 명시되어 있습니다.
- 이처럼 우리나라 법원은 형량을 정할 때 행위자가 자신의 잘못을 진지하게 반성하고 있는지 여부를 굉장히 중요시하고, 이러한 원리는 학교폭력 사안에도 그대로 적용되므로, 가해자 측은 학교폭력대책심의위원회에 참석해서 자신이 얼마만큼 반성하고 있는지를 보여주는 것이 상당히 중요하다는 것을 알면 좋겠습니다.
- 아직 철없는 학생이라면 또래 집단과 투닥거리며 자연스레 다양한 갈등을 겪기 마련입니다. 이때 자신이 잘못한 부분은 각자 인정하면서 서로의 입장 차이를 이해하고, 이를 대화로 해결하도록 지도하는 것이 자녀들의 사회성 발달과 정서 성장에도 큰 도움이 될 거라 확신합니다.

## I'll be back

　영화 〈터미네이터〉는 여러 차례 시리즈로 제작되면서 많은 사람들에게 강렬한 인상을 남겼다. 미래 사회 모습은 어떠할지, 인공지능은 과연 사람들에게 도움이 될지에 대해 다양한 생각이 오가는 데 도움이 된 영화가 아닐까 싶다.

　터미네이터 시리즈의 여러 장면 중 가장 인상적인 것을 꼽으라면 〈터미네이터 2〉에서 여기저기 부상당한 터미네이터(아놀드 슈워제네거)가 스스로 용광로에 들어가며 엄지손가락을 치켜세우는 장면을 떠올리게 된다. 그리고 이 장면에서 'I'll be back'이라는 대사를 생각하는 사람들이 많을 것이다.

　하지만 이 장면에서 정작 터미네이터는 이 대사를 하지 않는다. 다른 장면에서 여러 인물들 간에 대화를 나누면서 지나가는 말처럼 'I'll be back'을 '잠시 후 다시 오겠소.' 정도의 의미로 건넬 뿐이다. 이처럼 사실이 아닌데도 많은 사람들이 거짓된 기억을 공유하는 현상을 만델라 효과로도 부른다. 넬슨 만델라는 남아프리카공화국의 전 대통령으로, 그가 수감 도중 옥사했다고 잘못 기억하는 경우가 많은 것에서 유래되었다고 한다. 사실 그는 1990년대에 석방되었고 이후 대통령직을 거친 후 2013년에 95세로 숨졌다. 이처럼 만델라 효과는 잘못된 사실임에도 진실이라고 믿는 것을 말하는데, 우리들 일상생활에서도 그런 경우가 있을 수 있다.

어느 날 평소처럼 오후에 업무를 하다가 잠시 심의실 주변 복도를 걷는데, 심의를 기다리며 대기 중이던 한 학부모 얼굴을 보고 깜짝 놀라게 되었다. 익숙한 얼굴인데 싶었고, 잠시 후 기억이 났다. 몇 개월 전 심의를 담당했던 학생의 아버지였다.

그때는 초등학교 남학생 간 사안이었고, 그 아버지의 자녀가 피해를 입었다고 주장하는 내용이었다. 심의를 떠나 우선 접수 단계부터 힘들었다. 학생 진술을 바탕으로 정상적으로 학교에서 사안이 접수되었고, 심의 전에 추가 자료 제출을 통해 의견을 제시할 수 있음을 안내해도 아이 의견이 제대로 반영되지 않았다, 본인 일정을 물어보지도 않고 심의일이 일방적으로 통지되었다는 등 항의가 이어졌다. 심의 때에도 시작하자마자 먼저 할 이야기가 있다며 긴 시간 자신의 주장을 목소리 높여 이야기하고, 위원들이 학생에게 질문할 때마다 개입하여 왜 그런 질문을 하느냐, 유도심문이냐 등 언성을 높여 심의를 진행하는 데 많은 어려움을 겪었다. 하지만 아무리 자료를 살펴봐도 사실 별다른 갈등 사항이 없어서 '조치 없음' 통보를 했더니 높은 사람 누구냐고 고성을 지르며 교육장을 찾아가겠다며 전화를 했다. 긴 통화에 지쳐 정 그러시면 부속실에 연락해서 일정 조율하고 찾아가시라고 했더니 그걸 왜 본인이 알아보느냐면서 화를 내더니만, 정작 그쪽으로는 가지 않고 사무실로 찾아와 목소리를 높이는 통에 한 시간 가까이 이야기를 들어주었던 기억이 있었다.

간혹 새로운 사안이라며 학교폭력을 다시 주장하거나, 맞폭을 제기하는 경우가 있어서 그런 이유로 저 아버지가 다시 온 건가 싶어서 담당 장학사님에게 물어보았다. 그 학생에게 고등학교 다니는 누나가 있는데 이번에는 가해 관련 사안으로 심의위원회에 참석했다고 한다. 지난번 이야기를 하면서 이번에도 진행이 어렵지 않았느냐고 물어보니 역시 만만치 않다고 한다. 자녀가 가해를 한 사실이 분명히 있는데도 모두 부인하면서 편파적으로 학교폭력 조사가 진행되고 있다며 학교와 담당 장학사님을 힘들게 하는 것 같았다. 심의 이후에는 조치결정을 통보하게 되는데, 또 전화나 항의 방문 등이 있을 것 같다며 한숨을 쉬었다. 마치 지난번 사라진 터미네이터가 다음 편에 더 강해져서 영화 속 배경 음악과 함께 돌아온 느낌이었다.

학교폭력을 다루는 업무를 하다 보면 분명한 증거 자료가 있음에도 자신만의 생각에 빠져 자녀의 가해를 부인하거나, 별다른 피해가 없음에도 정서적 또는 신체적 피해를 주장하는 경우가 종종 있다. 이럴 때면 이 보호자가 만델라 효과에 빠진 건 아닌가 싶은 생각마저 든다. 다른 것보다 염려되는 것은 보호자야 어른이어서 그렇다 치더라도 학교폭력 사안 처리 과정에서 아이가 상처 입게 되거나, 적절한 교육을 받을 기회를 놓치게 되기도 한다는 점이다.

〈터미네이터 2〉에서 터미네이터가 스스로 용광로로 들어가며 어린 시절의 인류 저항군 사령관 존 코너와 헤어질 때 한 말은 "I'll be back"이 아닌 "Good-bye"였다. 심의를 위해 이곳을 찾는 보호자들과 학생들이 이제 그만 학교폭력과 작별 인사를 하고 학교생활을 잘할 수 있기를 희망해본다.

## 김 팀장의 사안 관련 팁

    심의위원회에 참석하는 피·가해 관련 보호자는 당연히 어느 누구라도 자신의 자녀를 가장 신뢰합니다. 모든 보호자가 그런 생각을 갖는 게 보통이겠지요. 하지만 사안과 관련한 자녀들은 보호자에게 실망감과 아픔을 주는 것이 두려워 사안에 대해 축소·확대하거나 방어기제를 통한 기억의 오류로 새로운 사안을 만들어 설명하는 경우가 있습니다. 이로 인해 가해 관련자들은 사안에 대해 상대방에게 피해를 준 내용의 사실 여부를 떠나 반대로 자신이 피해 입었다고 생각하는 기억을 떠올려 오히려 쌍방신고를 하는 경우가 허다합니다.

    피해 및 가해 관련 당사자들은 진술 및 조사 시 신중을 기해야 합니다. 사안접수와 면담조사 시 잘못된 기억의 오류로 인해 보호자가 과한 반응을 하여서, 학교에서의 조사와 심의 단계까지 오직 자신의 자녀가 기억하는 내용에 의존한 채 그 외 관련자들 진술이나 참고 자료를 부정한다면 오히려 갈등을 키우게 됩니다. 피·가해 학생의 보호자는 자신의 자녀를 신뢰하되 사안을 객관적인 제3자 시선으로 바라보는 안목도 필요합니다. 당장 감정적으로 힘들고 대처하는 데 당황스러운 면은 있겠으나 시간적 여유를 두고 학교 및 조사관, 교육지원청 관계자들에게 신뢰를 보여야 할 것입니다. 심의위원회에서는 객관적이고 중립적으로 사안을 살펴보게 되는데, 심의조치를 의결할 때 가해 관련 학생 및 보호자의 행동으로 인해 반성 및 화해의 정도가 낮다고 판단된다면 가중된 처벌을 받을 수 있습니다.

심의 시 자녀가 잘못된 기억을 바탕으로 심의위원들 질문에 엉뚱한 대답을 하면 바로 거짓인지 들통이 나는 경우가 허다합니다. 또한 답변을 제대로 하지 못하고 표정만 매우 상기되는 경우도 있습니다. 낯선 곳에서 낯선 위원들의 질문에 당황하는 것이지요. 이럴 경우 학생 보호자는 심의 종료 후 심의실에서 나가자마자 자녀의 등짝을 때리는 모습을 볼 수 있습니다. 아마도 보호자가 그간 자녀의 말만 믿고 행동한 것에 대한 창피함, 자녀에 대한 배신감 등 여러 감정을 대변하는 듯합니다.

보호자는 자신의 자녀에 대해 100% 신뢰하는 오류를 범하지 말고 제3자의 눈으로 거리를 두어 사안을 바라본다면 좀 더 객관적이고 냉철하게 판단할 수 있을 것입니다. 그리고 이를 위해 사안내용을 정리해서 살펴보고, 객관적 증빙사료가 존재하는지 여부 등을 꼼꼼히 살펴봐야 할 것입니다.

## 최 변호사의 법률 조언

- 학교폭력 사안을 접하다 보면, 먼저 일어난 학교폭력 사안에 대해 서로를 학교폭력 가해자로 신고하고 각자 그에 상응하는 조치처분을 받았지만, 둘 다 이전의 다툼으로 인한 갈등을 해결하지 못해 다시 접근금지 조치 위반으로 재차 학교폭력 신고를 접수하거나, 인스타 등 SNS로 서로를 비방하는 게시글을 올려 모욕죄로 수사까지 받는 등 2차 학교폭력으로 이어지는 경우가 허다합니다.

- 이로 인해 다시는 오고 싶지 않았던 교육지원청을 또 부모님의 손을 잡고 방문하게 되는데, 학부모나 학생, 그리고 이를 다시 심의하는 교육청 측 모두 서로 반가울 수 없는 어색한 상황을 마주하게 됩니다. 두 번 이상 서로를 학교폭력으로 신고하는 사안의 당사자들은 이미 각자 변호사까지 선임하여 민사소송과 형사고소까지 함께 진행하는 경우가 많기 때문에 갈등이 최고조로 치닫고 있어 제 경험상 소송에서 조정도 쉽지 않았습니다.

- 이렇게 학교에서의 갈등으로 한 번도 아닌 두 번 이상을 교육지원청에 방문하는 학생에게 학교생활이 과연 좋은 추억으로만 남을 수 있을까요? 친구들과 웃고 떠드는 기억만 가득해도 모자랄 내 자녀의 학교생활에 지우고 싶은 기억만 남는 것은 아닐지 깊이 생각해보시면 좋을 것 같습니다.

## 케이팝 스타를 꿈꾸며

몇 년 전, 옥스퍼드 영어 사전에 'K-Pop'이란 단어가 실리게 되었다는 보도가 있었다. 옥스퍼드는 'K—pop'을 '코리안 팝 뮤직'으로 정의했다고 한다. 잘 알려졌듯이 이제 K-pop은 아시아뿐 아니라 미국이나 유럽 등 말 그대로 세계 곳곳에서 사랑받는 장르가 되었다. 변방의 작은 나라였던 한국이 다수의 세계적인 가수를 배출하는 나라가 된 것이다. 자랑스러운 일이다. 가수뿐 아니라 배우나 개그맨 등이 다른 나라에서 큰 인기를 끌기도 한다.

그래서인지 학생들 사이에서 장래희망으로 가수나 연예인을 꿈꾸는 경우가 많다. 예전에는 연예인이 되기 위한 끼를 얼마나 갖췄는지를 주로 살펴봤다면 요즘은 인성이나 학력 등 다양한 면을 평가하기도 하는 것 같다. 특히 학교폭력과 관련해서도 여러 연예기획사에서 연예인 지망생에 대해 향후 구설수에 오르지는 않을지 고려하는 것으로 알려져 있다.

중학교 남녀 학생 간 학교폭력 사안이 발생했다. 여학생은 가수를 꿈꾸며 연습생 준비를 하는 학생으로 1, 2년 후 데뷔할 수 있는 것 같았다. 남학생은 같은 반 학생으로, 부모님 이혼 후 어머니가 돌보고 있다고 했다.

중학교 학생들이 대개 그렇듯, 같은 반 친구로서 이런저런 다툼도 있지만 또 풀어가기도 하면서 그렇게 학교생활을 하던 중이었다. 그러던 중 남학생이 마음이 좀 편치 않았던 날이었던 것 같다. 여느 때처럼 그저 장난을 걸어온 여학생에게 예민하게 대했고, 이를 잘 눈치채지 못한 여학생이 계속 장난을 걸다가 두 학생 간 다툼이 일어났다. 아무래도 힘이 센 남학생이 여학생을 밀쳐서 약간의 상처도 입게 되었다. 이 과정에서 여학생 역시 남학생에게 약간의 폭력을 가한 내용도 있었던 것으로 보였다. 사실 단순히 생각하면 서로 다툰 것이다.

두 학생 간 다툼을 알게 된 담임 선생님이 상황을 살펴보게 되었다. 평소에도 두 학생은 작은 다툼이 간혹 있었고, 서로 사과하고 화해하면서 그렇게 지내곤 했기 때문에 이번에도 선생님 중재로 마무리되는 듯했다. 하지만 이번에는 다른 때와 달리 여학생 보호자가 다른 반응을 보였다. 몇 차례 반복해서 우리 애만 참아온 것 같다며, 선생님이 학교폭력 사안접수를 하지 않았다고 교감, 교장 선생님을 찾아와 강하게 항의했다. 상황을 파악해보니 비록 선생님이 이번에 사안접수를 하지 않긴 했지만, 학교폭력 사안접수와 심의 등 전반적인 안내는 양쪽 학부모에게 했었고 두 학생이 서로 화해를 했기에 굳이 학생부에 알리지 않았다고 이야기해도 막무가내였다. 업무처리 과정에 대해 국민신문고와 여러 방법을 통한 교육지원청 민원 접수 등을 운운하며 선생님을 압박했고, 결국 선생님은 반복되는 전화와 항의에 병가에 들어가게 되었다.

이후 학교에서는 두 학생 간 당시 있었던 갈등에 대해 학교폭력으로 사안접수하고 심의를 요청했다. 하지만 막상 이렇게 되자 여학생 학부모 쪽에서 다른 의사를 전해왔다. 심의를 하고 싶지 않다는 것이었다.

별로 피해도 크지 않고, 서로 이야기가 잘 될 수 있을 것 같으니 굳이 심의까지 가지 않고 화해로 마무리하고 싶다고 했다. 하지만 이미 여학생 쪽에서 진단서를 제출한 상태여서 심의를 진행하게 된다고 안내했다. 그러자 당사자가 싫다는데 왜 심의를 하느냐는 항의가 있었다. 이에 진단서 제출 시 심의를 취소할 수 없다고 안내가 되었을 텐데 보호자가 굳이 제출하지 않으셨느냐고 대응할 수밖에 없었다.

이제 와서 취소하고 싶어하는 이유를 살펴보니 딸의 가수 데뷔를 앞두고 혹시라도 가해 학생으로 조치처분을 받게 되면 불이익이 있지 않을지 염려했기 때문인 것 같았다. 실제 심의에서도 서로 갈등과 물리적 폭력이 있었던 점을 감안하여 상대 남학생에 비해서는 덜하시만 여학생에게도 가해 학생 선도조치가 결정되었다. 조치 이행 시 생활기록부에 기재되지 않는 처분이었지만 불만스러워했다. 행정심판이나 행정소송에 대해 알아보기는 한 것 같았는데 별다른 실익이 없을 것으로 생각해서였는지 진행은 하지 않았다. 이후 이 학생은 다른 좀 먼 지역으로 전학을 갔다. 아마도 상대 학생과 추가로 사안이 또 생기지나 않을지, 그리고 어쨌든 딸이 데뷔를 준비하고 있는데 학교폭력에 연관된 점 등이 꺼려져서일 듯했다.

그렇게 두 학생 간 갈등은 더 이상 일어나지 않게 되었다. 하지만 두 학생을 될 수 있으면 학교폭력으로 엮지 않고 지도해보려 했던 선생님은 상처를 안게 되었다. 상처를 준 학부모는 당연하게도 사과하지 않았다. 아마 앞으로도 하지 않을 것이다. 본인 자녀가 재수가 없었다고 여기지나 않으면 다행이다.

언젠가 스타가 되고 싶다면 생각보다 오랜 기간, 그리고 생각보다 여러 분야에서 자신을 가다듬어야 한다. 나중에 정말로 반짝이는 별이 된다면, 홀로 빛나기보다 함께 어울려서 더 아름다운 은하수가 되면 좋겠다. 그리고 여러 어려움 속에서도 일선 학교에서 열심히 학생들을 지도하는 선생님들이 상처받지 않기를, 그들의 행운을 빈다.

## 김 팀장의 사안 관련 팁

학교도 작은 사회라 갈등이 없을 수는 없지요. 학생들은 개개인의 생각과 행동, 살아온 삶의 방식이 달라 다툼이 발생합니다. 하지만 갈등이 생겼을 때 직간접적 경험을 바탕으로 해결하는 지혜를 발휘하는 일이 어른이 되어 더 큰 사회를 살아갈 때 도움이 될 것입니다.

학교폭력이 발생하면 피해 학생 및 보호자는 상대학생의 가해 사실에 놀라고 자녀의 피해 사실과 그 증거를 바로 남기려 하는 경우가 많습니다. 물론 이 과정이 사안 초기에 객관적인 증거 자료를 남긴다는 점에서 중요합니다. 하지만 그 증거 자료가 오히려 독이 될 수 있기도 합니다. 무조건 학교폭력이라고 신고 접수를 하기 이전부터 사안에 대해 학교에서 자체해결이 가능한지 고려해봐야 할 것입니다.

학교폭력 접수 이후 학교장 자체해결이 가능한 첫 번째 조건이 2주 이상의 신체적·정신적 치료가 필요한 진단서를 발급받지 않은 경우입니다. 섣불리 진단서를 학교 및 전담조사관에게 제출한다면 위와 같은 일이 발생할 수 있습니다. 또한, 피해 학생의 출결과 관련해 불이익을 피하고자 진단서를 제출하더라도 학교폭력 피해에 대한 진단서이므로 학교장 자체해결이 되지 않음을 인지해야 합니다. 피해를 입은 자녀 출결과 관련한 증빙서류를 제출할 것이라면 피해신고만으로도 출결인정이 되므로 진단서 제출은 지양하는 게 낫다고 봅니다.

## 최 변호사의 법률 조언

- 학교폭력 사안은 지금 사안처럼 쌍방이 서로에게 가해자이자 피해자인 경우가 많습니다. 그런데도 처음 학교폭력으로 상대방을 신고할 때는 내 자녀의 피해를 부각시키고 상대방에 대한 엄벌을 호소하고자 전치 2주의 상해진단서 등을 무작정 증거로 제출하곤 합니다.

- 그러나 앞서 장학사님이 언급한 것처럼 전치 2주 이상의 진단서가 교육청에 제출되는 순간부터 해당 사안은 학교장 자체해결로 더 이상 해결할 수 없는, 무조건 학교폭력대책심의위원회가 개최되어야 하는 사안으로 변해버립니다. 내 자녀가 피해 학생으로 인정되는 것과는 별개로 상대방에게 조금이라도 언어폭력, 신체폭력을 행한 사실이 있다면 심의위원회 결정으로 가해 학생 조치처분을 받게 됩니다.

- 이러한 학교폭력예방법 규정 때문에 뒤늦게서야 원만한 조정을 원했다가도 조정을 시도조차 해보지 못하는 사례가 종종 발생하고, 이에 대해 교육청에 민원을 제기하는 학부모님들이 있습니다. 하지만 법이 그렇게 규정되어 있으므로 교육청에서도 더 이상 학부모를 도와드릴 방법이 없습니다.

- 따라서 학부모님들께서는 추후 맞춤중재 프로그램을 이용하거나 당사자 간의 원만한 조정으로 사안을 해결할 경우를 대비해서, 내 자녀의 피해사실에 대한 병원 진단서를 발급받았다고 하더라도 이를 제출하는 일은 좀 더 고민하시는 것이 좋을 것 같습니다.

## NASA 빠진 사람들

　사랑하는 사람을 만나 아이를 가지면 누구나 건강하게 잘 자라기를 바라게 된다. 공부를 잘하고 못하고는 나중 문제라고 생각하지만, 아이가 학교를 가면서 주변 아이들과 비교하게 되면 어느새 부모로서의 초심은 흐릿해지고 내 아이가 다른 아이보다 뛰어나기를 바라는 경우가 많다.

　초등학교 저학년 사안이 접수되었다. 학교 쉬는 시간에 교실에서 아이들 간에 말다툼이 있었던 모양이었고, 한 아이가 다른 아이를 밀치면서 약간의 상해를 입힌 것 같았다. 다툼을 알게 된 선생님께서 해당 아이들을 불러 잘못한 행동에 대해 교육도 시킨 것 같았고, 어느 정도는 사과도 이어진 것으로 보였다. 이 정도야 아이들 사이에 흔히 있을 수 있는 일이었지만, 피해를 주장하는 부모 쪽에서는 아이의 피해를 호소하며 굳이 교육지원청에서의 심의를 요청했다.

　심의 당일 피해 학생과 학부모가 입장했다. 여기까지 오지 않아도 되었을 텐데 하는 아쉬움이 있긴 했지만, 다른 심의에서와 마찬가지로 당시 상황에 대한 이야기들이 오갔다. 아직 어린 학생은 자신의 피해 내용을 잘 기억하지 못했지만, 옆에 앉은 엄마와 아빠는 아이를 대신해서 열심히 피해를 이야기했다. 여러 질문과 답들이 있었고, 어느새 진술은 마무리되었다. 위원장님이 학생과 학부모에게 마지막으로 하고 싶은 말이나 요청사항이 있는지 물어보았다. 아무래도 어린 아이여서인지 심의 내내 주눅든 표정으로 있던 학생은 별로 할 말이 없다고 했는데, 어머니가 목소리를 높이며 할 말이 있다고 한다.

"우리 애가 이 일로 피해가 심해요. 우리 애는요, 공부를 정말 잘해서 영재성이 있다고 판정받은 아이예요. 나중에 미국 MIT 공대 거쳐서 NASA에 들어가서 우주와 관련한 연구를 할 거예요. 그런데 이렇게 학교폭력 피해를 입어서 마음에 상처가 생겨 공부도 못하고 있으니, 상대 아이를 엄하게 조치해주시고 우리 아이에게도 보호조치를 꼭 내려주세요!"

학부모 최후 진술을 듣던 심의위원들이 난감해했다. 어지간해서는 감정을 드러내지 않는 심의위원들이지만 MIT와 NASA가 언급되는 순간 몇 분은 한심하다는 표정을 지으며 머리를 젖혔고, 몇 분은 웃음을 꾹 참는 게 느껴졌다. 학부모 자리에서 멀지 않은 곳에서 회의 내용을 정리하는 나도 어떤 표정을 지어야 할지 난감했다. 마침 심의실에서 멀지 않은 교육지원청에서 미래인재를 키우는 프로그램을 운영하는 부서가 있으니, 여기 학교폭력 업무 부서 말고 그곳으로 가시라고 해야 하나 싶기도 했다.

학부모 말대로 진술석에 앉은 저 아이에게 정말 영재성이 있는지도 모른다. 하지만 이제 초등학교 저학년이고 영재성이 있는지 없는지는 심의 결과에 별 영향을 미치지 않았다. 그저 사안 내용과 아이들 간 진행되었던 사과와 화해가 고려된 조치가 결정된 후 해당 학생들에게 통보되었다.

심의 결과는 당연히 부모 마음에 들지 않았을 것이다. 하지만 학교폭력에 해당하는 부분에 대해 얼마든지 아이들끼리 마무리할 수 있기도 하고, 이미 선생님 중재로 어느 정도 사과와 화해가 된 사안이었다. 굳이 교육지원청까지 와서 이런저런 요구를 하고 있다가 느닷없이 영재 운운하는 부모를 보고 있자니 'NASA에 빠져 나사 빠진 사람이구나' 싶어 답답한 마음이 들었다.

영재성이 있다는 저 아이는 앞으로 어떻게 자라게 될까. 아이 미래야 아무도 모를 일이니 부모 말대로 MIT든 혹은 하버드든 갈 수도 있을 것이고, NASA에서 일하며 한국을 빛내는 인재가 될 수도 있을 것이다. 하지만 어른이 되어 지금 이 순간이 기억난다면 별처럼 빛나는 때였다고 생각할까, 블랙홀로 사라져버렸으면 하는 창피하고 아쉬운 시간이었을까 하는 생각이 든다.

# 김 팀장의 사안 관련 팁

초등학교 저학년과 관련된 사안의 경우, 학교폭력으로 인정해서 피해 및 가해 학생에 대한 조치는 물론 보호자까지 부가된 특별교육 조치를 내려야 하는지 늘 교육자로서 고민됩니다. 본 지역교육지원청에 접수되는 사안들을 보면 가해 학생에 대한 조치의결이 90% 이상 '조치 없음' 혹은 매우 경미한 처분이 결정됩니다. 불필요한 행정적 낭비가 심하다는 것을 심의 결과를 통해 알 수 있는 것이지요.

'조치 없음' 혹은 조치처분이 경미한 사안에 대한 조치불복 행정심판과 행정소송에서 원고는 대부분 원하는 결과를 얻지 못합니다. 조치에 불복한 원고가 패한 이유를 보면 비슷한 문구가 등장합니다. "학교생활을 하면서 학생 간 갈등이 전혀 없을 수 없다. 학교에서의 모든 갈등을 학교폭력으로 간주해서 의율하는 것은 학교폭력예방 및 대책에 관한 법률(이하 학교폭력예방법) 취지에도 어긋난다" 즉 모든 갈등이 학교폭력으로 간주되어서는 안 되고, 가해 학생이 가해할 목적이 있었는지 확인해야 하고, 단순 안전사고인지도 따져봐야 합니다.

한편 초등학교 저학년이 관련된 심의는 이 심의가 학생 간의 심의인지 보호자 간 심의인지 헷갈린다는 점입니다. 학교폭력예방법 대상은 분명 학생임을 인지해야 하고, 자녀를 위해 심의하는 게 맞는지 보호자는 되돌아봐야 합니다.

## 최 변호사의 법률 조언

- 초등학교 저학년들 사이의 학교폭력 사안은 가해 학생이든 피해 학생이든 다들 당시 다툼의 경위나 상황을 자세히 기억하지 못하고, 학교폭력대책심의위원회에 출석해서도 이를 제대로 진술하지 못해 난감한 사안들이 많습니다. 보호자가 옆에서 학생 대신 진술을 해주지만, 법적으로 당사자 입을 통한 진술에 더 신빙성이 있기 마련입니다.
- 또한 초등학교 저학년 학생의 사안은 학부모들끼리의 갈등이 이미 돌이킬 수 없을 정도로 치달은 것과 달리, 당사자인 자녀들끼리는 언제 그런 일이 있었냐는 듯 학교에서 다시 까르르 웃으며 어울리고 노는 경우도 허다합니다.
- 특히 제가 수행했던 소송 사건 중에는 피해 학생이 가해 학생에게 "나는 학교폭력으로 신고하고 싶지 않았는데, 우리 엄마가 신고하라 그래서 어쩔 수 없이 했어"라고 말하며 다시 원래대로 친구가 될 수 없는 속상함을 털어놓은 적도 있었습니다.
- 내 자녀를 위한 길이라고 생각해 학교폭력 신고까지 하지만, 정작 다툼의 당사자인 학생들은 상대방과 싸웠다는 사실조차 전부 잊은 것처럼 다시 일상으로 돌아가고, 결국 다툼의 자리에는 학부모만 남습니다. 이 책을 접하는 독자들에게는 이러한 씁쓸한 일이 생기지 않기만을 바랄 뿐입니다.

## 가을 우체국 앞에서

　세월이 가도 매 계절마다 라디오나 길거리에서 울려퍼지는 노래가 있다. 봄이면 버스커버스커의 '벚꽃엔딩' 노래가 흩날리고, 여름이면 쿨의 '해변의 여인'이 유혹한다. 눈 내리는 겨울이면 핑클이 '화이트'로 하얀 겨울을 노래한다. 가을에도 여러 노래가 있는데 '가을 우체국 앞에서'가 가을과 잘 어울리는 노래가 아닐까 싶다. 이 곡은 윤도현이 부른 노래로, 나온 지 무려 30년이 넘었다고 한다. '가을 우체국 앞에서 그대를 기다리다~'로 시작되는 노래를 들으며 바람에 날리는 노오란 은행잎들을 보고 있으면, 또 한 해가 이렇게 가는구나, 남은 두어 달도 잘 지내야지 하는 생각에 잠기게 된다.

　학교폭력대책심의위원회 참석을 통보하는 연락은 우편을 통해 전달된다. 학교에서 심의요청된 사안을 정리해서 사안 내용과 개최 일자 등이 포함된 개최 계획을 세워 결재가 나면, 담당 주무관님들이 거의 매일 우체국에 가서 등기우편으로 발송한다. 우편 발송을 위해서는 당연히 주소가 필요하다. 학교에서 심의요청 시 함께 보내주는 개인정보에 피·가해 관련 학생들의 주소가 포함되어 있어 이 주소로 등기우편물을 발송한다. 간혹 학교에서 피·가해 관련 학생 주소를 서로 반대로 보내주는 경우가 있어 학교폭력 책임교사 연수 시 이런 부분을 강조하여 전달한다.

우편물을 발송하면 수령 여부를 확인한다. 등기우편이어서 교육지원청에 통보는 되지만 간혹 못 받았다고 주장하는 경우가 있기 때문이다.

사무실에서 업무를 하고 있는데 주무관님이 통화를 길게 하고 있었다. 우편물을 못 받았다고 항의하는 전화로 보였다. 내용을 들어보니 등기우편을 발송했지만 이후 수령이 안 되는 것 같아서 전화로 안내를 했다고 한다. 알았다고 하고선 수령이 안 되어 다시 연락을 하니 바빠서 못 받았다고 하여 문자로 해당 내용을 다시 안내했다. 문자를 보내면서 문자 확인 여부에 대해 답을 달라고 했지만 답을 못 받았다. 상대 보호자는 교육지원청에서 보낸 문자를 이제야 보았다면서, 당장 심의일이 촉박한데 직장 휴가도 내야 하고, 내용도 제대로 파악하지 못했다며 심의를 연기해달라고 우기고 있었다.

학교폭력 관련 일을 하다 보면, 아무래도 자식 일이고 좋은 일도 아니어서인지 감정에 날이 서 있는 보호자를 종종 만난다. 될 수 있으면 이해하려고 하지만 이렇게 막무가내로 자기 이야기만 하는 경우는 답답하기만 하다. 학교나 교육지원청이 아닌 다른 행정기관이라도 이렇게 생떼를 쓸까 싶기도 하다.

심의 참석을 요청하는 문서 발송 시에는 보호자도 직장 일정을 고려해야 할 것이고, 때로는 변호인 선임 등도 필요할 수 있어서 날짜 여유를 두고 우편물을 받아볼 수 있도록 노력하고 있다. 행정절차법에는 열흘이 기준인데 대개 그 이상의 기간을 주는 것 같다. 간혹 추가 사안을 다뤄야 한다고 주장하는 경우, 관련 학생 간 양해를 구해

우편물 수령이 늦춰지는 경우도 있지만, 이 경우에도 전화나 문자로 심의 예정일을 통보하곤 한다. 20일 가까이 여유를 두는데도 이 정도 가지고 준비할 수 있겠느냐고 따지는 경우도 있다.

심의가 끝나면 조치결정을 통보하는데, 이것 역시 등기우편으로 발송된다. 간혹 심의 이후 조치결정이 궁금하다며 전화로 문의하는 경우가 있지만 전화로는 해당 내용을 전하지 않는다. 당사자 입장에 서야 학생 보호자라고 주장하겠지만 전화로는 본인 확인이 되지 않고, 결재 과정에서 보완해야 할 사항이 생길 경우도 있기 때문이다. 조치결정을 초조하게 기다릴 학생과 보호자를 생각해서 될 수 있으면 당일 또는 늦어도 며칠 이내에 발송하도록 노력하지만, 사안이 너무 많이 접수되는 경우 어쩔 수 없이 밀리기도 한다.

조치결정통보서까지 발송하면 해당 사안에 대한 일은 어느 정도 마무리된다. 이후 조치에 불복하면 행정심판이나 행정소송을 하게 되는데 교육지원청에서 맡아서 하는 업무는 아니고 협조 요청이 오면 이에 따르는 정도로 보면 될 것 같다.

학교에서 심의 요청이 오면 결재 내고, 출석 통보 우편물 보내고, 심의 마치고 조치결정통보서 보내면 한 사이클이 마무리되고 그렇게 한 계절이 또 지난다. 학생들이 한여름 쏟아지는 소나기나 겨울 눈보라 같은 학교폭력을 겪게 되더라도 굳세게 버텨내고 우뚝 서 있을 수 있길 날 저물도록 생각에 빠져본다.

## 김 팀장의 사안 관련 팁

학교폭력이 접수되면 학교 및 교육지원청 등 관계기관은 당연히 학교폭력예방법 및 시행령에 의거해 업무를 진행합니다.

피·가해 학생 및 보호자는 대략적인 절차를 파악하고 사안진행 중간에 관련 기관과 연락을 한다면 사안에 대한 일정을 알 수 있습니다. 우선 학교폭력 신고가 접수되면 학교에서는 학교폭력 신고접수를 대략 48시간 이내에 교육지원청에 하는데, 주말이나 휴일이 겹치면 더 늦춰질 수 있습니다. 신고접수 보고와 함께 학생 및 보호자 면담 일정까지 교육지원청에 보고하면 교육지원청에서 적정한 조사관을 해당 학교에 보내게 됩니다. 이후 조사관은 사안조사 보고서를 수일 내에 작성하고, 이를 바탕으로 학교에서는 학교폭력 전담기구 심의를 통해 학교장 자체해결 여부에 대한 심의를 합니다. 이는 신고접수일로부터 2주 이내 혹은 1주 연장하여 최대 3주 이내에 진행됩니다.

학교에서는 당사자 간 갈등해결이 잘 되지 않았으면 심의위원회 개최요청을 하는데 교육지원청은 다시 접수일로부터 3주 이내 혹은 1주 연장하여 최대 4주 이내에 심의를 개최합니다. 이 또한 개최 기한이 권장사항이므로 각 지역교육청별로 상이하지만 교육지원청 내 학교 수가 많다면 심의가 지연될 수 있습니다. 또한 심의가 지연되는 이유 중 하나는 시도 교육청 간 심의가 있는 공동심의일 경우입니다. 관련 교육지원청들 간에 사안에 대해 협의하는 과정이나 증빙자료 취합 등의 사유로 심의는 더 오래 걸리게 되는 것이지요.

심의위원들은 각각의 분야 전문가 집단이고, 각자 업무를 하다가도 심의일이 잡히면 거의 봉사직으로 임하는 전문가들입니다. 전현직 교원, 변호사, 경찰, 청소년 전문가, 학부모 집단으로 구성되다 보니 심의일을 선정하는 데 어려움이 있습니다. 심의일이 결정되면 계획부터 결재까지도 상당한 시간이 소요됩니다. 결재가 완료되면 최종으로 심의예정일 10일 전에 관련 학생 측에 등기우편으로 도착할 수 있도록 노력하나 간혹 심의일이 당겨지거나 주말이 겹치게 되면 등기우편물이 10일 넘어 도착하는 경우도 있습니다. 이러한 일련의 과정에 대해 학생과 보호자는 교육지원청이나 학교 관계자에게 문의한다면 상황을 구체적으로 알 수 있으므로 개인 일정 및 다른 업무 진행을 하는 데 어려움을 다소 해소할 수 있을 것입니다.

## 최 변호사의 법률 조언

- 학교폭력대책심의위원회, 교권보호위원회의 심의에 따른 조치 결과는 모두 교육청의 행정처분에 해당합니다. 이러한 행정처분은 서면사과에서부터 퇴학까지 당사자인 학생의 권익을 제한하거나 의무를 부과하는 '침익적' 처분이므로, 교육지원청은 행정절차법 제21조에 따라 행정청으로서 처분 당사자인 학생에게 처분 내용과 처분 이유, 처분의 법적 근거 등을 알릴 의무가 있습니다.

- 이러한 처분통지서를 처분 당사자인 학생이나 보호자에게 반드시 등기우편으로 송달해야 한다는 명시적인 규정은 없지만, 학생 측에서 처분결과 통지서를 등기우편으로 수령한 날, 즉 조치결정 통보서를 송달받은 날로부터 행정심판이나 행정소송을 제기할 수 있는 기간을 계산하기 때문에 행정청은 송달 사실의 입증과 기록 보존을 위해 등기우편을 최우선으로 선택해 활용하고 있습니다.

- 만약 조치결정 통보서를 도저히 등기우편으로 수령하지 못하는 상황이라면, 행정절차법 제14조 제3항에 따라 담당 공무원에게 전자우편 주소를 알려주고 이메일로 조치결정 통보서를 받아보겠다는 의사를 표시하면 됩니다. 그럴 경우 행정절차법 제15조 제2항에 따라 담당 공무원이 조치결정 통보서를 처분 당사자가 지정한 이메일 주소로 발송하여 수신자가 해당 이메일을 확인하는 상태가 되었을 때 송달된 것으로 봅니다.

## 골때리는 그녀들

한 공중파 방송사에서 방영되는 '골때리는 그녀들'이라는 프로그램이 있다. 이 프로그램은 정규 시간대에 편성되기 전인 2021년 2월에 시험삼아 방송되었다. 아나운서, 개그맨, 모델 등 각자 특징을 가진 여자 참가자들이 팀을 이루어 축구를 시작했다. 기본적인 규칙도 모르고 허둥지둥대는 모습이 웃음을 이끌어낼 거라고 생각한 것이 어쩌면 처음 프로그램의 목적이었을 것도 같다. 어느 정도 그런 의도가 성공한 것으로도 보였다. 하지만 의외로 한 경기 한 경기 지날수록 출연진들은 축구에 대해 진지한 모습을 보이며 선수 못지않게 노력했고, 이를 바탕으로 결국 황금 시간대에 정규 프로그램으로 편성되더니 몇 년째 인기리에 방송되고 있다. 연봉을 몇 억씩 받는 몇몇 프로선수들이 경기에서 여러 차례 한심한 모습을 보여 실망을 주곤 하는데, 이 프로그램 출연진들은 전문 선수가 아님에도 축구를 진정으로 사랑하는 모습을 보여준다. 축구 프로그램인 만큼 그중 백미는 결정적인 순간에 때리는 골일 것이다. 수준을 떠나 진심으로 승부에 임하는 모습이 인상 깊은 프로그램이다.

학교폭력 사안을 접하다 보면 말 그대로 다른 의미인 '골때리는' 경우도 종종 있는데, 얼마 전 이렇게 '골때리는 그녀들'을 만나게 되었다.

초등학교 4학년과 5학년 여러 명이 관련된 사안이 접수되었다. 학교폭력 사안들은 아무래도 1대1 사안이 많긴 하지만, 다수의 학생들이 관련된 사안도 종종 접수된다. 이번 사안처럼 열 명 가까운 학생이 관련되어 접수되면 여러 가지 신경쓸 일이 많다.

우선 심의 시간을 고려해야 한다. 심의위원들은 각자의 직장을 다니다가 심의일에 맞춰 조퇴 등을 하고 심의에 참석한다. 대개 점심을 먹고 오후에 시작하는 경우가 많다. 때로 관련 학생들이 너무 많을 경우에는 오전부터 하루 종일 심의를 진행하는 경우도 있다. 그런 날이면 하루종일 사안 내용과 관련된 비슷한 하소연과 원망을 듣는 것만으로도 정말 녹초가 되고 만다.

이 사안은 오후에 시작했고, 참석 인원을 고려하여 각자 20분 정도 진술 시간을 배정해야 할 것 같았다. 사안 내용을 살펴보니 이 역시 골때리는 경우로 보였다.

4학년과 5학년인 관련 학생들은 소속 학교가 달랐다. 어느 주말 두 학교에서 거리가 비슷한 공원에서 따로 놀던 중 약간의 시비가 생긴 모양이었다. 그런데 5학년 학생들이 4학년 학생들에게 화를 내면서 상대 학생들이 재학 중인 학교를 무시하는 언행을 했던 것 같다. 이에 맞서 4학년 학생들도 대꾸를 시작했는데 무려(!) 한 학년 위인 언니들에게 반말로 대응을 했다는 것이 사안 내용이었다. 이 사안을 심의하기 위해 변호사, 경찰, 상담전문가, 학부모 등의 심의위원들이 참석을 하고, 장학사가 간사가 되어 오후 내내 몇 시간이고 매달려야 하는 것이다. 물론 학교에서 사안접수를 하는 과정과, 심의 이후 조치

통보 등의 절차는 별개다.

  5학년 학생들은 자신들이 상급 학년임에도 불구하고 상대인 4학년 학생들이 반말로 시비를 걸어와서 화가 났고 정신적 충격을 받았다고 진술했다. 한 학생이 마무리되면 다음 학생이 들어와 이런 똑같은 상황을 이야기했다. 상대인 4학년 학생들도 마찬가지였다. 언니들이 자신들이 다니는 학교를 비하하면서 너네 학교가 그 모양이니 자기들한테 시비를 걸고 그런다며 무시했다고 진술했다. 여러 학생들의 진술이 동일했고, 그래서 정신적 충격을 받아 학교폭력으로 신고했다는 것이다.

  보호자들도 다를 바 없었다. 4학년 학생들 학부모들에게서는 내 아이가 잘 다니고 있는 학교를 상대 아이들이 언니랍시고 무시하는 것은 경우가 아니지 않느냐는 이야기를 반복해서 들었다. 그 자녀들은 혹시 다른 학교나 지역의 아이들은 무시하지 않느냐고 묻고 싶은 생각이 들기도 했다.

  5학년 학생들 학부모들에게서는 4학년 아이들이 아무리 말다툼을 한다고 해도 그렇지, 언니들한테 반말을 하는 건 경우가 아니지 않느냐는 말을 반복해서 들었다. 이분들도 사회생활을 할 텐데, 한 살 단위까지 꼬박꼬박 따져가며 존댓말을 쓰나 하는 생각이 들기도 했다. 부모가 동갑인데 아이 나이가 다르면 어른들끼리 어떻게 지내려나 싶기도 했고, 한두 살 차이가 나도 동료 또는 친구 삼아 스스럼없이 어울리기도 했던 내 모습이 생각나면서 나도 폭력을 해왔으려나 싶어 어이없기도 했다.

점심 먹고 바로 시작했던 심의가 어느새 오후 6시를 향해 가고 있었다. 통보된 출석 시간보다 늦게 나타난 학생과 보호자도 있었고, 본인의 정신적 충격과 상대방의 언어폭력을 힘주어 주장하느라 진술이 지연되기도 했기 때문이다. 긴 시간 진술이 있었지만 조치결정은 비교적 짧게 마무리되었다. 하긴 어느 정도 예견된 결말이기도 했다.

하지만 조치결정통보 이후 몇몇 학생의 보호자는 기어코 회의록에 대해 정보공개청구를 해왔다. 자신들 생각과 다르기 때문일 것인데, 그나마 이후 행정심판과 행정소송 청구 등은 없었다는 것이 다행이었다. 아마 회의록을 보니 어차피 승산이 없으리라 생각해서일 것이다.

'골때리는 그녀들'에서 여러 참가자들은 그 순간만큼은 선수가 되어 승부에 몰입하고 결과에 승복하며 조금씩 성장해간다. 심의에서 만난 골때리는 그녀들도 그 순간만큼은 관련 학생으로서 학교폭력에 집중했을 것이고, 몇몇은 승복했지만 몇몇은 아쉽게도 그러지 않았다. 어쨌든 승복 여부를 떠나 아직 초등학교 어린 학생들이기에 어떤 식으로든 성장해나갈 것이다. 학교폭력 사안접수를 하고 심의에 출석했던 그 시간이 어른이 되어 성장해나가는 데 그래도 조금이라도 도움이 되는 시간이었길 희망해본다. 학생들이야 그렇다 치더라도 더 골때렸던 보호자들도 함께.

## 김 팀장의 사안 관련 팁

학교에서는 학교폭력 신고 접수 이후 심의요청을 할 것인지 학교장 자체해결을 할 것인지 살펴보는 학교폭력전담기구 심의를 진행합니다. 여기에서 우선 고려해봐야 할 것은 피해를 주장하는 학생별로 가해 학생 관련자 모두에 대해 화해 혹은 용서를 한다면 자체해결이 가능하다는 것입니다.

위 사례는 피해 학생이 여러 명이고 가해 관련 학생들도 피해를 주장하여 서로 간 쌍방신고가 되어 단순한 피해를 입은 학생들이 자체해결을 하고 싶어도 하지 못하고 심의까지 올라온 것이거나, 자체해결 조건이 됨에도 불구하고 피해를 주장하는 측에서 학교장 자체해결에 동의하지 않아 어쩔 수 없이 심의요청을 하게 되는 경우로 보입니다. 여러 명의 피해 학생이 발생한 사안이라면 여러 피해 내용 중 자신의 자녀가 어떤 내용으로 연관되어 있는지를 세세히 살펴봐야 할 것입니다. 또한 자체해결이 가능하다면 학교 내에서 사안을 해결하기 위한 노력이 더 바람직합니다.

학교장 자체해결에 대해 피해 관련 측이 오해할 수 있는 부분은 가해 학생이 교육적 조치를 받지 않는다고 생각하는 것입니다. 하지만 피해 학생 및 보호자 측이 용서를 해줬다고 최종 마무리가 되는 것은 아닙니다. 학교폭력전담기구 심의에서 가해 관련 학생에게 적절한 교육적 조치를 논의하며 선도 조치를 강구하여 학생의 변화를 이끌어낼 수도 있습니다. 혹여 사안이 경미하여 심의위원회에서 가해 학생에 대해 '조치 없음' 혹은 제1호 서면사과 등의 조치의결이 내려지면 피해 학생 측이 의결에 불만족하면서 피해 및 가해 관련 학생, 보호자 등 모두에게 더 큰 상처가 될 뿐 아니라, 조치에 대한 불복으로 기나긴 법정 싸움을 이어가는 경우가 종종 있습니다. 그보다는 학교폭력 사안 접수부터 관련 학생 및 보호자 간 맞춤 중재를 통한 교육적 해결에 대해 생각해보는 것이 모두에게 가장 이로운 점이라는 것을 다시 한번 강조하고 싶습니다.

## 최 변호사의 법률 조언

- 위 사안은 학교폭력 유형 중 '언어폭력' 개념과 그 기준이 문제되는 경우로서, 대부분 사람들은 상대방 말이 나의 기분을 상하게 했다면 언어폭력에 해당한다고 생각하는 것 같습니다. 이러한 사람들 인식 때문에 교육지원청에서는 우스갯소리로 언어폭력을 소위 '기분상해죄'로 표현할 때도 많습니다.
- 그러나 일반 사람들의 위와 같은 인식과 달리 법원은 10대 청소년들의 언어습관을 고려하여 형법상 모욕죄나 협박죄 또는 명예훼손죄에 해당할 정도에 이르러야 언어폭력이 될 수 있다고 판단하는 경우가 많고, 폭언이나 욕설을 내뱉었다고 하더라도 해당 욕설이 일시적이고 우발적인 감정에서 비롯된 것이라면 언어폭력으로 볼 수 없다는 판례까지 있어 언어폭력 범위를 비교적 좁게 해석하고 있습니다(서울행정법원 2019. 7. 19. 선고 2018구합87712 판결 참조).
- 위와 같은 판례 기준에 따른다면, 본 사안의 초등학교 4학년 학생들이 5학년 학생들에게 욕설도 아닌 반말로 얘기하는 정도로는 모욕죄에 해당하지 않아 언어폭력이 성립되기 어렵고, 반대로 초등학교 5학년 학생들도 4학년 학생들에게 출신 학교를 비하하는 말만 했다고 해서 명예훼손죄가 성립하기 어렵기 때문에 언어폭력이 성립되지 않는 것이지요.
- 이러한 법원 기준 때문에 일반인 입장에서는 언어폭력 성립 여부가 헷갈

릴 수 있습니다. 우리 자녀가 누군가에게 들은 발언이 언어폭력인지를 확인하고 이를 학교폭력으로 신고할지 망설이신다면 그에 관한 구체적인 내용은 교육지원청으로 문의하시거나 변호사와 상담해보실 것을 권유드립니다.

## 공무도하가

'공무도하가(公無渡河歌)'는 창작 연대 미상의 고대가요로, 고조선 때 백리자고라는 뱃사공과 그의 아내 여옥 간에 있었던 일을 소재로 했다고 알려져 있다. 이 시가에서 뱃사공 아내는 남편에게 물을 건너지 말라고 말리지만 결국 남편은 물속으로 휩쓸려 들어가 죽게 되는데, 공후라는 악기를 연주하면서 이 노래를 구슬프게 불렀다고 한다.

이승에서 저승으로 들어가는 것을 '요단강을 건너다'로 표현하는 경우도 있는데, 이를 종교적인 것에서 나온 말로 생각하여 "요단강을 건너는 것은 약속된 축복의 땅으로 들어가는 것이며, 이는 천국에 들어가는 것이다"라고 해석하는 경우도 있다. 때로는 '건널 수 없는 강을 건너다'라는 표현에서 볼 수 있는 것처럼 강을 건넌다는 것은 어찌되었든 동서양을 막론하고 한쪽에서 다른 쪽으로의 이동, 혹은 단절 등을 의미하는 경우가 많은 것 같다.

10여 년 전에는 〈님아, 그 강을 건너지 마오〉라는 독립영화가 상영되어서 화제가 된 적이 있다. 89세 할머니와 98세 할아버지가 봄에는 서로의 머리에 꽃을 꽂아주고, 여름엔 개울가에서 물장구를 치며 장난치고, 가을엔 낙엽을 던지며 웃고, 겨울에는 눈싸움을 하는 모습으로 지내면서 곧 다가올 이별을 준비하는 내용이었다. 이 영화 제목에서도 다른 세상을 의미하는 단어로 '강'이 쓰였다는 걸 알 수 있다.

우리는 인생을 살면서 이런저런 잘못을 하게 된다. '사람, 고쳐 쓰는 것 아니다'라고 부정적으로 이야기하는 사람도 있다. 하지만 살아 있을 때는 어떻게든 개선의 가능성이 있지만 죽음을 맞게 된다면 그 가능성 자체가 사라진다. 특히 나이가 어린 이의 죽음은 더욱 서글프게 느껴진다.

학교폭력대책심의위원회에서 죽음을 이야기하는 경우가 있다. 실제로 건강상 심각한 문제가 있어서 죽음을 언급하는 경우도 있지만, 상대방을 향한 엄포의 목적으로 죽음을 이야기할 때는 분노를 넘어 서글픔마저 느껴지는 경우도 있다.

중학교 여학생들 간 사안이 접수되었다. 사춘기 학생들이라면 누구나 겪기 마련인 감정 다툼으로 보였다. 어린 시절부터 친구였던 이 두 학생은 작은 다툼으로 사이가 벌어진 것 같았다. 가족들끼리 여행도 가고 부모들도 친하게 지내던 두 집은 몇 년 전 한쪽에서 학교폭력 사안접수를 한 이후 서로를 미워하게 되었다. 이번 사안에서도 그런 누적된 감정이 드러나 보였다. 학교 복도에 서 있던 한 학생을 다른 학생이 째려봤다고 하고, 서로 상대방이 어깨치기를 하고 지나갔다고 주장했다. 다른 친구에게 자신을 험담하는 것 같다는 내용도 있었다. 두 학생 모두 상담을 거쳐 정신과 치료를 받고 있노라고 했고, 모든 내용에 대해 상대방이 자신에게 했을 뿐, 나는 하지 않았다고 주장했다. 하지만 별다른 객관적인 증거가 없어서 각각의 주장 내용 모두 학교폭력으로 인정하기 어려웠다.

학생 진술이 마무리되고 학부모에게도 마지막으로 하실 말씀이 있는지 묻는 시간이었다. 두 집 모두 보호자가 '죽음'을 이야기했다. 친했던 두 집이었는데 지난 몇 년간 힘들었노라고, 죽어야 이 상황이 끝이 나는 건지 하는 생각이 든다고 했다. 힘 빠진 보호자들의 진술을 들으며 왜 이러고 있을까, 이 사안이 과연 죽음을 이야기할 정도인가 하는 깊은 아쉬움이 들었다.

그나마 이 심의에서 보호자가 말하는 '죽음'은 본인들의 죽음이었다는 것이 다행일까. 때로는, 물론 학교폭력으로 인한 마음의 상처를 표현하는 것이라고 이해하기는 하지만 '우리 애가 죽어야 끝나는 건가요'라는 말을 하는 보호자도 있다. 아이들끼리 충분히 갈등을 해결할 수 있어 보이고, 정 어려우면 학교와 교육지원청에서 도움을 줄 수 있는 여러 방법이 있는데도 어른들이 여기까지 끌고 와놓고선 왜 정작 아이들 죽음을 입에 담는가, 저 모습이 부모의 모습이란 말인가 하는 생각이 들지 않을 수 없다.

적어도 아이들을 앞에 두고서 죽음을 언급하는 모습을 다시는 보지 않았으면 좋겠다. 앞으로 백 년을 살아가야 할 아이들 앞에서, 건너지 말아야 할 그 강은 아예 생각도 말아야 한다.

 **김 팀장의 사안 관련 팁**

    2012년 이후 교육부는 전국의 초·중·고 학생을 대상으로 학교폭력 실태조사를 꾸준히 연 2회 실시하고 있습니다. 실태조사 결과를 살펴보면 학교폭력 유형에서 부동의 1위가 언어폭력입니다. 이 언어폭력 중 가장 많이 나오는 단어는 '죽여버리겠다', '죽을래?' 등 죽음과 관련된 단어입니다. 이렇듯 학생들 간 언어 사용에서 죽음과 관련된 단어를 너무 쉽게 말하는 경우가 많습니다. 심하게는 이런 단어를 사용하지 않으면 학생들은 왕따를 당한다고 생각하는 경우도 있습니다.

    학생들마다 죽음이란 단어를 받아들이는 정신적 고통은 개인마다 차이가 있겠지만, 서로 감정이 쌓여 누적된다면 어느 순간 죽음과 관련된 단어를 받아들이는 것은 두려움과 공포로 변할 수 있을 것입니다.

    2024년 학교폭력 실태조사 결과, 가해자 유형 중 같은 학교 같은 학년, 반이 48.4%, 같은 학교 같은 학년이지만 다른 반이 30.9%로 약 80%가 같은 학교 같은 학년인 동급생임을 알 수 있습니다. 학생들이 서로 초·중·고에서 함께 상급 학년으로 진급할 때, 아마도 너무 친한 나머지 격의 없이 지내다가 한 학생이 상대 친구의 감정을 건드릴 수 있는 상처되는 말을 하는 경우가 있습니다. 처음에는 그냥 넘기다가도 점점 누적되다 보면 어느 순간 폭발하여 학교폭력으로 신고가 접수되는 경우가 많습니다. 이를 해결하기 위한 방법은 매 순간 나의 감정을 바로 이야기하고 다시는 감정을 거스르는 말을 하지 않았으면 한다고 분명하게 의사표현을 하는 것입니다. 물론 친하다 보니 "다음에 말하면 되겠지"라는 마음이 들 수 있겠지만, 상대방은 "아~ 이 정도 표현을 해도 받아들이네…"라고 생각하고 점점 더 수위 높은 말을 사용하는 경우가 많습니다.

아무리 친한 사이라도 지켜야 할 도덕적 규율이 있습니다. 심의 시 가해 학생들이 늘 하는 말이 있습니다. "피해 학생이 하지 말라고 말을 안 했다. 말을 했다면 더 이상 말을 하지 않았을 것이다"라는 것이지요. 가해 학생은 자신이 사용한 언어적 표현이 상대방에게 큰 상처가 되어 정신적 고통으로 이어진다는 것을 정말 모르는 것인지, 먼저 자신의 잘못을 인정하고 진정성 있는 반성과 사과 표현이 먼저라는 것을 알아야 할 것입니다.

## 최 변호사의 법률 조언

- 법무법인에서 학교폭력 사건을 맡을 때, 피해 학생 측 학부모가 "학교폭력 조치 이후에도 가해 학생이 여전히 자신의 자녀를 째려보며 정신적 피해를 주고 있다"고 호소하는 경우가 많았습니다. 그러면서 재차 학교폭력으로 신고할 수 있는지를 물어보시곤 합니다.
- 교육지원청 변호사로 근무하면서도 위와 유사한 학교폭력 신고를 종종 접합니다. "나를 째려봤다, 나를 째려보면서 다른 친구와 내 험담을 하는 것 같다"라는 추측성 신고가 많은데, 그에 대한 증거는 피해 학생의 주장뿐입니다.
- 학교폭력은 행정처분이기에 형사소송처럼 엄격하게 증거를 요구하지는 않습니다. 그러나 단지 누군가를 째려본 행위는 어떠한 폭력이나 모욕적인 발언을 한 것이 아니어서 증거가 있더라도 학교폭력 중 어느 유형에도 해당하지 않습니다.
- 또한, "나를 째려보면서 다른 친구와 내 험담을 하는 것 같다"라는 추측 역시 구체적으로 어떠한 험담을 한 것인지 입증할 수 없으므로, 다른 목격학생의 믿을 만한 구체적인 진술이 없는 한 학교폭력으로 신고하더라도 그 결론은 '조치 없음' 처분으로 이어질 수밖에 없다는 점을 유의하셔야 합니다.

## 국가의 명령

　학교폭력대책심의위원회 업무 관계로 교육지원청에서 만나게 되는 대부분의 사람들은 당연히 공무원이다. 다만 학교폭력이 발생하면 학교에서 사안접수를 하고 심의 진행 등은 교육지원청에서 맡게 되는데, 학생이나 학부모가 보기에 별반 차이는 없지만, 일을 진행하는 공무원들 소속에는 차이가 있다.
　학교에서 학생들을 가르치는 교사로 있을 때는 국가공무원이었지만, 지역교육청에서 장학사로 일하게 되면 지방공무원이 된다. 다만 교육부 소속의 교육전문직은 여전히 국가공무원이다. 몇 년 동안 지방공무원인 장학사로 지내다가 교감이 되어 다시 학교로 돌아가면 국가공무원으로 바뀌는데, 이를 전직이라고 부른다.
　국가공무원이든 지방공무원이든 세간에서 많이들 이야기하는 '피 같은 세금'으로 월급을 받고 생활한다는 점은 같다고 볼 수 있다.
　학교폭력 관련 심의를 준비하면서 관련 학생 측에 일정을 통보하면 변경을 요구하는 경우가 간혹 있다. 사유를 물어보면 여러 가지 경우가 있는데, 방학 즈음이면 해외여행을 가게 되었다며 교육지원청에서 일정을 안 바꿔주면 위약금을 물게 될 텐데 보상해줄 거냐고 큰소리치는 경우가 있어 씁쓸해지곤 한다. 심의 관련한 일정은 가볍게 정해지는 것이 아니다. 당연히 교육지원청의 여러 일정과 심의위원회의 위원들 일정 등을 고려해서 정해지고, 일단 통보되면 거의 천재지변급 사유가 아니면 변경되지 않는다.

초등학교 1학년 아이들 간 다툼으로 학교폭력대책심의가 요청되었고, 충분한 여유를 가지고 일정을 통보했는데도 학생의 아버지라며 날짜 변경을 요청하는 전화가 왔다. 변경이 어렵다고 양해를 구하면서도 사유를 물어보니 뜬금없이 자신이 국방부에서 일하는 장교라고 한다. 그걸 왜 말씀하시는지 다시 물으니 자신이 속한 사단에서 중요한 훈련 일정이 잡혔는데 심의 일정과 겹친다면서 변경을 해주어야 한다고 목소리를 높인다.

그런 직장 일정으로는 더구나 변경이 어렵다고 다시 안내하면서, 다른 보호자가 오실 수도 있고 정 어려우면 서면진술서를 제출할 수 있다고 이야기했지만 막무가내다. 다른 것도 아니고, 군인이 국가로부터 훈련을 명령받아 그 일정 때문에 불참하게 되어서 변경을 요청하는 것이니 사단장 명의로 교육지원청에 공문을 보내면 되냐고 거칠게 묻는다. 사단장 공문을 왜 교육지원청에? 그걸 보내면 "아, 국가와 사단장이 명령하는 거니까 교육지원청에서 들어줘야 하는구나"라고 여기는 게 말이 될까. 어쨌든 날짜 변경은 어렵다고 반복해서 안내하고 긴 시간 통화를 마친 후 답답한 마음에 물을 한 잔 마신다.

사안 내용이라야 그냥 초등학교 1학년 아이 간 다툼이었다. 아이들 간 얼마든지 일어날 수 있는 일이었고, 한 달 이상 지났으니 정작 아이들은 기억이나 할까 싶었다.

　날짜가 지나 심의일이 되니 주무관님이 사무실에 들어오며 "장학사님, 전에 날짜 변경해달라고, 사단장 공문 보내면 되냐고 했던 보호자, 대기실에 와 있어요"라고 한다. 시간을 보니 예정된 시간보다 한 시간 반 정도나 이른 시간이다. 국가의 명령이라 못 온다며 그렇게 한참 실랑이를 했는데 정작 정해진 시간보다 훨씬 일찍 나타난 것이다.

　심의실에서도 질문이 시작되자마자 "잠깐만요, 제 이야기 5분만 먼저 할게요"라고 하더니 여러 차례 제지에도 불구하고 30분이 넘게 본인 아이 피해에 대해 이야기한다. 정작 함께 온 아이는 피해 사실에 대해 잘 기억하지 못하고 있었다.

　어쨌든 심의가 끝났고, 심의 결과가 통보되었다. 어떤 결과가 나온다 한들 이 보호자를 만족시킬 수 있을까 하는 생각이 들었고, 등기우편을 받으면 또 항의전화를 해올 것이 당연하다고 생각했는데 의외로 전화가 오지 않았다. 며칠간 기다려도(?) 연락이 없어서 학교로 알아보니, 피해와 가해로 심의위원회에 다녀간 두 학생이 그 사이에 절친까지는 아니어도 다시 꽤 친해져서 학교에 잘 다니고 있다고 한다. 어이없긴 했지만, 뭐 이런 일이 한두 번인가 싶다. 이런저런 어려움들이야 그러려니 하면서, 그냥 아이들이 학교 잘 다니고 있다 하니 그걸로 되었다고 여기려 한다.

　다만 국가의 명령을 이야기하며 교육지원청을 가볍게 여기지 않았으면 하는 아쉬움은 있다. 교육지원청에서 학교폭력 심의를 진행하는 것도 아주 거창한 이야기지만 공무원으로서 국가의 명령을 수행하는 것이다. 무엇보다 국가의 명령을 가볍게 언급하기 전에 무엇이 정말 자녀를 위하는 것인지, 부모의 도리를 먼저 생각해주었으면 하는 바람을 가져본다.

## 김 팀장의 사안 관련 팁

학교폭력 사안 중 초등 저학년의 사안 내용은 매우 간단하나 부모 간 감정싸움이나 각자 개인사정으로 심의 업무를 진행하는 데 어려움이 있는 경우가 있습니다. 위 사례처럼 군사 훈련에 따른 국가의 명령으로 일정을 변경해야 한다는 요구를 포함하여 "1년 전부터 계획해온 해외여행, 직장에서 연차를 쓸 수 없음, 평일 낮은 힘들고 저녁에 여유가 있으니 저녁 심의 요청, 주말에 초등학교에서는 체육대회 등 행사를 하는데 왜 심의는 토요일에 안 하는지 항의" 등 온갖 사유로 심의일 변경을 요구합니다.

심의일 결정은 심의위원들이 각자 전문직종에 있는 분들이라 실제 날짜를 정하기가 매우 어렵습니다. 전현직 교원, 경찰, 변호사, 청소년 전문가, 학부모 등 각각의 개인 일정을 고려하여 학교에서의 심의 요청일로부터 4주 이내에 심의를 개최하려고 장학사 및 주무관이 유기적으로 노력을 많이 합니다. 위 사례처럼 개별 학부모 일정까지 고려한다면 심의 계획을 세우는 것은 너무나 어렵겠지요. 그래도 조금이나마 팁이 있다면, 학교가 학교폭력 심의 요청을 한 날부터 1~3일 이내에 교육지원청에 심의일을 고려해줄 것을 정중히 요청하면 심의위원들 간 심의일 조율 시 참고할 수도 있습니다.

아울러 학교폭력대책심의위원회 심의 시에는 피·가해 학생 간에 사실을 확인하면서 사안의 쟁점에 대해 관련 증빙자료를 검토하고, 학생진술의 진정성과 반성 정도를 살펴봅니다. 심의는 대부분 피·가해 관련 학생 및 위원 간 질문과 답변으로 진행됩니다. 보호자는 심의에 참석하여 마지막 진술 의견이 있는지와 바라는 사항이 있는지 듣습니다. 물론 중간에 학생이 진술하는 데 어려움이 있을 시 보호자가 보조하여 진술을 도울 수는 있습니다. 모든 질문마다 자녀가 진술하지 않고 학부모가 사안 내용과 상대학생 및 보호자에 대해 의견을 말하는 것은 바람직하지 않습니다. 심의 시 보호자가 독단으로 심의 진행을 방해한다면 퇴장조치를 받을 수 있으니 피·가해 관련 보호자는 유념해야 할 것입니다.

## 최 변호사의 법률 조언

- 법원이 첫 재판기일을 지정할 때 원고와 피고 측 의견을 들어주지 않습니다. 만약 법원이 지정한 첫 재판기일에 출석할 수 없다면 참석할 수 없는 사유를 구체적으로 명시하고, 이를 입증할 만한 서류(진단서 등)를 제출해야 하며, 법원이 이를 허가해야만 재판기일 변경이 가능합니다.
- 재판에 참석할 수 없는 사정이란 병원에 입원 중이거나 가족의 상을 치러야 하는 등의 심각한 사안이어야만 하며, 개인적인 해외여행이나 직장 출근 문제 등으로는 법원의 기일변경 허가를 얻기 어렵습니다.
- 교육지원청에서 학교폭력대책심의위원회 개최일을 심사숙고하여 지정하는 것 역시 위와 같은 법원의 재판기일 지정 절차와 비슷하다고 생각해주면 좋겠습니다. 심의위원회를 개최할 때는 각종 분야에서 일하는 위원들이 모두 한날 한시에 모여야 하므로 개최일을 지정하는 것부터 매우 어렵습니다. 이러한 사정 때문에 법원의 재판기일 변경보다 심의위원회 개최일을 변경하는 것이 더 어려우며, 한번 지정된 날짜는 거의 바뀌지 않는다고 보셔야 합니다.
- 따라서 보호자가 이미 정해진 다른 일정으로 인해 부득이 자녀와 학교폭력대책심의위원회에 참석하기 어렵다고 하더라도 개최일 변경은 절대 불가능하오니 사안에 대한 증거가 잘 첨부된 진술서나 의견서를 미리 제출할 것을 권유해드립니다.

## 나 보기가 역겨워 가실 때에는

　김소월의 시 「진달래꽃」은 한국인이 좋아하는 명시를 뽑을 때면 언제나 상위권에 포함되는 유명한 시다. 아마 우리나라 성인 중에 학교 다닐 때 어지간히 공부 안 했다고 나름 자부(?)하는 경우라도 이 시를 모른다고 하기는 어려울 것이다. "나 보기가 역겨워 가실 때에는 말없이 고이 보내 드리오리다"로 시작하는 이 시는 이별의 정한을 잘 표현한 시로 평가받으면서 국어 시험에 자주 출제되기도 하고, 여러 가요의 노랫말로 사용되기도 했다.

　이 시에 대해 여성적 화자가 이별을 노래했다고 해설하는 경우가 많다. 게다가 시인의 이름도 여성 혹은 중성적인 느낌이어서 당연히 여성 시인이 이 시를 썼다고 생각하기도 한다. 하지만 김소월은 본명이 김정식이고 그의 호가 소월인, 1902년부터 1932년까지 짧은 생을 살다 간 남성 시인이다.

　이 시에서 화자는 '나 보기가 역겨워 가'는 님을 '말없이 고이 보내드리'고 있다. 어디 이뿐이랴, '영변에 약산 진달래꽃 아름 따다 가실 길에 뿌리'는 성의도 보인다. 하지만 현실에서 이런 태도는 찾기 어렵다. 하긴 그래서 이 시의 정서가 더욱 두드러지는 이유이기도 할 것이다.

　학교폭력에는 여러 유형이 있다. 신체폭력, 언어폭력, 집단따돌림, 강요, 성폭력, 금품갈취 등인데 어떤 경우가 가장 많을까. '폭력'이라는 말 때문에 아무래도 물리적 폭력, 즉 신체폭력이 가장 많이 발생할 거라고 생각하는 사람이 꽤 있다. 물론 교육지원청별로 차이가 있겠지만 통계를 내보면 언어폭력이 학교폭력에서 가장 많은 비율을 차지하는 유형이다. 신체폭력의 약 두 배 정도 되는 것으로 보인다.

「진달래꽃」 내용에서처럼 한 학생이 다른 학생에게 '역겹다'라는 말을 자주 사용하여 사안이 접수되었다. 중학교 여학생들인데, 상대 친구가 머리를 잘 안 감아 냄새가 난다며 자주 이를 탓하면서 역겹다는 말을 썼다고 한다. '역겹다, 토할 것 같아' 등의 말은 물론 다른 친구들에게도 전하면서 같이 놀지 말자고 하는 등 따돌림도 한 것으로 보였다. 피해 학생은 처음에는 그러려니 하고 넘겼지만 자꾸 친구들이 뭐라고 하는 말에 심리적으로 위축도 되고, 다른 친구들도 자신과 어울리지 않는 등 교우관계에도 어려움이 생기자 학교폭력 사안접수를 한 것이었다.

사춘기 때는 호르몬 변화로 인해 자연스럽게 전에는 나지 않던 냄새가 나는 경우가 있다. 남학생들 경우에는 신체 활동이 초등학생 때보다 활발해지면서 땀냄새가 같이 섞이곤 한다. 학교에 따라 다르겠지만, 중학교에서 근무하는 선생님들이 드는 애로 사항 중 하나는 체육시간이나 점심시간 이후 수업을 하러 교실에 들어가면 나는 냄새이기도 하다. 특히 여름에 땀을 뻘뻘 흘리며 축구나 농구를 하고서는, 날이 더워서 에어컨을 튼다고 환기도 안 하고 문을 닫아놓은 교실에 들어가면 머리가 아픈 느낌이 들 때도 있다. 물론 정작 본인들은 잘 모른다.

사안과 관련하여 가해로 지목된 학생은 다행히 본인이 그런 말을 했다고 인정했다. 하지만 정말 냄새가 나서 그런 말을 한 것이지, 가해 의도는 없었다고 진술했다. 하긴 냄새가 나길래 냄새가 난다고 한 것이 문제되지 않을 수도 있다. 하지만 그런 말을 친구들 앞에서 반복하고, 냄새 나니까 놀지 말자고 한 것은 잘못된 행동이어서 이에 맞는 조치처분 결정이 내려졌다.

　이런 사안 말고도 언어폭력과 관련하여 욕설을 하거나, 외모를 비하하는 말, 어려운 가정 형편을 놀리는 말 등 여러 유형의 언어폭력이 접수된다.

　'말 한마디로 천냥 빚을 갚는다'라는 속담이 있다. 거꾸로 생각하면 말 한마디로 천냥 빚을 만들 수도 있다. 언어폭력으로 학교폭력 사안이 접수되어 조치처분이 나가면 피해 학생에 대한 심리상담이나 정신과 진료 등의 비용이 학교안전공제회를 거쳐 구상권이 가해 학생에게 청구되거나, 심하면 민사소송에도 얽히게 된다. 또한 고등학생이라면 학교생활기록부에 기재되어 대학 입시에 영향을 미쳐 진로가 바뀔 수도 있다. 단순히 천냥 빚이 문제가 아닌 상황이 되는 것이다.

　「진달래꽃」에서 화자는 '나 보기가 역겨워 가'시는 님을 '말없이 고이 보내'주면서 '영변에 약산 진달래꽃'을 '아름 따다 가실 길에 뿌'려준다. 하지만 현실에서는 '역겹다'는 말을 친구에게 함부로 쓰면서 말없이 고이 보내주지 않는다. 언어폭력으로 심의요청되어 본인과 부모님 모두 후회의 피눈물을 흘리게 된다. 식상한 말이지만 고운 말을 써야 한다. 굳이 언어폭력을 운운하지 않더라도 어른으로 재미있게 살아가려면 그렇게 해야 한다. 학생들이 꼭 기억해주면 좋겠다.

## 김 팀장의 사안 관련 팁

　학교폭력예방법이 개정된 2012년 이후 매년 2회씩 학교폭력 실태조사를 실시합니다. 이때 가장 주의해야 할 것은 가해 학생에 대한 조치사항을 학교생활기록부에 기재할 수 있다는 것입니다. 이와 함께 법 개정 이전에는 신체폭력에 대한 관심이 주를 이뤘다면, 개정 이후에는 언어폭력 유형이 차지하는 비율이 월등히 높아졌다는 점도 변화 중 하나입니다. 이러한 변화 이유로, 언어폭력은 단순히 상대가 인정하지 않으면 증거를 찾아 가해 학생에게 교육적 조치를 내리기 힘들고 증빙하는 데 어려움이 있어서 그동안 신고 비율이 낮았지만, 온라인 실태조사 이후 적극적으로 언어폭력을 신고하는 학생들이 늘어났기 때문인 듯합니다. 가정과 학교에서 교육이 필요한 부분이겠습니다만, 학생들 사이에서 어느 정도의 욕과 비방은 일면 집단 내 친근감 및 소속감을 나타내주는 지표로써 공공연하게 이용되기도 합니다.

　학교폭력 유형 중 언어폭력이 접수되면 대부분 가해 관련 학생은 이를 거의 부인하거나 기억이 나지 않는다고 최초 진술을 합니다. 이후 몇 시간 혹은 며칠 후 본인도 언어폭력 등 다른 피해를 입었다고 소위 쌍방을 주장하며 피해신고를 하는 경우가 많습니다. 이런 유형의 가해 관련 학생을 보면 대부분 본인의 기억상 오류로 인해 갈등이 크지 않았던 사안을 더 키우거나, 가해 관련 학생의 보호자가 개입하여 사안을 해결하기보다 자녀의 말에 대해 잘못된 확신과 믿음을 가지고 대응해서 오히려 사안의 본질과는 별개로 보호자 간 자존심 다툼과 진실공방에 힘을 쓰곤 합니다.

사실 언어폭력은 대개 사안 발생 초기에 사실을 인정하고 진정한 사과의 모습을 보여주는 것만으로도 학교장 자체해결로 마무리될 수 있는 경우가 많습니다. 가해 관련 학생은 자신의 행동과 말이 피해 관련 학생에게 피해를 줄 만했는지 자신을 돌아보는 성찰의 시간을 가져야 할 것입니다. 또한 보호자는 자녀의 말을 무조건 100% 신뢰하기보다 제3자 입장에서 냉철하게 바라보는 자세와 함께, 자녀가 평소 어떻게 행동하며 학교생활을 했는지 학교 선생님이나 주변 친구 등을 통해 정보를 얻는 것도 중요해 보입니다.

만일 가해 관련 학생의 자녀가 언어폭력을 한 사실이나 정황이 있다면 학교 측에 피해 학생 및 보호자에게 사과의 뜻을 전할 수 있도록 면담 혹은 사과편지, 반성문, SNS 등 다양한 방법을 통해 노력해야 할 것입니다. 혹여 피해 측이 이러한 사과 표현을 받아들이지 않아도 학교폭력대책심의위원회 심의 시 가해 학생 측이 보인 화해에 대한 노력과 반성 정도를 참고하여 교육적 조치를 고려한 의결이 될 수 있음을 인지해야 할 것입니다.

 **최 변호사의 법률 조언**

- 다른 언어폭력 사안에서 조언한 것처럼 학교폭력 유형 중 언어폭력에 해당하려면, 형법상 모욕죄나 명예훼손죄에 해당할 정도의 발언이 있어야 합니다.
- 본 사안에서는 상스러운 욕설이 아닌 "너 냄새가 역겹다, 토할 것 같다"라는 발언이 문제되었는데, 친한 또래들 사이에서, 특히 땀을 흘릴 정도로 많은 운동을 하는 남학생들끼리는 위와 같은 발언이 장난으로 치부될 수 있을 것 같습니다. 그러나 가해 학생이 이러한 발언을 다수 학생들 앞에서 공개적으로 반복하고, 이어서 다른 학생들까지 피해 학생과 어울리지 못하도록 했다면 이는 학교폭력 유형 중 '모욕'과 '따돌림' 2개 유형에 연달아 해당하여 조치처분을 받을 것으로 보입니다.

## 나 떨고 있니

　1995년 '모래시계'라는 드라마가 인기리에 방영되었다. 고현정, 최민수, 박상원, 이정재 등이 열연한 드라마로, 1970년대부터 90년대 초까지 현대사의 여러 모습을 담으며 큰 인기를 끌었다. 시청률이 60%를 넘었다고 하는데, 요즘처럼 쉽게 방송을 다시 볼 수 있는 시대가 아니어서, 모래시계가 방송되는 시간이면 사람들이 일찍 귀가해 거리가 한산해진다고 해서 '귀가시계'라고 부르기도 할 정도였다고 한다. 이 드라마의 명대사 중 하나는 자신의 사형집행을 앞둔 최민수(박태수 역)가 검사인 오랜 친구에게 건넨 대사 '나 떨고 있니?'일 것이다.

　의학적으로 몸의 어느 부위가 떨리는 증상은 힘을 빼고 별다른 행동을 하지 않는데도 나타나는 안정시떨림이 있고, 특정 자세를 취할 때 나타나는 체위떨림, 물건을 잡는 등의 행동을 할 때 생기는 활동떨림 등이 있다고 한다. 어쨌든 떨림은 정신적으로 긴장하거나 불안할 경우 증상이 악화하는 것이 일반적이라고 하니, 친구 앞에서 의연한 모습을 보이고 싶지만 본인의 사형집행을 앞두고 있는 최민수(박태수 역)도 어쩔 수 없이 떨 수밖에 없었을 것이다.

　학교폭력대책심의위원회에서도 떠는 모습을 종종 보게 되는데, 피·가해를 떠나 학생이 떠는 경우도 있고, 보호자가 떠는 경우도 있다. 아무래도 낯선 공간에서 처음 보는 사람들에게 기억하기 싫은 학교폭력과 관련된 여러 질문을 받고 대답하는 것이 학생들에게 긴장되기 때문일 것이다. 보호자야 어른이니 그렇다 치고 어린 학생들을 위해서라도 마음의 안정을 돕기 위해 사탕이나 물 같은 간단한 먹거리도 놓고, 대기실 인테리어도 편안한 분위기를 느끼도록 신경쓰지만 떨림을 완전히 막지는 못한다.

초등학교 1학년 학생들 사안이 접수되었다.

어린아이들이 흔히 하는 '도둑과 경찰' 놀이를 하다가 규칙을 어긴 친구가 있었던 모양이고, 서로 다툼이 생겼는데 마침 옆에 공이 있어서 한 친구가 다른 친구를 맞혔다고 한다. 공을 맞은 쪽에서 정신적, 신체적 피해를 입었다며 진단서도 제출해서 심의가 열리게 되었다.

학생들이 들어오면 당시 상황이나 서로의 관계, 사과 여부, 앞으로의 학교생활 등 여러 가지를 질문한다. 초등학생들이어서 대답을 잘 할 수 있으려나 했는데 자신의 피해를 주장하는 학생은 이러한 염려가 무색하게 진술을 잘 해주었다. 가위바위보를 해서 도둑과 경찰을 정하는데 상대방이 자신을 밀었으며, 공에 배를 맞아 숨쉬기가 힘들었고 멍도 든 것 같았다는 이야기가 주된 내용이었다. 그리고 서로 갈등 상황에서 약간의 욕설도 오갔음을 진술해주었다. 하지만 이것도 상대 아이가 먼저 욕을 해서 자기도 욕을 했다는 내용이었다.

다음 학생은 한마디 말도 제대로 하지 못했다. 보호자가 함께 와서 진술을 도왔는데, 몸을 떨면서 엄마 아빠와 눈을 맞추며 고개를 끄덕이거나 무겁게 저을 뿐이었다. 간신히 예 또는 아니오라고 의견을 표현하는 정도였다. 답답하게 느껴질 수도 있지만, 초등학교 1학년인 점을 생각하면 어쩌면 당연한 모습이기도 하다. 아마 당시 상황이 기억나지 않을 수도 있는데 이것 역시 자연스러운 일이다.

대답을 잘 듣기 어려우니 심의 진행에 시간이 좀 더 걸리긴 했지만, 진술이 진행되었다. 상대 학생을 밀긴 했지만 그건 상대방이 가위바위보 결과를 따르지 않고 무조건 경찰을 하려고 했기 때문이고, 공은 서로 던졌으나 그나마 그 공은 초등학생 저학년용으로 사용하는 안전 스펀지 공이라는 걸 확인했다. 요즘 아이들은 잘 모르겠지만 30여 년 전 인기리에 방영되었던 '피구왕 통키'라도 그 공으로 상대를 상처내기에는 어려운 공으로 보였다. 더구나 아이들은 초등학교 1학년이다.

먼저 진술을 했던 아이도 인정했던 서로 간의 욕설 부분만 확인되었다. 하지만 이것도 말이 욕설이지 가해 의도를 가지고 상대방에게 언어폭력을 한 것으로 보기는 어려웠다. 예쁜 말 또는 고운 말 정도로도 표현되는 바른말 사용과 관련한 언어교육 정도가 필요하지, 이 정도의 사안 내용으로 초등학교 1학년 아이들에게 가해 학생 선도조치를 내리기는 어렵다고 심의위원님들이 의견을 모았다.

자그마한 몸으로 의자에 앉아 몸을 떨던 아이는 엄마 손을 꼭 잡고 집으로 돌아갔다. 겁먹은 눈으로 진술을 마친 아이가 안쓰러워 책상 위 사탕을 몇 개 챙겨서 잘 들어가라고 인사를 전해주었다. 감사하다며 꾸벅 인사를 했던 그 아이가 이제 떨림을 멈추고 다시 친구들과 마음놓고 놀이터에서 도둑과 경찰 놀이도 즐기고 잘 생활했으면 좋겠다.

 ## 김 팀장의 사안 관련 팁

    초등학교 저학년이 학교폭력으로 사안접수를 하면 피해 및 가해 관련 학생 간 사안 개요는 매우 단순하며 학교폭력이 아닌 경우가 대부분입니다. 학교폭력으로 인정되어도 대개 최대 3호 조치, 즉 학교에서의 봉사 정도로 심각성이 낮은 심의가 의결되곤 합니다.

    제가 근무하는 지역은 가해 학생에 대한 교육적 선도조치 의결 중 90% 이상이 학교폭력이 아니거나 1호 서면사과, 2호 접촉, 협박, 보복행위 금지, 3호 학교에서의 봉사 조치 의결입니다. 한편 이 같은 조치 의결을 받은 피·가해 측 모두가 본인들에 대해 조치한 의결을 불만스러워하며 행정소송이나 행정심판을 통해 조치불복으로 재심을 요청하곤 합니다. 하지만 법원 및 행정심판위원회 판례를 보면 대부분 "학교생활에서의 학생 갈등은 자연스러운 것이며 모든 갈등을 학교폭력으로 의율하는 것은 바람직하지 않다"라며 청구를 기각하는 경우가 많습니다.

    과거 2019학년도까지는 학교폭력대책자치위원회라고 하여 학교폭력에 대해 학교 내에서 위원회를 구성하여 심의까지 했고, 당시 행정심판이나 행정소송에서 패소하는 경우가 간혹 있었습니다. 다만 심의 사안에 대한 조치결정이 잘못되었다며 패소하는 것이 아닌, 학교에서 지켜야 할 절차나 심의위원회 구성 요건 등을 미준수했다며 패소하는 경우가 대부분이었습니다. 그러나 2020학년도부터는 학교폭력대책심의위원회가 지역교육지원청으로 이관되면서 절차나 구성원 미준수로 패소하는 경우는 거의 없어졌습니다.

초등학교 저학년을 대상으로 한 심의는 학생 간의 심의가 아닌 보호자 간 심의라고 할 수 있는 경우가 다른 학교급보다 월등히 많습니다. 학생의 보호자는 진정 "자녀를 위한 심의를 하는 것인지? 보호자의 자존심이나 감정이 앞서서 심의를 요청하는 것인지?"에 대해 학교폭력 신고 이전에 냉철하게 판단해보시고, 다른 해결 방안은 진정 없는지 찾아보시길 권해봅니다.

## 최 변호사의 법률 조언

- 요즘 학교폭력을 신고하는 피해 학생 측 학부모님들은 자녀에게 외관상 멍이나 상처 등 흔적이 보이지 않더라도 우선 상해진단서를 피해 증거자료로 제출하는 경우가 많습니다.
- 이렇게 적극적으로 상해진단서를 발급받아 증거로 제출하는 것은 내 자녀의 피해를 입증하는 데 가장 효율적일 것으로 판단하기 때문일 텐데, 저 역시 의뢰인으로 만났던 학부모님들에게 진단서를 발급받도록 권했던 기억이 있습니다.
- 그러나 본 사안처럼 피해 학생이 딱딱한 공도 아닌 탱탱볼 같은 안전한 공으로 맞았고, 실제로 몸에 멍이 들거나 상처를 입은 흔적이 없었다면, 객관적으로 법원이든 학교폭력대책심의위원회에서든 전치 2주의 상해를 입지 않았다고 볼 가능성이 높습니다. 병원에서는 환자의 주관적 호소만으로도 전치 2주의 진단서 발급이 쉽다는 사정을 다들 너무 잘 알고 있으니까요.
- 따라서 피해 학생 측에서 전치 2주의 상해진단서를 제출했더라도 서로 다툼에 이른 경위, 쌍방 폭행 또는 욕설 여부, 피해 정도 등에 따라서 다툼이 경미하다면, 때로는 학교폭력으로 인정되지 않을 수도 있다는 점에 유의하셔야 합니다.

## 나에게는 꿈이 있습니다

나에게는 꿈이 있습니다(I have a dream)!
1963년 마틴 루터 킹 목사가 미국 워싱턴에서 한 유명한 연설이다. 피부색이 다르다는 이유로 당시 흑인들은 백인들이 다니는 공원, 학교, 식당 등에 들어가기 어려웠고, 버스 등 대중교통 이용에도 차별을 겪었다고 한다. 인종차별 철폐에 대해 이야기하는 이 연설은 역사상 가장 위대한 연설이라고 평가받기도 한다.

굳이 이 연설이 아니더라도 누구에게나 꿈이 있다. 그런데 학교에서 교사 생활을 하면서 만났던 여러 학생들에게 꿈이 뭐냐고 물어보면 꿈이 없다고 하는 학생들이 의외로 많다. 하지만 차분히 이야기하면 정말 꿈이 없는 것이라기보다 알 수 없는 미래에 대한 두려움을 그렇게 표현하는 것일 뿐, 자신이 살게 될 미래를 알차게 만들고 싶은 마음은 누구에게나 있었던 것 같다. 당연히 학교폭력대책심의위원회에서 만나는 학생들도 자신의 미래에 대해 희망과 염려 등 여러 감정이 있을 것이다.

중학교 여학생 간 사안이 접수되었는데, 두 학생이 다른 한 학생을 꽤 오랫동안 괴롭혀온 것 같았다. 대개 다른 가해 학생들 변명들과 마찬가지로, 가해 학생들은 자신들의 행동이 친구들 사이에서의 장난이었다고 주장했다. 피해 학생도 처음에는 친구 사이라고 생각해서 학교폭력에 해당하는 신체폭력, 언어폭력 등을 어느 정도는 참았다고 한다. 하지만 갈수록 정도가 심해져서 이제는 그런 행동을 하지 말라는 의사를 밝혔고, 선생님도 이 학생들 사이의 갈등을 눈치채고 지도를 한 것 같았다. 그럼에도 불구하고 가해 학생들 행동은 계속되었고 결국 교육지원청에서 심의가 진행된 것이었다.

피해 학생은 그동안 당해온 학교폭력을 진술하며 보호자와 함께 눈물을 흘렸다. 학교폭력 심의가 많이 진행되지만 중학교 여학생들이라면 대개 폭력 정도가 아주 심한 경우가 드물어서, 관련 학생 간 화해가 진행되거나 가해 학생들이 본인 행동을 진심으로 반성한다면 조치결정을 하는 데 고려되는 경우가 종종 있다.

하지만 이 학생들은 일관되게 본인들 행동이 장난이었다고 하면서 반성의 기미를 찾을 수 없었고, 화해 정도도 낮게 평가되어 출석정지에 해당하는 조치가 논의되었다. 문제는 두 학생 모두 그동안의 학교생활이 불성실했는지 그동안 결석 일수가 많아 심의에서 논의된 대로 출석정지가 결정될 경우 해당 학년에 유급이 될 수 있다는 것이었다. 이에 대해서도 심의위원 간 여러 이야기가 오갔지만, 이미 여러 잘못을 하거나 학교에 교육적 어려움을 끼치면서 60일 가까이 결석을 해왔을 텐데 가중을 하면 했지 유예 가능성이 있다고 해서 이를 고려하여 조치를 경감하는 것은 어렵겠다고 결론이 났다.

그렇게 조치결정을 통보하고 나니 며칠 뒤 두 학생의 보호자들이 교육지원청으로 항의 전화를 해왔다. 아이들이 잘못한 건 맞지만, 우리 애가 이제 좀 마음을 잡고 꿈을 가지고 노력해서 고등학교도 진학하고 열심히 살려고 하는데 이렇게 출석정지를 내리는 것이 교육적 조치가 맞냐는 항의였다.

 이미 조치결정은 통보되었으니 이의를 제기하시려면 행정심판이나 행정소송을 할 수 있다고 안내했으나 쉽게 수긍하지 못했다. 보호자 마음이야 이해하지만 내 입장에서도 그 이상의 도움을 주기는 어려운 일이다. 그리고 본인 자녀의 꿈에 대해서 이야기하지만, 그 학생들의 행동으로 인해 마음의 상처를 입고 오랜 시간 학교생활에 큰 어려움을 겪어온 상대 학생의 꿈은 무엇으로 어떻게 보상받을 수 있을까 하는 생각이 들었다.

 결국 두 보호자는 씩씩대다가 통화를 마쳤고, 그 이후에는 어떻게 되었는지 모르겠다. 행정심판 또는 행정소송이 제기되었다고 공문을 받지는 못했으니, 아마도 끝까지 부당하다고 느끼긴 했겠지만 조치결정을 받아들이지 않았을까 싶다.

 '나에게는 꿈이 있습니다'라는 연설을 한 마틴 루터 킹이 더욱 빛나는 이유는 그가 부당한 인종차별 철폐를 주장하면서도 비폭력운동과 평화주의에 기반한 사회활동을 해나갔기 때문일 것이다. 그리고 그가 꿈꾼 세상은 흑인 소년 소녀들이 백인 소년 소녀들과 손을 잡고 형제자매로서 함께 걸어갈 수 있는 곳이었다.

 당연히 아이들의 꿈은 무엇이 되었든 소중하다. 하지만 나 그리고 내 아이의 꿈이 소중하면 다른 이의 꿈도 소중하다는 점을 잊어서는 안 될 것이다.

## 김 팀장의 사안 관련 팁

　학교폭력대책심의위원회 심의 시 사안 내용이 학교폭력으로 인정된다면 가해 학생에 대해 조치별 적용 세부 기준을 참고하여 보통 조치처분을 결정합니다. 위 사안은 두 명의 학생이 한 학생에게 가해행위를 했고, 피해 학생은 학교폭력행위를 그만하라는 의사표현도 하고 학교에서도 잘못된 행동을 인지하여 지도가 있었다는 점에서 학교폭력 행위의 지속성이 어느 정도 인정된 것으로 보입니다. 가해 사실이 분명해 보임에도 심의 시 반성 및 화해의 정도가 거의 없어서 조치결정을 위한 판정 점수가 10~12점 사이로 논의되어 제6호 출석정지를 받았을 것입니다. 만일 가해 학생들이 판정점수를 9점으로 받았다면 4호 사회봉사를 받을 수 있었으며, 화해 및 반성의 노력이 있었다면 감경조치를 받아 3호 학교에서의 봉사 조치를 받아 학교생활기록부에도 입력되지 않을 수 있었을 겁니다.
　학교폭력으로 신고가 접수되면 가해 관련 학생 및 보호자는 상대측 진술서나 증빙자료를 확인할 수 없습니다. 혹여나 가해사실에 대한 증거가 없다고 잘못 판단하고 거짓된 진술만 일관되게 주장한다면 오히려 가중된 조치결정을 받을 수 있습니다. 가해 학생은 조금이라도 잘못한 점이 있다면 최대한 빠르게 이를 인정하고 상대에게 사과의 뜻을 밝히는 것이 감경조치를 받는 데 도움이 될 것입니다.

## 최 변호사의 법률 조언

- 위 사안을 보니 학교폭력 피해를 겪고 법무법인에 있던 저를 담당 변호사로 만나 법조인의 꿈을 가지게 되었다는 한 중학생이 기억납니다. 그 중학생은 학교폭력 피해자였고 심의결과는 '조치 없음' 처분을 받았는데, 이후 뒤늦게 나온 경찰 수사 결과 가해 학생에 대한 폭행치상죄가 인정되어서 결국 교육지원청을 상대로 행정소송을 제기하여 승소판결을 받았습니다.
- 그 학생은 아무도 자신의 이야기를 들어주지 않는 것 같다면서 억울함을 호소했습니다. 그러나 변호사가 자신의 입장을 잘 들어주고 억울했던 결과를 바로잡아주기까지 하니 본인도 언젠가는 법조인이 되어 사회 정의를 바로잡고 싶다는 이야기를 했습니다.
- 이 학생은 학교폭력이라는 위기를 극복해내면서 새로운 꿈을 갖게 되었지만, 또 다른 피해 학생은 가해 학생들에 대한 두려움 때문에 한국에서의 꿈을 접고 유학길에 오른 경우도 있었습니다.
- 이렇게 학교폭력이 자라나는 아이들에게 트라우마로 남아 악몽이 되지 않고, 새로운 꿈의 시작점이 되길 바라봅니다.

## 낙장불입

낙장불입(落張不入)은 표준국어대사전에 "화투·투전·트럼프 따위를 할 때에, 판에 한번 내어놓은 패는 물리기 위하여 다시 집어들이지 못함"으로 뜻풀이가 되어 있는 말이다. 요즘은 과거에 비해 덜하지만, 명절 같은 때 친척들이 모이면 적은 금액이라도 내기를 걸고 화투를 치곤 했다. 이때 원래 내야 할 화투패 대신 실수로 다른 패를 내게 되어 그 패를 다시 거둬들이려 하면 '낙장불입'이라며 안 된다고 하는 사람과, 친척끼리 이러는 거 아니라면서 좀 봐주라는 사람이 얽히면서 옥신각신하기도 했다. 어쨌든 한번 낸 패를 물리기는 비단 화투가 아니라도 어려운 경우가 종종 있다.

고등학교 3학년 남학생 간 학교폭력 사안이 접수되었는데, 딱 이 낙장불입이 생각나는 경우였다. 처음에는 한쪽에서 온라인상에서의 비방을 이유로 다른 학생이 언어폭력을 행사했다며 사안을 접수한 것으로 보였다. 그러자 다른 쪽에서 맞대응으로 상대방 역시 학교에서 친구들 간에 또는 톡방에서 욕설을 했다며 학교폭력 피해를 주장했다.

학교에서는 두 학생에 대해 사안접수를 받아주었지만 화해를 권유한 것으로 보였다. 그도 그럴 것이 고등학교 3학년 학생인 데다 사안의 내용상 그다지 심각한 폭력이 오간 것도 아니었기 때문일 것이다. 하지만 문제는 한 학생 쪽에서 진단서를 제출했다는 점이었다. 대개 학교에서 담당 선생님이 사안접수 시 학생이나 학부모에게 진단서를 제출하면 이후에 철회가 되지 않는다는 점을 안내하지만 당장 학교폭력 사안을 접수할 때에는 어떻게든 피해를 입었다고 주장하기 위해 이러한 안내를 흘려듣는 경우가 있다. 이번 경우에도 그런 것 같았다.

학교폭력 피해를 주장하는 경우 별다른 물리적인 폭력이 없었던 것 같은데도 어떻게든 2주 정도의 진단서를 내기도 한다. 또는 요즘 우울증 등을 호소하는 학생들이 종종 있는데, 기존에 받던 치료가 있긴 하지만 학교폭력을 당해 정신적인 충격을 더 입었다며 정신과 진료서를 제출하는 경우도 있다. 물론 진단서를 제출해야 할 만큼 학교폭력으로 인한 피해가 큰 경우도 많다. 적지 않은 비용을 내고 진단서를 제출할 때에는 보호자로서 안타까운 마음이었을 것이라는 점도 충분히 이해한다.

하지만 진단서를 낸다고 해서 무조건 학교폭력 피해 학생으로 인정받지는 않는다. 진단서 내용과 사안과의 관련성을 살펴보고 피해학생 보호조치를 결정하게 되고, 이에 근거하여 학교안전공제회를 통해 병원비를 지원받게 되는 것이다. 간혹 진단서가 아닌 진료확인서나 소견서 등을 제출하기도 하는데, 이 경우에는 나중에라도 심의 요청 철회가 가능하다.

위에서 언급한 두 학생은 사안접수 이후 심의를 철회하고 싶다고 학교와 교육지원청에 반복하여 요청했지만, 진단서가 제출되었기에 결국 심의를 진행하게 되었다. 기껏 진단서 낼 때는 언제고 왜 번복할까 살펴보았다. 학교폭력을 주장하고 있지만 서로 간 별다른 피해가 없어서 높은 조치처분이 결정될 것도 아니었다. 하지만 두 학생은 이미 지난 학기에 이번과 비슷한 내용으로 다투어서 서면사과 조치를 받은 적이 있었다. 지난번 조치처분은 생활기록부 기재가 유보되었겠지만, 이번에 조치처분을 받게 되면 꼼짝없이 생활기록부에 기재가 될 것이고 대학입시에서 불이익을 받을 수도 있다는 염려 때문에 심의요청을 철회하고 싶은데 진단서를 제출했으니 어쩔 수 없는 상황이 된 것이었다.

이제 두 학생의 당면 목표는 '조치 없음' 결정 처분을 받는 것이 되었다. 그동안 학교생활을 얼마나 성실히 잘 해왔는지를 주장하기 위해 온갖 자료가 추가로 제출되었다. 여러 사안을 진행하면서 다양한 추가자료를 보아왔지만 이번 추가자료들은 별 내용이 다 있었다. 사안의 내용과 관련한 카톡 자료는 기본이고, 중·고등학교 생활기록부와 그동안 받은 교내외 수상 실적을 증명하는 것들, 다니는 동네 학원장의 탄원서 등이 제출되었다. 심지어 유치원 때 받은 '착한어린이상'에, 초등학교 저학년 때 피아노 학원에서 받은 콩쿠르상에, 태권도장에서 품띠를 받았다는 증명도 있었다. 이런저런 내용들로 페이지 수만 2백 페이지가 넘어갔다. 하지만 딱히 사안 내용과 관련된 것은 많지 않았다.

학생과 학부모 의견서도 당연히 제출되었는데, 제출 이후 몇 번이고 전화가 걸려왔다. 앞서 낸 의견서에 오타가 있어서 다시 수정해서 제출하니 확인해달라는 것이었다. 확인이야 할 수 있지만 도대체 어디에 오타가 있다는 건지 찾아보기도 어려웠고, 내용에 영향이 있는 것도 아니었다. 그저 학생과 학부모의 조바심을 확인할 수 있을 뿐이었다. 안타까웠다.

두 학생의 절절한 노력(?)에도 불구하고 어쨌든 서로 간 말다툼을 하며 언어폭력을 한 내용은 확인되었기 때문에 어쩔 수 없이 조치결정이 내려지게 되었다. 조치결정통보서를 받으면 잘못된 행동을 반성하게 될까, 괜히 진단서를 냈다고 후회하고 있을까, 그도 아니면 당사자들이 안 한다는데 심의를 진행한 학교와 교육지원청을 원망하고 있을까. 알 수 없는 노릇이다.

학교폭력을 겪게 되면 당장의 피해와 가해에 집중하게 되어 학교와 교육지원청의 여러 교육적인 해결 방안에 대한 조언을 듣지 않는 경우가 종종 있다. 학교에서 일 안 하려고, 책임 안 지려고 하는 소리 아닌가 의심하는 것 같기도 하다. 하지만 그런 조언들은 결국 본인들을 위한 것이다.

화투판에서 아무리 좋은 패를 들고 있어도 잘못 패를 내게 되어 낙장불입을 당하면 원하는 결과를 얻기 어렵다. 학교폭력 사안에서는 진단서 제출을 하게 되면 낙장불입이 될 수 있다. 어쩌면 학교폭력 사안접수 자체도 좀 더 신중했으면 하는 경우가 많다. 그 누구보다 사랑하는 아이들을 위해서라도.

## 김 팀장의 사안 관련 팁

학교폭력 사실이 있더라도 피해 측이 용서하거나 서로 화해하여 학교장 자체해결로 마무리를 할 수 있습니다. 그러나 무조건 학교장 자체해결을 하는 것이 아니고, 4가지 자체해결 조건이 갖춰져야 합니다.

그중 첫 번째 조건이 2주 이상의 진단서 제출 여부입니다. 피해를 주장하는 학생의 보호자가 자녀의 피해사실에 대해 신속히 치료하고 학교폭력 피해 증거를 남기기 위해 진단서를 발급받는 것은 당연지사일 것입니다. 다만 진단서 제출 시기에 따라 위 사안과 같은 문제가 발생할 수 있습니다.

학교는 학교폭력 신고 접수가 된 날부터 심의요청까지 2주 혹은 1주 연장하여 3주 이내에 교육지원청에 심의 요청을 하게 됩니다. 피해 및 가해 관련 측의 사실 확인, 학교의 안내 및 중재, 학교폭력 전담조사관의 면담 등을 활용하여 "관계회복을 통한 학교장 자체해결로 종결할지? 교육지원청의 심의위원회 개최를 요청할지?"를 판단하게 되는데, 이 정도면 시간이 부족하지는 않을 것입니다.

학교폭력 신고 이후 초기에는 섣부른 판단을 할 수 있지만, 이후 주위 조언을 듣고 해결방안을 모색하는 것이 중요할 것입니다. 최근에는 진단서 발급도 병원에서 꺼리는 경우가 가끔 있습니다. 별다른 피해 사실이 없음에도 굳이 환자가 진단서를 요청하면 2주 이상의 기간을 명시하지 않는 진단서를 발급하거나, 학교폭력과 관련 없는 이전 상해 혹은 심리 상담 진료질병코드로 기재한 진단서를 발급하는 경우도 있으니 진단서 발급 요청 시 확인해봐야 할 것입니다.

## 최 변호사의 법률 조언

- 학교폭력 사안을 다루는 「학교폭력예방 및 대책에 관한 법률」(이하 '학교폭력예방법') 제13조의2(학교의 장의 자체해결) 제1항에 따르면 학교장이 자체적으로 학교폭력을 해결할 수 있는 4가지 요건이 각각 규정되어 있습니다. 그런데 위 규정 제1호에는 '2주 이상의 신체적·정신적 치료가 필요한 진단서를 발급받지 않은 경우'에 한하여 학교장 자체해결이 가능하도록 규정되어 있어, 반대 해석상 전치 2주 이상의 진단서를 제출하기만 하면 학교장 자체해결이 더 이상 불가능하게 됩니다.
- 이러한 법률 규정은 학교폭력 신고 후 뒤늦게 당사자들끼리 합의하거나 화해중재 제도를 이용하는 등 원만한 분쟁해결 가능성을 원천 차단하는 규정이므로, 개정의 필요성이 상당해 보입니다.
- 그러나 위 규정이 개정되기 전까지 교육청에서는 진단서가 제출되기만 하면 반드시 심의위원회를 개최해야 하기 때문에 아무리 중간에 학교폭력 신고를 취하하고 싶어도 되돌릴 수가 없는 아이러니한 상황이 벌어집니다.
- 특히 대학입시를 앞둔 고3 학생의 경우에는 생활기록부에 학교폭력 조치사항이 기록되어 대학입시에 불이익을 당할 수 있으니 진단서 제출에 더더욱 유의하셔야 합니다.

## 낮과 밤이 다른 그놈

얼마 전 '낮과 밤이 다른 그녀'라는 드라마가 방송된 적이 있었다. 살펴보니 시청률이 10% 정도 나왔던 것 같다. 이 드라마에서 주인공은 매번 공무원 시험에서 낙방하는 20대 여자인데, 어느 날부터 낮에는 50대로 살아간다. 낮과 밤에 서로 다른 두 개의 인생을 살아가게 된 것이다. 그녀가 겪는 미스터리한 사건들이 약간의 로맨스, 배우들의 재미있는 연기와 어우러져 인기를 끌었다고 한다.

이렇게 드라마 또는 영화에서나 볼 수 있는 극적인 사건이 아니더라도, 사실 사람들은 누구나 어느 정도 상황에 따라 다른 모습을 보이곤 한다. '페르소나'라는 말이 있는데, '가면' 정도의 의미를 가지며 한 사람이 어떤 상황에서 특정한 역할을 수행하기 위해 지니는 또 다른 모습이나 태도라고 이해하면 좋을 것 같다. 이중인격자라는 말과 연관지어 생각해서 부정적 어감으로 느낄 수도 있겠지만, 다양한 상황에서 그에 맞도록 적절한 가면을 쓰고 대응하는 능력을 키우는 것은 세상을 살아가면서 꼭 필요한 일이 아닐까 싶기도 하다.

하지만 학교폭력 사안을 접하다 보면 부정적으로 이 페르소나(가면)를 쓰거나 활용하려는 경우가 있는 것 같아 안타까울 때가 있다.

중학교에서 성 사안이 접수된 적이 있다. 요즘 아이들이 인터넷 등으로 성적 자극을 많이 받으면서 성 문제가 심각해졌다고 보는 경향도 있지만, 소위 '머리에 피도 안 마른 녀석들'의 성 문제는 예나 지금이나 있었던 일이다. 청소년 시기를 이르는 '사춘기'라는 말도 사실 봄(春)을 생각(思)하는 시기(期)라는 뜻에서 온 것일 텐데, 봄은 새 생명이 약동하는 시기이고 인생에서 꽃이 피어나는 봄은 사춘기일 것이니 청소년들이 성에 대해 호기심을 가지는 것은 자연스러운 일이다. 다만 상대방을 존중하고 배려하는 성 정체성을 가질 수 있도록 어른들이 노력해야 할 것이다.

사안이 접수된 학생들은 학교는 달랐지만 사는 동네는 같았다. 서로 어린 시절부터 함께 자라와서 잘 알고 지내던 사이였는데 중학생이 되면서 서로에게 호감이 생겼다. 두 학생의 부모님들도 친분이 있었고, 두 학생 간에 이성의 감정이 싹트고 있다는 걸 알았지만, 그러려니 하고 넘긴 모양이었다. 하지만 그러던 중 학생들은 친분을 넘어 성관계를 가지는 데까지 이르게 되었다. 그다음도 문제였다. 남학생은 둘만의 사적인 관계를 휴대폰에 촬영하여 저장했다. 여학생은 성관계는 동의했으나 촬영에는 동의하지 않았다고 주장했지만, 남학생은 다른 내용으로 확인서를 작성했다. 또한 남학생은 자신들이 성관계를 가졌고 촬영한 파일이 있다며 친구들에게 자랑삼아 떠벌리고 다닌 것으로 보였다. 하지 말아야 할 어리석은 짓이었다. 당연히 여학생은 큰 충격을 받은 것으로 보였다.

심의가 진행되었다. 이런 사안의 경우 피해를 입은 여학생 측은 출석하지 않거나, 보호자만 출석하여 진술하곤 한다. 2차 피해에 대한 우려 때문인 경우도 있고, 피해 학생이 충격이 커서 진술이 어렵기 때문이다. 하지만 이 사안은 피해 학생이 출석해서 침착하게 자신이 입은 피해를 진술해주어 상황을 파악하는 데 도움이 되었다.

다음으로 가해 학생이 출석했다. 그런데 질의응답이 전혀 되지 않았다. 사시나무 떨듯이 몸을 잠시도 가만히 있지 못했다. 목소리도 염소가 가늘게 소리내는 것처럼 중얼대는 정도여서 도무지 알아들을 수 없을 정도였다. 심의위원들이 질문을 했지만 답변 내용은 질문과 전혀 다른 내용들이었다. 여러 차례 마음을 진정시킬 수 있도록 도와주었지만 소용없었다. 덩치가 작은 학생도 아니었고, 말 그대로 허우대 멀쩡한 학생인데 정상적인 의사소통이 불가능하다고 생각될 지경이었다.

접수된 사안 내용으로 봐서는 전혀 이럴 학생이 아니었다. 친구들과 어울리며 학교생활을 하는 데 지장이 없는 것으로 보였다. 무엇보다 피해 학생과의 성관계를 자랑스레 친구들에게 떠벌리지 않았던가. 학교폭력 사안 내용을 보면, 피해 학생에게 성적 접촉을 시도하며 보였다는 행동들도 어른들의 어지간한 성범죄는 저리 가라 할 정도로 과감한 부분도 있었다. 그런데 여기 와서는 너무나 심약한 모습을 보이는 것이다. 말 그대로 낮과 밤이 다른 모습이었다. 물론 심의위원회에 출석하면 낯선 사람들 앞에서 자신의 잘못된 행동을 진술하는 데 부담을 가질 수 있겠지만, 이 학생의 모습은 어느 정도 인정할 수 있는 범위를 넘어 진술을 기피하기 위한 행동으로 여겨질 정도였다.

결국 진술 이후 조치결과에 대한 논의에서 당연히 심각성, 지속성 등을 포함하여 반성 정도 등에서 전혀 참작받지 못했고, 학생의 가해 사실과 사안에 대한 태도 등이 충분히 고려된 조치가 통보되었다.

  누구나 상황에 따라 다른 모습을 보일 수도 있고 가면을 쓰기 마련이지만, 어울리지 않는 가면을 써서는 곤란하다. 더구나 잘못된 행동을 이야기할 때는 변명이나 자기합리화라는 가면으로 기를 쓰며 얼굴을 가리려 하기보다 쌩얼이 나을 수 있다. 조치처분 이후에라도 낮과 밤이 좀 더 같은 사람이 되면 좋겠다.

## 김 팀장의 사안 관련 팁

    2024년 교육부가 발표한 자료를 보면, 학교폭력 사안 중 성폭력 사안은 피해 유형별 비율이 23년 5.2%, 24년 5.9%로 증가 추세에 있습니다. 학교에서는 성교육이나 학교폭력 예방교육을 매년 교육과정에 반영하여 교육하지만, 이러한 행동을 모두 막기는 현실적으로 어렵습니다. 만일 가해 학생이 되었다면 늦게라도 성에 대한 올바른 정체성과 상호 존중하는 배려의 마음을 가질 수 있도록 해야 할 것입니다. 물론 이런 교육을 떠나 다른 사람에게 씻을 수 없는 상처를 주었다는 점을 반성해야 합니다.

    성폭력은 보통 연인 사이에서 헤어진 후 성폭력 신고를 하는 경향이 잦습니다. 위 사안은 남학생이 성관계 후, 좀 더 나아가 영상을 공유(유포)한 사실까지 있습니다. 화장실에 들어갈 때와 나올 때의 태도가 다르다는 말이 있습니다. 이러한 이중적인 행동보다는 자신의 잘못에 책임을 지고, 사안의 사실을 인정하며 상대방에게 진심 어린 사과와 함께 치료와 회복을 위해 노력하는 모습이 필요합니다. 예를 들면 학교폭력대책심의위원회 개최 전이라도 성인지 감수성 교육 등을 보호자와 함께 받는 노력을 한다면 조치의결 시 반성 및 화해의 노력을 높게 볼 수 있으며, 추가적으로 부가된 특별교육 이수 시간을 감경받을 수도 있습니다.

## 최 변호사의 법률 조언

- 변호사 입장에서 형사재판에 가면 판사님들이 피고인들에게 눈길도 주지 않아 과연 피고인들의 최후진술을 제대로 듣고 있는지 의문이 들 때가 있습니다. 그러나 가끔 어떤 판사님은 피고인의 마지막 진술을 무심히 들으시다가 피고인에게 허를 찌르는 질문을 하실 때가 있습니다. 대체적으로 그러한 질문은 피고인이 진심으로 반성하는지를 판단할 수 있는 질문들입니다. 그렇기에 피고인은 재판에 출석하여 진술할 때 말 한마디 한마디에 신중을 기해야만 합니다.
- 학교폭력대책심의위원회도 마치 어른들의 형사재판을 축소해놓은 것과 같기에 이와 유사합니다. 심의위원들 모두가 출석한 학생의 발언을 귀 기울여 듣기 때문에 학생은 자신의 말에 굉장히 신중해야 합니다.
- 그래서 학교폭력 사건 담당 변호사들은 학교폭력대책심의위원회 출석에 대비하고자 출석 시 예상되는 질문을 모아놓고 한 시간가량 학생과 리허설을 진행하며 대답을 미리 훈련시키기도 합니다.
- 그러나 아무리 열심히 대답을 연습한다고 한들 그 학생의 말에 진심이 느껴지지 않으면 심의위원들에게는 학생의 말이 가면으로밖에 보일 수 없습니다. 어떤 미사여구도 필요 없이 진심을 담아 솔직하게 얘기한다면 반드시 그나마 나은 결과가 있을 것입니다.

## 내 아이가 아파요

남녀가 만나 사랑을 하고 아이가 생겼다는 사실을 알게 되는 순간은 누구에게나 특별하다. 세상에 태어날 아이에게 부모라면 누구나 건강한 모습으로 볼 수 있기를 바랄 것이다. 공부를 잘하고 못하고는 아주 나중의 일이다.

학교에서 근무하던 때 감기라든지 운동하다 어디 살짝 부러지는 정도가 아닌, 많이 아픈 아이들을 만나는 건 교사로서도 속상한 일이었다. 대부분 건강한 모습으로 새로운 학년을 시작하지만, 간혹 어떤 아이들은 교통사고 등으로 인해 어쩔 수 없이 학교를 그만두어야 하는 경우도 있다. 몇 해 걸러 한두 명은 학년 시작부터 몸 또는 마음에 어려움을 겪기도 하는데, 그때는 부모님과 이야기 나눠가면서 아이 상태를 돌보며 학교생활을 잘할 수 있도록 해나갔던 것 같다.

학교폭력을 담당하면서 간혹 아픈 아이들이 심의실에 오는 모습을 보는 경우가 있다. 친구들 간 관계에 어려움을 겪으면서 마음이 아픈 경우가 많긴 하지만, 개중에는 몸이 안 좋은 아이들도 있다.

서로 가해와 피해를 주장하는 고등학생들이 있었다. 점심시간 중 친구들끼리 피구를 하다가 한 친구가 다른 친구를 세게 맞힌 모양이었다. 마침 공을 맞은 학생은 하필이면 며칠 전 상처를 입어서 부상

중인 부위를 다시 맞아 크게 다쳤다고 했다. 그리고 공을 던진 친구에게 욕설과 함께 치료비를 요구했고, 친구들이 있는 톡방에서 상대 학생이 한 행동이 학교폭력이고 처벌을 받게 하겠다는 내용을 게시했다며 상대 또한 언어폭력을 주장했다.

먼저 공을 던졌다는 학생이 심의에 참석하여 진술을 시작했다. 공을 던진 건 맞지만 그렇게 세게 던지지 않았고, 상대 학생이 아프다는 것도 몰랐다고 주장했다. 그나마 다행인 건, 상대 학생이 그렇게 다쳤다면 미안한 일이라고 사과를 전하고 싶다는 것이었다. 점심시간에 친구들 간 공놀이를 하던 중 일어난 일인 것 같았고, 굳이 이미 상처입은 부위를 향해 던지지는 않은 걸로 보였다. 설령 던졌다고 해도 피구놀이 중이었다면 이해될 수 있는 일이었다. 그리고 공을 던진 데 대해 사과도 했고, 치료비 이야기도 했는데, 굳이 상대 친구가 다른 친구들이 있는 톡방에서 이 이야기를 하면서 본인을 학교폭력 가해 학생으로 취급하면서 안 좋게 이야기를 하여 정신적인 피해를 입었다고 했다.

상대 학생도 심의에 참여하여 본인의 가해와 피해에 대해 진술했다. 공을 맞은 부위가 사안 며칠 전 상처를 크게 입은 곳이어서 더 다치게 되었고, 상대가 사과를 했다지만 건성으로 해서 오히려 본인이 마음의 상처를 입었다고 했다. 톡방에서 이와 관련한 이야기를 올린 건 맞지만 당시 상황을 이야기했을 뿐, 욕설을 한 것도 아니고 그냥 대화였는데 가해를 주장하는 건 아닌 것 같다고 진술해주었다.

두 학생의 진술과 학교에서 보내준 자료 등을 고려하여 조치결정

문을 통보했다. 며칠 후 공을 던진 학생의 보호자가 전화를 해왔다.

본인 자녀가 입은 정신적인 피해가 크고, 이 일로 친구들 간 관계에 어려움을 겪게 되어 심리상담을 진행 중에 있으며, 상태를 보아 정신과 진료도 받을 생각인데 보호조치가 미흡하다는 주장이었다. 조치에 이의가 있으면 어떻게 하면 되느냐고 문의하길래 우선 정보공개청구를 통해 회의록을 보시고, 그래도 이의를 제기하고 싶으면 조치결정통보서에 기재된 대로 행정심판이나 행정소송을 하실 수 있음을 안내했다.

통화 시 이야기하지 못했지만, 사실 상대 아이에 대해서도 전하고 싶은 내용이 있었다. 본인 자녀가 마음의 상처를 입었다고 하지만 상대 아이는 그에 못지않게 몸과 마음이 아픈 상태라는 점이었다. 심의 시 제출된 자료를 보니 백혈병 진단과 관련한 내용이 있었다. 나도 심의위원들도 처음에는 부모님께서 많이 편찮으신데 자녀가 학교폭력에 연관된 데 대해 참작해달라는 내용인가 하면서 보다가, 학생 본인이 백혈병 치료 중이라는 사실을 알고 마음이 아팠다. 물론 학교폭력과 관련한 사안을 검토할 때는 이에 맞는 보호조치와 선도조치가 우선이다. 하지만 이곳은 어쨌든 학생과 관련한 교육을 이야기하는 곳이다. 설령 법원이라고 해도 갈등 내용을 떠나 정상참작이라는 게 있지 않은가.

회의록에는 상대 학생의 병명까지는 기재하기 어려웠지만, 몸이 많이 아픈데도 학교생활을 해나가던 중 친구와 갈등이 생겨 학교폭력으로 심의에 참석했고, 나름 성실히 진술에 임했다는 논의 내용을 작성했다. 회의록 작성을 도와주는 주무관님에게는 이 내용을 너무 블라인드처리하지 말고 공개해달라고 부탁했다. 회의록 공개를 청구한 학부모가 물론 자신의 자녀가 입은 마음의 상처에 대해 속상해할 수도 있겠지만, 상대 학생이 그토록 힘들게 학교생활을 하고 있다는 걸 알게 되면 그래도 부모이니 마음이 조금 누그러들면 좋겠다는 바람이었다.

다행히 이후 행정소송이나 행정심판이 접수되었다는 연락은 받지 못했다. 내 바람대로 상대 학생의 사정을 눈치채고 이제 그만하자고 생각했기 때문일지, 아니면 그냥 회의록을 보니 조치처분이 번복될 가능성이 없다고 생각했는지 이유는 알지 못한다.

아이를 키우다 보면 열감기를 앓는 아이를 간호하며 한두 번씩 밤도 새기 마련이고, 다른 무엇보다 아이가 건강히 자라는 게 정말 큰 소망이자 복이라는 걸 체감하게 된다. 마음의 상처를 입었다는 학생도, 병을 앓으면서도 학교생활을 잘하기 위해 노력하는 학생도 이제 학교폭력을 훌훌 털어버리고 친구들과 재미있게 지냈으면 좋겠다. 이 사안에서 만난 학생뿐 아니라 즐겁게 지내도 모자란 학창시절에 이런저런 병으로 고생하는 모든 학생들의 쾌유를 빈다.

## 김 팀장의 사안 관련 팁

　학교폭력 사안과 관련하여 피·가해 학생 및 보호자는 사실관계가 확정되지 않은 한쪽만의 주장에 근거하여 임의로 정보를 공개하면 명예훼손으로 처벌받을 수 있습니다. 아무리 내가 피해를 입었다고 해도 공개된 대화방이나 친구에게 상대방과 관련된 정보를 공유하면 제3자를 통해 와전 및 확산되어 예상하지 못한 결과를 초래할 수 있습니다.
　위 사안과 관련된 학생은 큰 병을 앓고 있고 신체적으로도 다친 상황에서 아픈 부위를 다시 다쳐 안타까운 심정은 이해가 갑니다. 하지만 어쨌든 학교폭력 사안접수가 된 만큼, 가해 학생이 피해 학생에게 가해할 의도성이 있었는지 여부를 먼저 살펴보게 됩니다. 학교폭력으로 인정하기 위해서는 행동의 의도성 여부부터 심의위원들은 살펴봅니다. 또한 피해 학생은 가까운 친구라 하더라도 자신이 입은 피해 사실을 쉽게 말하거나 단체방에 글을 올리는 것은 신중해야 합니다. 정서·심리적으로 위로를 받을 수는 있겠으나 "발 없는 말이 천리 간다"는 속담에서도 알 수 있듯 입에서 나온 말이 달리는 말보다 더 빨리 퍼지고 퍼져 사실과 다르게 왜곡될 수도 있습니다. 학교폭력에서 특히 말조심이 필요한 이유입니다.

## 최 변호사의 법률 조언

- 학교 체육 수업이나 점심시간에 학생들끼리 하는 운동경기에서 부상을 당하거나 심하게 다치는 일들이 생기기 마련입니다. 이렇게 운동경기 중 우연히 발생하는 부상에 대해 가해 학생이 피해 학생에게 법적으로 치료비 전부를 줘야만 하는 걸까요?
- 대법원은 축구나 농구처럼 신체접촉이 수반되는 운동경기의 경우 그 자체에 내재된 부상의 위험이 있고, 경기에 참가하는 자들은 어느 정도 예상할 수 있는 범위 내에서 위험을 감수하고 경기에 참가하는 것으로 봅니다. 따라서 정상적인 경기 진행 과정에서 가해자 행위가 사회적 상당성을 벗어나지 않거나 고의 또는 중대한 과실이 없었는데도 부상 등 사고가 발생한 것이라면, 해당 운동경기에 내재된 통상적인 위험에 따른 상해이므로 가해자가 경기 중 행위에 대하여 민사상 손해배상책임을 부담하지 않는다고 판단했습니다(대법원 2019. 1. 31. 선고 2017다203596 판결).
- 이러한 법리에 따른다면 위 사안의 피구경기 역시 당연히 공을 던져서 맞히는 운동경기이므로 신체접촉이 수반될 수밖에 없고, 공으로 상대방을 맞히는 행위 그 자체에 내재된 부상의 위험이 있으므로, 가해 학생이 경기규칙을 위반해 일부러 피해 학생을 겨냥하여 맞춘 것이 아닌 이상 피해 학생에게 치료비를 지급해야 할 법적 의무는 없을 것으로 보입니다.

## 눈물의 여왕

눈물은 눈동자 앞의 이물질을 씻어주는 역할을 한다는 기본적인 사실보다, 사람의 감정을 잘 드러내는 효과적인 수단이기도 하다. 주로 슬플 때 눈물을 흘리지만, 분노나 기쁨, 공포, 감동, 때로는 너무 웃음이 커질 때 등 감정이 격해지는 경우 눈물이 나기도 한다. 한편 눈물에는 이물질과 함께 과도한 스트레스 화학 물질을 배출하는 등의 기능이 있기도 하다.

유명 배우들이 카메라 앞에서 감정을 조절한 후 별다른 자극 없이도 1분이 채 안 되는 시간 내에 눈물을 흘리는 모습을 보고 있으면 신기하기도 하다. 간혹 예능 프로그램에서 눈물 빨리 흘리기 게임을 하는 경우가 있는데, 일부러 눈물을 내기 위해 눈을 깜빡거리지 않는다든지 스스로 눈 부위를 때리며 약간의 고통을 가하는 모습에서는 웃음이 나기도 한다.

초등학교 2학년 여학생 간 사안이 접수되었다. 초등학교 저학년 간의 사안들은 종종 사안 내용이 그리 크지 않거나, 아이들 문제가 아닌 양쪽 부모들 간의 문제인 경우가 있다. 심의 요청된 내용을 보니 이번 경우에도 그럴 것 같았다.

학교에서 아이들 간에 점심시간에 간단한 놀이를 하다가 말다툼이 있었던 모양이고, 그러다가 누가 먼저인지 모르게 머리를 때리거나 몸을 밀쳤다고 했다. 다행히 초등학교 2학년 학생들이니 심한 욕설은 하지 않은 것 같았다. 사안 내용으로 보아 학교에서의 안내대로 서로 화해중재 프로그램에 참여했으면 이 어려운 자리에 아이가 참석하지 않아도 되었을 텐데 하는 아쉬움이 들었다.

양쪽 아이들은 상대방 아이가 때렸다고 이야기하면서도 자기도 때렸다고 순순히 인정해주었다. 다만 어려운 자리에 와서 낯선 어른들 앞에서 그날 기억을 떠올리며 대답하는 것은 힘들어 보였다. 어른들에게도 부담스러울 수 있는데 초등학교 2학년 아이들에게는 당연하다고 할 수 있을 것이다.

아이들 모습과 양쪽 부모들의 모습은 달랐다. 자주 보는 일이지만 이번에도 서로 상대방 아이와 부모 탓을 하기에 바빴다. 양쪽 모두 우리 아이는 친구와 잘 놀려고 했는데, 상대 아이가 먼저 때려서 방어하느라 어쩔 수 없이 살짝 밀치거나 툭 쳤을 뿐이라고 주장했다. 학교 선생님도 상대 아이가 우리애뿐 아니라 다른 애들도 자주 때리는 아이라고 했다고 진술했지만 주장만 있을 뿐 선생님이 정말 그런 말을 했는지 근거 자료는 제시하지 못했다. 다른 심의의 경우 상대 아이에 대해 동네 다른 엄마 혹은 뜬금없이 학원 선생님 등이 나쁜 아이라고 한다며 온갖 험담을 늘어놓기도 하는데, 다행히 이번에는 그렇게까지는 말하지 않은 게 다행이라면 다행이었다.

심의위원회에 오긴 했지만, 머리를 예쁘게 땋고 심의위원들 질문에 눈을 동그랗게 떠가며 조심조심 대답하는 초등학교 2학년 학생들 모습은 귀엽기 그지없었다. 한 학생의 진술이 끝나고 마지막으로 학부모에게 하고 싶은 말이 있느냐고 물으니, 학생 어머니가 갑자기 목이 멘 목소리로 대답을 시작했다.

본인이 쓴 학부모확인서 내용을 언급하며, 우리 아이 피해를 생각하며 눈물을 쏟으면서 확인서를 작성했노라고 이야기를 해나갔다. 그런데 옆에 있던 아이가 고개를 갸우뚱하며 엄마를 쳐다보면서 한마디 한다.

"엄마, 안 울었잖아~!"

듣고 있는 심의위원 몇 분이 터지는 웃음을 억지로 참는 모습이 보였고, 어떤 위원님은 '애가 참 똑똑하네'라고 미소지으며 이야기한다. 민망해진 어머니는 아이를 타박하며, "가만있어~!"라고 어깨를 쳤다.

나는 눈을 감으며 이 어른들은 왜 이렇게까지 하는 걸까 부질없이 생각해본다.

학교폭력과 관련된 내용은 아니지만 '눈물의 여왕'이라는 드라마가 유명했던 적이 있다. 한 부부의 위기를 다루면서도 기적처럼 다시 시작되는 사랑 이야기를 조명했다고 한다. 서로 학교폭력을 했다고 심의위원회에 와서 진술을 하게 된 초등학교 2학년 이 순진한 여학생들이 지금의 낯설고 어려운 경험을 이겨내고, 이제 다시 밝은 학교생활을 이어나갈 수 있기를. 그래서 비록 엄마는 눈물의 여왕이었을지 모르지만, 이 아이들은 누구보다 건강한 웃음의 제왕으로 커나가길 희망해본다.

## 김 팀장의 사안 관련 팁

　학교폭력 사안 중 초등 저학년과 관련된 것은 간단한 사안이지만 학부모 간 갈등으로 심의에 올라오는 경우가 대부분입니다. 초등 저학년의 진술은 매우 단순하지만 명확하고, 그만큼 진술의 신빙성도 높습니다. 그렇지만 보호자는 자녀에게 또는 본인에게 유리한 상황으로 끌고 가기 위해 객관적 증빙자료가 없는데도 사안에 대해 확정적으로 발언하거나 심의와 별 관련 없는 유치원 혹은 학교생활의 성장 과정에 대한 자료나 표창장 등을 증거자료라며 제출하기도 합니다.
　심의 시 대부분 학생과 심의위원의 질의 및 답변 과정을 거치고 난 후, 보호자에게 의견이나 바라고 싶은 점이 있는지 간단히 말씀하도록 시간을 부여합니다. 그러나 보호자는 진술 내내 자녀에게 질문하는 경우에도 대리 답변을 하려는 경우가 많습니다. 보호자로서 심정은 이해가 가나 심의 시 진행을 방해하는 것으로 보여 오히려 심의 결과에 악영향을 미칠 수 있습니다. 가정에서는 아주 어린 자녀로 보일 수 있겠지만, 심의 시에 관련 학생들이 당시 상황에 대해 기억을 떠올려 진술하는 것을 보면 걱정과 달리 진술을 잘하는 아이들도 많습니다. 보호자는 자녀의 답변에 귀 기울이고, 심의 말미에 객관적 사실에 입각한 공정한 조치를 내려주길 바란다는 취지의 마지막 발언을 하는 것이 심의위원들에게 좋은 인상을 줄 것입니다.

## 최 변호사의 법률 조언

- 위 사안처럼 초등학교 저학년들의 경미한 몸싸움의 경우, 당사자들에게는 누가 먼저 때렸냐는 것이 중요하겠지만 결국에는 서로 치고박고 싸운 것이기에 형법상 쌍방폭행을 피해갈 수 없습니다.
- 이러한 형사법적 법리에 따라 학교폭력에 관한 처분 역시 서로를 때린 각자에게 동일한 처분이 내려질 확률이 높습니다.
- 다만 초등학교 고학년 이상의 남학생들이 격렬한 몸싸움을 벌인 다툼 같은 경우에는 서로 간 체격 차이 등으로 인해 쌍방폭행이라 하더라도 일방적으로 훨씬 많이 맞은 피해자가 생길 수 있습니다. 이러한 사안은 누가 먼저 시비를 걸거나 폭행을 가했는지, 피해 정도는 어떠한지 등을 구체적으로 살펴본 후 처분 수위를 결정하기 때문에 쌍방폭행이라 하더라도 서로에게 다른 처분이 나올 수 있습니다. 따라서 학교폭력대책심의위원회를 대비할 때 주변 목격 학생들의 진술 등 피해를 입증할 만한 자료를 교육지원청에 제출해주시면 좋습니다.

## 당근이지

　살다 보면 이것저것 물건이 필요할 때가 있다. 새것을 사기에는 가격이 부담스럽거나 짧은 기간만 사용할 물건일 경우 중고 물건을 찾게 된다. 중고 거래로 유명한 카페가 있었는데 몇 년 사이 당근이라는 플랫폼이 인기를 끌고 있다. 이 플랫폼은 '당신 근처'에서 중고 거래를 하면서 이웃과 함께 살아가자는 취지로 운영되는 것으로 알고 있다. 이사할 때 안 쓰는 물건을 그냥 버리긴 아깝고 해서 몇 번 이용해보았는데 유용했다. 하지만 중고거래를 고리로 사기 사건이 발생하기도 하는 등 조심해야 할 부분은 있는 것 같다.
　고등학교에 재학 중인 남학생들이 관련된 사안이 접수되었는데 내용이 특이했다. 체육 시간을 앞둔 쉬는 시간에 반 친구들 여럿이 체육복으로 갈아입고 운동장으로 나갔다. 그런데 한 동급생 책상 위에 놓인 태블릿PC가 학생의 눈에 띈 것 같았다. 학생이 평소 가지고 싶었던 제품이었기에 이 학생은 친구 태블릿을 체육을 하러 운동장으로 나가면서 학교 내 다른 장소에 몰래 둔 뒤 하교 때 집에 가지고 갔다.
　집에 온 뒤 태블릿을 사용하지는 않았다고 한다. 불안하기도 했고 양심에 찔렸던 모양이었다. 그랬으면 그냥 돌려주면 좋았을 것을, 친구 물건을 훔쳤다는 이야기는 듣기 싫었던 듯했다. 결국 당근 플랫폼에 올렸고 중고거래를 시도했다. 하지만 거래가 성사되기 직전에 다행히 적발되어 태블릿은 원래 주인인 학생에게 돌아가게 되었다.

이 내용만 보면 태블릿 주인인 학생이 피해 관련 학생이고, 허락 없이 태블릿을 가져가 중고 거래까지 해서 이득을 취하려고 한 학생이 가해 관련 학생이 되어 경제적 손해를 끼치려고 한 데 대해 심의를 해야 할 듯하다. 하지만 학교폭력 사안으로 접수된 사항은 이와 반대였다.

태블릿을 잃어버렸던 학생은 당연히 허락 없이 가져간 학생에게 좋은 감정을 가질 리 없었다. 더구나 중고 거래로 판매까지 하려고 하지 않았던가. 상대 학생과 이런 내용에 대해 말다툼을 하던 과정에서 서로 욕설이 오갔던 모양이다. 충분히 그럴 수 있을 것이다.

하지만 태블릿을 가져갔던 학생의 어머니는 자식의 잘못에는 눈을 감고, 오직 상대 학생이 본인 아이에게 언어폭력을 행사한 것에 초점을 맞추었다. 언어폭력을 당한 것은 물론, 이를 이유로 상담치료와 정신과 진료를 여러 차례 받았다며 백만 원에 가까운 비용을 요구했다. 병원 진료에 대해서는 진단서도 제출했다. 적반하장이 따로 없었다.

심의에 정식으로 접수된 내용은 아니었지만, 학교를 통해 알아보니 학교폭력 사안접수 취소를 구실로 상대 학생에게 합의금 또는 위자료 명목의 돈까지 추가로 요구하는 듯했다. 아마 일부 교통사고 피해자들이 작은 접촉사고에도 일단 뒷목부터 잡고 병원에 입원해서 온갖 치료를 받으며 합의금을 과다하게 요구하는 것처럼, 학교폭력도 버티면 위자료 성격의 돈을 많이 받을 수 있다고 생각하는 것 같았다.

상대방 학생 측은 변호사를 선임해서 대응했다. 피해를 주장하는 학생의 절도 행위로 인해 갈등이 발생했으며, 언어폭력 역시 서로 간에 있었고 비록 일부 욕설이 있다고는 하나 그 수위를 보았을 때 고등학생 간 충분히 할 수 있는 범위의 말들이었다고 주장했다. 또한 상대 학생이 제출한 상담과 치료 관련 자료를 인정해서는 안 된다는 취지의 의견서를 제출했다. 충분히 낼 수 있는 의견이었다.

처음 피해를 주장하며 사안을 접수한 학생과 어머니는 심의가 다가올수록 생각이 바뀌는 것 같았다. 자칫하면 본인 잘못이 더 부각되고, 심의에서 조치결과를 받아 합의금을 받을 수 있으리라 생각했던 돈은, 아예 받지 못하는 것에 더해 상대 학생 변호사 비용까지 물어줄 수도 있는 상황이 될 것을 염려하지 않았나 싶었다. 이제는 심의 직전까지도 교육지원청에 전화를 하여 심의를 취소할 수 있는지 읍소에 가까운 이야기를 했다. 하지만 취소할 수는 없었다. 스스로 제출한 진단서가 발목을 잡았다.

심의에서는 결국 원하는 결과를 얻지 못했다. 그리고 아마 이후에 학교에서는 학생의 절도 행위에 대해 생활교육위원회가 개최되어 잘못된 행동에 맞는 학교 처분이 기다리고 있을 것이었다.

자녀의 잘못된 행동에 눈을 감고, 거기에 더해 아주 큰 돈도 아닌데 욕심을 부린 게 자신에게, 그리고 사랑하는 자녀에게 화를 더하고 말았다. 이제라도 학교에서의 처분을 이행하고, 남은 학교생활이라도 잘했으면 좋겠다. 정말 그 학생이 늦게나마 반성하길 바라냐고? 그래도 교육지원청에서 일하는 사람들인데, 당근이지~.

## 김 팀장의 사안 관련 팁

　학교폭력 전문 담당 장학사로서 인터넷 포털이나 여러 사이트를 살펴보면 학교폭력 사안에 대한 온갖 정보의 오류를 확인할 수 있습니다. 학교폭력에 대해 가장 정확한 정보를 확인하려면 관련 학교 및 교육지원청 등 관련 기관을 통하는 것이 낫습니다. 왜냐하면 학교폭력예방법이 매년 법률 개정되는 부분이 있을 수 있고, 이에 따른 추가 후속 조치 및 시행령 역시 매년 바뀌기 때문에 학교와 교육지원청 정보가 가장 정확한 것이지요.

　이 사안은 가해 학생에 대한 보호자의 그릇된 판단으로 상황이 더 악화된 듯합니다. 언어폭력이라는 면에서 서로 욕한 부분에 대해 잘못한 부분은 둘째치더라도 섣불리 진단서를 제출한 듯합니다. 진단서 제출은 상대측과의 대화 후 혹은 교육지원청에 심의를 요청하거나 혹은 아예 심의 직전까지 미루어두어도 무방합니다. 상대측과 대화를 통해 사안이 잘 해결될 수 있다면 설령 내용이 성 사안이라고 할지라도 학교장 자체해결을 위한 4가지 조건이 모두 충족된다면 심의까지는 하지 않을 수도 있습니다.

## 최 변호사의 법률 조언

- 법원은 10대 청소년 사이 언어폭력의 경우 일부 욕설이 포함된다고 하더라도 욕설을 하게 된 경위를 자세히 살피기도 합니다. 또한, 가해 학생 욕설이 일회적이고 우발적인 감정 표출에 불과하다면 언어폭력으로 인정하지 않는 사례가 많습니다.

- 위 사안을 살펴보면, 가해 학생이 피해 학생에게 일부 욕설한 사실이 확인되더라도, 피해 학생이 가해 학생의 태블릿PC를 훔쳐 장물로 팔아넘기려고 하는 등 절도죄를 저질러 화가 나 우발적으로 분노의 감정을 표현한 것이므로, 사건의 발단이 된 원인을 고려한다면 언어폭력의 고의성, 심각성, 반복성이 크지 않아 언어폭력으로 인정되지 않을 가능성이 높습니다.

- 그렇다면 가해 학생의 욕설로 인해 큰 정신적 피해를 입었다는 피해 학생의 주장은 학교폭력대책심의위원회에서나 법원 모두에게 받아들여지지 않을 확률이 높으며, 도리어 가해 관련 학생에게 위자료를 요구했다는 정황이 피해 관련 학생에게 굉장히 불리하게 작용할 것으로 보입니다.

- 위 사안의 학부모님이 저렇게까지 적반하장 태도를 보이셨던 이유를 조심스레 추측해본다면, 사건 발단에 대해 자녀와의 소통이 부족하지 않았나 싶습니다. 혹여나 내 자녀에게 학교폭력 사건이 발생한다면 다툼의 원인을 자세히 들어보시고, 가능하다면 주변 친구들의 목격 진술까지 들으신 후 정확한 사실관계를 파악할 것을 권유드립니다.

## 딥페이크, 거짓의 대가

　기술이 발달하면 생활이 편리해지는 장점도 있지만 단점도 있기 마련이다. 인공지능 기술이 발전하면서 보고서 작성도 수월해지고 궁금한 것들을 바로 해결하는 데 도움을 받지만, 가짜 뉴스가 생성되는 등 부작용에 대해서도 꾸준히 사회적으로 이야기되기도 한다.

　특히 최근 학교폭력과 관련하여 이슈가 되는 것은 딥페이크 기술이다. 아직 표준국어대사전에 의미가 등재되지는 않았지만, 일반적으로 딥페이크라고 하면 딥 러닝과 가짜를 뜻하는 페이크의 합성어다. 기존 인물의 얼굴이나 특정 부위를 합성하여 만드는 영상 편집물을 의미하는 것으로 보면 될 것 같다.

　친구 사진을 딥페이크 기술을 활용하여 우스꽝스럽게 만들어 놀리는 데 사용하는 경우도 있는데, 특히 문제가 되는 것은 음란물에 합성하는 경우인 것 같다.

　이 딥페이크를 활용하여 중학교 3학년 학생 간에 사안이 접수되었다. 가해 남학생 두 명이 같은 반 여학생들을 대상으로 우선 동의 없이 사진을 촬영했다. 그리고 딥페이크 기술을 이용해 나체 사진 또는 성관계 사진과 동영상 등으로 합성하여 정신적 피해를 주었다는 내용이었다.

　두 학생은 이 사진과 동영상 파일을 공유했는데, 둘만 아는 비밀로 여겼겠지만 한 학생이 다른 친구에게 자랑삼아 보여주었고 결국 꼬리가 밟히고 말았다.

문제는 이 학생들이 명백한 증거에도 불구하고 반성의 기미가 보이지 않는 것이었다. 자신들도 그 파일들을 전달받았을 뿐 합성하지 않았으며, 친구에게 단순히 보여주기만 했지 파일을 전송한 것은 아니므로 유포에 해당하지 않는다는 주장을 폈다. 이 학생들 변호인도 이 학생들 주장을 바탕으로 의견서를 제출하고, 교내봉사 정도의 처분이 적당할 것이라는 주장을 전했다. 아마 본인들 행동을 부인하는 학생들의 주장을 믿었기 때문일 것 같다.

하지만 학교에서 제출한 여러 자료들은 이 가해 학생들이 여학생들을 대상으로 불법촬영과 합성, 유포 등을 했다는 것을 보여주었다. 더구나 심의 당일에도 본인들 행동에 대해 잘못을 인정하고 반성하느냐고 질문했으나 끝내 대부분의 사안 내용을 반복하여 부인하거나 장난삼아 했다는 주장을 펼쳤다. 심지어 촉법소년을 언급하기도 했다. 잘못을 인정하고 뉘우치면 그나마 반성과 화해에 대한 점수가 인정되어 조치가 더 낮아질 수도 있을 텐데, 잘못된 선택을 한 것 같다.

피해 여학생들 중 일부는 예술고등학교 실기 준비를 하고 있었는데 이 사안을 알게 된 후 심리적 충격 때문에 고등학교 입시를 망쳤다며 눈물을 흘리기도 했고, 다른 학생들 역시 공부를 제대로 할 수 없는 상태임을 호소했다. 같은 교실에서 1년간 함께 생활하며 웃고 지낸 친구가 파렴치한 짓을 계속해온 것에 대한 실망과 분노, 그리고 앞으로 만나게 될 사람들과는 어떻게 관계를 맺어가야 할지 걱정스러운 마음, 거기에 더해 혹여 나중에라도 불미스런 파일이 온라인상을 떠돌고나 있지 않을지에 대한 불안감이 들 것은 당연한 일이다.

심의 결과 의무교육과정인 중학생에 대한 선도조치 중 가장 무거운 조치인 강제전학이 결정되었다. 곧 졸업을 앞둔 학생 입장에서는 날벼락일 수 있겠지만 피해 학생들 역시 졸업을 앞두고 한동안 등교를 못하고 있으니, 가해 학생들에게 본인들의 잘못된 행동에 대한 책임을 가르치는 것도 교육이라고 생각한다. 피해 학생들에 대해서도 심리상담은 물론 정신과 치료 등과 관련된 보호조치도 함께 결정되었는데, 사춘기 여학생임을 고려해 기간 역시 최대한인 2년으로 결정되었다.

거짓 영상인 딥페이크에 대한 뚜렷한 증거가 없을 것이라고 잘못 생각하고 자신들이 거짓말의 대가(大家)인 양 심의위원회에서 잘못을 인정하지 않고 빠져나갈 수 있으리라고 생각한 대가(代價)는 너무나 컸다.

우선 출석일수가 얼마 남지 않아 실효성이 크지 않다 하더라도 강제 전학을 가게 되면 3년간 정든 친구들과 함께 졸업하지 못하고 낯선 학교에서 졸업해야 한다. 촉법소년을 언급했지만 중3 학생들이어서 해당하지 않을 확률이 높고, 그러면 딥페이크에 대한 형사처벌도 받을 수 있다. 딥페이크는 생각보다 형량이 매우 센 것으로 알려져 있다. 어디 이뿐일까. 상대 여학생들에게 내려진 보호조치와 관련하여 심리상담, 정신과 진료 등에 대한 비용을 추후 학교안전공제회가 구상권을 청구하면 이를 지불해야 하는데, 상담 또는 진료 1회당 비용이 꽤 나가기도 한다. 여기에 더해 피해 학생들이 고등학교 입시 실패 등 자신들이 입은 피해에 대해 민사소송을 하면 이 비용도 물 수 있어서 말 그대로 억 소리 나는 청구서를 받게 되지 않을까 싶다.

잘못은 누구나 할 수 있다. 하지만 잘못에 대해 인정, 반성하지 않고 이처럼 어떻게든 빠져나가려고만 하는 자기만의 생각에 빠지면 돌이킬 수 없는 타격을 입게 된다. 더구나 딥페이크 같은 사회적 관심과 지탄이 분명한 사안에 대해서는 관용을 기대하기 어렵다.

뒤늦게라도 가해 학생들이 자신의 잘못에 대해 혹시라도 그저 재수가 없어서 걸렸다며 탓하지 않길, 그리고 무엇보다 피해 여학생들이 안정을 찾아 새로운 고등학교에서 더 큰 꿈을 키워나가길 바란다.

 **김 팀장의 사안 관련 팁**

　딥페이크는 2024년 8월 말 뉴스 보도되는 등 전국적으로 그 심각성에 대해 알려진 바 있습니다. 사실 그 이전에도 학교 및 교육지원청에서는 이미 성폭력 및 학교폭력 심의 사안으로 접수되곤 했습니다. 딥페이크와 관련하여 다양한 예방활동 노력을 하고 있음에도 불구하고 오히려 딥페이크는 더 확산되는 사회적 분위기인 것 같아 안타깝습니다.

　딥페이크 영상을 만들 수 있는 앱은 어른들이 생각하기보다 아이들도 쉽게 접근할 수 있습니다. 가해 학생들은 단지 호기심과 장난으로 한 행동이 도저히 감당할 수 없을 만큼 크나큰 대가를 치르게 한다는 것을 잘 알지 못합니다. 또한 학생들 대부분은 동영상을 유포한다고 하면 전자기기를 통한 파일 전송으로 단순하게 이해하지만, 오프라인에서 영상을 보여주는 것만으로도 유포가 성립되고 파일을 소지하는 것만으로도 법적 처벌을 받을 수 있습니다.

　특히 딥페이크가 큰 사회적 문제가 된 요즘, 이와 관련한 영상을 소지하거나 유포하는 행위는 더욱 엄격히 다뤄지고 있습니다. 특히 2차 가해까지 우려되는 상황이라면 더욱 엄중한 조치가 내려지고 강화된 법적 처벌까지 받을 수 있습니다.

　최근 경찰청은 개인정보가 철저히 보호되는 것으로 알려진 앱이라 하더라도 국가 간, 업체 간 정보 공조를 통해 불법 영상물을 식별하고 유포자 등을 검거하는 비율이 높아지고 있습니다.

학생 및 보호자는 보안성 높은 앱이라고 믿고 자녀의 잘못을 그대로 덮거나 축소하려는 행동을 하면 자녀에게 더 큰 문제를 만들 수 있습니다. "넘어진 나무를 뽑아내고 새싹을 심는 일을 해야 한다"는 말이 있듯이 잘못을 저지른 후, 그 잘못을 인정하고 반성하며 진심으로 사과하는 것은 이미 넘어진 나무(잘못)를 그대로 두는 것이 아니라 그것을 뽑아내고 새로운 시작(새싹)을 준비하는 것과 같지 않을까요. 결론적으로 이와 같은 사안이라면 가해 학생 측은 진심어린 사과와 반성, 그리고 최종적으로는 피해자 회복에 전념해야 할 것입니다.

## 최 변호사의 법률 조언

- 10대 청소년들 사이에서 딥페이크로 같은 학교 여학생들의 얼굴과 다른 여성의 나체사진을 합성해 유포하는 행위가 놀이처럼 번지고 있습니다.

- 우선 SNS에 업로드된 10대 친구들 사진을 이용해 성적 노출이 심한 사진과 합성하는 것 자체만으로 아동·청소년의성보호에관한법률위반(성착취물제작)죄에 해당하고, 성인의 사진을 이용해 합성했다면 성폭력범죄의처벌등에관한법률위반(허위영상물편집)죄에 해당하여 처벌받을 수 있습니다.

- 또한 위 사안처럼 가해 학생들이 딥페이크 기술로 합성한 사진을 다른 제3자에게 유포했다면 곧바로 위 법에 아동·청소년성착취물 배포죄나 허위영상물반포죄까지 더하여 처벌을 받을 수 있으며, 단체 채팅방 등 온라인상으로 공공연하게 합성 게시물을 유포했다면 정보통신망이용촉진및정보보호등에관한법률위반(음란물유포)죄로도 처벌받을 수 있습니다.

- 이러한 딥페이크 성범죄의 경우, 아무리 촉법소년이라 하더라도 형사적으로 반드시 소년보호사건으로 기소되어 보통 사회봉사의 보호처분을 받게 되며, 형사미성년자 기준인 만 14세를 넘은 고등학생 경우에는 일반 형사법원에서 실형까지 받을 수 있는 중대한 범죄입니다.

- 학교폭력 분야 역시 딥페이크 성범죄를 굉장히 엄하게 다루므로 보통 강제전학 처분이 자주 결정되고, 증거가 명백함에도 끝까지 혐의를 부인한다면 고등학생의 경우 퇴학 처분까지도 가능합니다.

## 럭키비키잖아

가끔 대전에 갈 일이 있을 때면 들르는 유명한 빵집이 있다. 요즘은 그 빵집을 가려고 대전을 간다고 할 정도로 인기가 있다고 한다. 그 빵집에서도 사람들이 많이 찾는 인기 빵들이 있는데, 내가 갈 때마다 항상 구입하기가 힘들다. 그러면 어쩔 수 없이 안타까워하면서도 이왕 간 김에 그냥 오긴 그렇고, 아쉽지만 다른 빵을 사오곤 했다. 그런데 이런 상황을 다르게 생각해서 유명해진 경우가 있었나 보다. "사고 싶던 빵이 떨어졌네? 그럼 조금 기다리면 갓 구운 더 맛있는 빵이 나올 테니 그걸 사면 되겠구나. 오히려 완전 럭키비키인데?" 하고 말이다. '럭키비키'는 행운을 뜻하는 '럭키(lucky)'와 걸그룹 아이브 멤버 장원영의 영어 이름인 '비키(Vicky)'를 합친 유행어로, 이렇게 부정적인 일을 긍정적으로 바꿔 생각하는 말을 뜻한다고 하며 '원영적 사고'로도 불린다. 세상을 살면서 이런저런 어렵고 힘든 일을 겪기 마련이지만 이렇게 긍정적으로 받아들이고, 더 나아가 자신의 발전을 위한 계기로 삼을 수도 있다. 물론 생각처럼 잘 안 되지만.

학교폭력에서도 이런 경우를 찾아볼 수 있다. 초등학교 6학년 남학생들 간 언어, 신체폭력으로 접수된 사안이 있었다.

피해 학생은 가해 학생들이 톡방에서 뒷담화를 하고, 학교 교실에서 일부러 몸을 치고 지나간다든지 놀리는 행동을 했다고 주장했다. 피해 정도는 크지 않았고 어지간하면 학교폭력으로까지 처리하고 싶지 않은 마음도 있었지만, 이런 행동이 한동안 계속되어서 학교폭력으로 접수했다고 했다. 특히 관련 학생들이 모두 같은 중학교에 진학하게 될 것 같아서, 또 괴롭힘이 재발하지 않도록 해야 할 것 같았다고 이야기했다. 그럴 수 있을 것 같았다.

뒤이어 가해 학생들이 보호자와 심의에 출석했다. 자신들의 가해 행동에 대해 전반적으로 인정하면서 반성의 모습을 보였고, 보호자들 역시 자녀 행동에 잘못이 있었다고 이야기했다. 그러면서 두 학생의 보호자들은 공통적으로 자녀 교육에 더 신경쓰겠다고 진술했다.

진술을 마치고 심의실에서 퇴장하면 나도 따라나가 문밖에서 잠시 이야기를 나눈다. 대개 심의 결과가 언제쯤 통보되는지 이야기하고, 퇴장 동선이 다른 학생과 겹치지 않도록 안내한다. 그냥 내 말을 간단히 듣고 가는 경우도 있지만, 심의실에서의 질의응답에 대해 불만을 표하는 경우도 많다. 이때 가해 학생들도 추가로 억울함을 이야기하기도 한다. 심하면 욕설을 내뱉기도 한다.

그런데 이 사안의 보호자들은 조치결정 통보와 관련한 안내를 들은 후 차분한 표정으로 이번 사안으로 자식 교육에 대해 더 생각해보게 되었다고 했다. 그러면서 이렇게 심의위원회에 오게 된 걸 계기로 학교생활을 잘하도록 가르치겠다면서, 불편을 끼쳐 죄송하다고 이야기했다. 이런 경우는 거의 없어서 낯설게 느껴질 정도였다. 나도 학생과 보호자들에게 여기 와서 좋을 일 없으니 학교생활 잘할 것과, 보통의 경우 조치처분에 대해 이야기하지는 않지만 이번에는 사안 내용을 봤을 때 중한 처분은 나올 것 같지 않으니 잘 따르면 별일은 없을 거라고 안심시켜주었다. 학생들도 머리 숙여 인사한 후 안내된 경로를 따라 퇴장했다.

심의 결과는 예상대로 학교생활기록부 기재가 유보되는 정도로 나왔다. 조치처분을 잘 이행하면 불이익은 생기지 않는다. 설령 미처 파악하지 못한 예전의 선도조치 경력이 있어서 이번 조치 내용과 함께 학교생활기록부에 기재된다고 해도 졸업 시 삭제되기도 하고, 초등학교 6학년이니 상급학교 진학에 거의 영향을 미치지 않는다.

학교폭력 가해 관련 사안이 접수되고, 심의에 출석하라는 통지를 받으면 불안하기도 하고, 뭐 이런 일로 바쁜 사람 오라 가라 하는 거냐는 생각이 들 수도 있다. 조치처분을 받으면 불만은 더욱 커지고, 학교와 교육지원청을 향해 날선 반응을 보이는 경우가 많다. 충분히 이해되긴 하지만 정말 아이를 생각하는 걸까 싶어서 아쉽기도 하다.

누구나 실수를 한다. 하지만 그런 실수 덕분에 조금씩 성장한다. 이번 사안으로 선도처분을 받은 학생들을 다시 만나지 않길 바란다. 이 일을 전화위복으로 삼아 친구들 간의 관계를 돌아보고 더 나은 사람이 되면 되는 것이다. 훗날 이번 사안과 관련한 경험을 떠올릴 때, 마음고생은 했지만 그 덕분에 부모자식 간에 대화도 더 하게 되었고 학교생활을 조심해서 하게 되었다며, 완전 럭키비키였다고 생각하면 좋겠다. 멋진 중학생이 될 거라고 믿는다.

# 김 팀장의 사안 관련 팁

　학교폭력과 관련한 업무를 오래 수행하다 보니, 사안을 대할 때 어느 정도는 사안이 '경미하다' 혹은 '중대하다'라고 가이드라인이 서 있기 마련입니다. 보통 경미한 사안은 가해 학생에 대한 선도조치로서 제1호 서면사과, 제2호 접촉, 협박, 보복행위 금지, 제3호 학교에서의 봉사 조치가 결정된 것을 말합니다. 즉, 조치를 이행할 경우 학교생활기록부에 기록되지 않는 사안이지요.

　이 사안도 마찬가지로 경미한 사안으로서 아마도 학교장 자체해결 조건에 부합된 것으로 판단되는데, 사실 심의에 굳이 오지 않더라도 피해 학생 및 그 보호자가 개최요청을 하지 않았다면 자체해결을 통해 가해 학생이 조치를 받지 않을 수도 있었을 것입니다.

　일반적으로 학교장 자체해결에 대해 보통 피해 학생 및 그 보호자가 용서하는 것으로, 가해 학생이 저지른 잘못된 행동이 모두 사라진다고 생각할 수도 있지만 절대 그렇지는 않습니다. 학교에서는 전담기구 심의를 거친 후 가해 학생이 진정한 반성과 바람직한 행동 변화를 가지도록 다양한 프로그램을 진행합니다. 즉, 학교장 자체해결로도 학교폭력대책심의위원회 개최를 통해 경미한 조치를 받는 것보다 더 이상적인 교육적 해결책을 찾아볼 수 있는 것이지요.

　피해 관련 학생 및 그 보호자가 교육지원청에 심의를 요청하면 심의 이후 조치의결서를 받는 날까지 최소 한 달이 소요됩니다. 이때 피해 관련 학생 및 가해 관련 학생 모두 심리·정서적으로 불안함을 느끼면서 일상생활에서도 많은 어려움을 겪을 수 있으니 학교폭력 사안 신고 이후라도 서로 간 맞춤중재를 통한 사과 및 화해, 그리고 이후 재발방지 등을 논하는 것을 권유해봅니다.

## 최 변호사의 법률 조언

- 학교폭력대책심의위원회가 학생들을 대상으로 면접을 보는 자리는 아니지만, 심의위원들도 어른이기에 출석한 학생들과 보호자의 태도를 자연스레 눈여겨보게 되고, '반성 및 화해의 정도'도 평가대상이므로 학생의 진술태도를 통해 얼마큼 반성하고 있는지 평가하게 됩니다.
- 본 사안처럼 학교폭력대책심의위원회에 출석하여 진솔한 모습을 보여주고, 퇴장한 이후에도 담당 장학사 앞에서 예의 바른 모습을 유지하며, 이에 더해 학부모들까지 자녀들을 올바른 방향으로 훈육할 의지를 보인다면, 심의위원들도 사람인지라 해당 학생들에게 엄벌보다는 교육적 차원에서 감경된 조치처분을 주게 될 것입니다.

## 마지막 승부

농구를 좋아하는 사람들이 많다. 손끝을 떠난 농구공이 포물선을 그리면서 골 그물망에 촤악~ 하는 소리를 내며 꽂히는 쾌감은 누구나 좋아하기 마련이다. 예전에 '마지막 승부'라는 드라마가 인기를 끈 적이 있었다. 언제 방송이 되었는지 찾아보니 무려 30여 년 전이다. 지금 학생들이야 전혀 모르겠지만, '빠바밤 빰빰 빠바 빠바밤~' 하고 드라마 주제 음악이 시작되면 전국 중·고등학생들 가슴이 쿵쿵댔다. 나도 그중 하나였다. 이 드라마는 장동건, 손지창 등 당시 최고 배우들이 농구 경기를 하며 승부를 겨루는 내용이었고, 함께 등장했던 여배우들도 인기였다.

한편 프로농구가 진행되는 지금과 다르게 당시 중앙대, 고려대, 연세대 등의 농구팀이 실업팀보다 큰 사랑을 받았던 기억이 난다. 그리고 드라마 못지않게 인기를 끌었던 것이 '슬램덩크'라는 만화였다. '농구는 신장이 아닌 심장으로 하는 것', '왼손은 거들 뿐' 등 멋진 대사들이 인상 깊었다. 이 만화를 원문으로 보고 싶다는 이유만으로 제2외국어로 일본어를 선택하는 학생들도 있던 시절이었다.

드라마나 만화에서 등장인물들은 이런저런 갈등을 겪는다. 가끔은 다툼을 벌이기도 하는데, 그때는 운동선수뿐 아니라 일반 학생들 사이의 갈등도 학교폭력이라는 이름으로 다루어지지는 않았다. 물론 지금은 다르다.

　농구 선수로 등록된 학생을 가해 관련으로 하는 사안이 접수되었다. 간혹 경기 도중 있었던 일 때문에 라커룸 등에서 학생 선수들 간 다툼이 있었다며 사안이 접수되는 경우가 있는데, 이번에는 다른 경우였다. 학교 복도에 학생들을 위해 설치된 탁구대에서 이 학생과 같은 반 다른 학생 여럿이 복식으로 탁구를 치던 도중 폭력이 발생했다는 내용이었다. 같은 복식조를 이룬 친구가 탁구를 치는 도중 실수하자 그것밖에 못하느냐며 언쟁과 신체폭력이 있었던 것으로 보였다.
　먼저 진술을 하러 온 피해 학생과 보호자가 피해 상황에 대해 진술했다. 서로 재미있자고 친 탁구 경기인데 승부욕이 강한 것은 이해할 수 있지만 죽자살자 덤비는 것도 그렇고, 농구 선수인 그 학생도 탁구는 전문가가 아닐 텐데 실수 좀 했다고 욕설이 섞인 핀잔을 주며 머리를 치는 등 폭력을 행사한 것은 문제라는 주장이었다.
　다음 학생이 가해 관련으로 진술을 시작했다. 사안 내용을 전반적으로 인정하면서도, 머리를 친 것은 아니고 툭툭 건드렸다는 취지로 이야기를 했다. 이 사안뿐 아니라 다른 여러 사안에서도 많이 들을 수 있는 말 중 하나인데, 가해 학생들은 자신의 폭행에 대해 '툭툭 쳤다'는 식으로 행동을 축소하려는 경향이 있다. 보통의 경우에도 잘 인정되지 않는 말인데, 이 학생은 더구나 농구 선수였다. 내가 대하기에도 신체적 조건이 부담스러운데, 피해 학생은 어땠을까 싶었다. 이 학생 입장에서는 '툭툭 쳤다'는 말이 사실일 수도 있겠지만, 가해 학생을 보고 있자니 농구하는 저 손으로 툭툭 치다간 상대방이 퍽퍽 쓰러지겠다는 생각이 들 정도였다.

요즘은 학교 복도에도 CCTV가 설치된 경우가 종종 있어서 이 사안에도 당시 상황을 담은 영상이 증거자료로 제출되었다. 소리는 녹음되지 않아 잘 모르겠지만 충분히 짐작은 가능해 보였다.

네 명의 학생들이 두 명씩 팀을 이뤄 탁구 복식 중이었고, 그런대로 공이 오가는 등 평범하게 탁구를 치고 있었던 듯했다. 하지만 몇 번의 실수가 있었고, 진술 내용 그대로 가해 학생이 피해 학생에게 뭐라고 이야기를 하면서 머리를 치는 장면이 있었다. '툭툭 쳤다'고 했지만 짐작대로 상대 학생은 몸이 휘청댈 정도였다. 피해 학생과 보호자가 충분히 학교폭력으로 인지하고 신고할 만해 보였다.

가해 학생은 선처를 호소했다. 상급학교에 진학해서도 선수생활을 계속할 생각이 있다고 했다. 그 학교 진학 전에 우선 운동부가 있는 인근 학교로 전학을 가기로 어느 정도 이야기가 되었는데 학교폭력 사안접수가 되어 전학이 멈춰 있는 상태라고 했다. 가해 학생 선도조치가 결정되면 전학을 안 받아줄 수 있다면서 운동을 계속하고 싶다며 눈물 섞인 진술을 마친 후 심의실을 나갔다.

하지만 가해 학생의 학교폭력 사실은 명확해 보였다. 피해 학생 측으로부터 용서나 화해를 수용하겠다는 의사도 확인할 수 없었다. 어쩔 수 없이 잘못된 행동에 대해 선도조치가 결정되어 통보되었다. 운동선수로 등록된 학생이 학교폭력 가해 학생으로 선도조치를 받을 경우 스포츠윤리센터로 이 내용이 통보된다. 아마 이 학생도 그 과정을 거쳐 출전정지 조치를 받을 것이고, 전학을 가기로 했다는 학교에도 해당 내용이 전해질 것이다. 안타깝지만 어쩔 수 없는 일이다.

운동선수로 등록된 학생들은 일반 학생들에 비해 불이익이 더 클 수 있다. 프로야구 선수 중에도 뛰어난 투수임에도 학창 시절 학교폭력 가해 학생이었다는 이유로 국가대표로 발탁되지 못하는 경우도 있다. 한순간의 실수가 평생 발목을 잡는 것이다. 그래서 학생 선수들은 소속팀의 코치나 감독으로부터 학교폭력과 관련한 교육을 더 많이 받는다. 그리고 교육을 받았으면 자신의 꿈을 위해 조심해야 한다.

사안이 마무리된 이후 몇 개월이 지났고, 이 학생이 운동을 계속하는지는 잘 모르겠다. 심의 시 진술한 내용으로 보아 아마 전학을 가지 못했을 것 같다. 자신이 사랑하는 농구도 아닌, 친구들과 탁구 시합을 한 것이 그만 마지막 승부가 되지 않았을까 싶다. 승패와 상관없이 그냥 놀이 삼아 즐겼으면 나중에 메달도 따고 좋았을 것을, 운동선수라는 희망에 너무 빨리 종료 휘슬이 울리고 말았다. 아쉬운 일이다.

## 김 팀장의 사안 관련 팁

학교폭력 신고 접수가 되면 관련 학생이 운동선수인지에 대한 신상 파악을 반드시 하게 됩니다. 이 사안도 가해 학생은 아쉽게 최종적으로 선도조치 결정을 받아 운동선수 생활을 이어가는 데 큰 어려움이 있을 것이라 판단됩니다.

종목별로 차이는 있겠으나 일반적으로 학생선수는 신체적으로 일반학생에 비해 월등히 우월한 경우가 많습니다. 더구나 페어플레이가 운동의 기본이라는 점에서 운동선수는 학교폭력과 관련하여 스스로에게 더 엄격할 필요가 있습니다.

놀이와 스포츠는 엄연히 구별되어야 합니다. 학교 내 친구들 간 놀이는 승패를 통한 승부로서의 보상을 추구하기보다 일상생활 중의 즐거움을 목적으로 해야겠지요. 물론 놀이든 스포츠든 누구라도 다른 이에게 언어 및 신체폭력을 한 행위는 어떤 사유를 들더라도 용납받을 수 없습니다.

사안의 심각성을 떠나 학교폭력이 발생했다면 가해 학생 및 그 보호자는 사안을 인지하는 즉시 사과와 피해에 따른 치료 비용 등에 대해 의사표현을 해야 합니다. 단순히 면피용으로 1회에 그치는 것이 아닌 진정성 있는 사과와 함께 재발방지를 위해 가정에서 교육을 하겠다는 약속이행문 등이 필요합니다. 이렇듯 지속적으로 피해 학생 및 보호자가 받아들일 수 있도록 사과의 반성의 뜻을 피력해야 할 것입니다.

 단, 사과 의사를 전달하고자 할 때 가해 측에서 무리하게 일방적으로 하기보다는 학교 관계자에게 요청드리는 것도 고려할 수 있습니다. 만약 피해자 측에서 양해해주어 직접 만나 사과할 수 있다면 면담 요청을, 그렇지 않다면 사과문이나 재발방지를 위한 약속이행문 등을 서면으로 전달할 수 있도록 요청한다면 의외로 많은 사안의 경우 학교장 자체해결로 마무리될 수도 있습니다.

## 최 변호사의 법률 조언

- 문화체육관광부와 교육부는 2021년 '학교운동부 폭력근절 및 스포츠 인권보호 체계 개선 방안'을 발표하면서, 2021년 하반기부터 학교폭력 가해학생에 대하여 선수등록을 제한하고 대회참가에 제재를 가하는 조치를 시행하고 있습니다.

| 학교폭력예방법상 조치결과 | | 대회참가 제한기간 |
|---|---|---|
| 1호~3호 | | 3개월 |
| 4호~7호 | | 6개월 |
| 8호 | | 12개월 |
| 9호 (퇴학) | 강간, 유사강간 및 이에 준하는 성폭력 | 10년(선수등록 금지) |
| | 그 외의 경우(성추행, 성희롱 등) | 5년(선수등록 금지) |

- 위의 표처럼 특히 성범죄를 저질러 학교폭력예방법상 퇴학 처분을 받은 학생은 최소 5년에서 많게는 10년간 선수자격이 아예 박탈되어 운동선수로서의 생활을 지속할 수 없게 됩니다.
- 이에 더해 2024년도부터는 학교폭력 가해 학생으로 전학 조치를 받은 중·고등학생의 경우 체육특기자 자격을 박탈하는 제도를 시행하고 있어, 중학생 가해선수가 전학조치를 받으면 고등학교 입학 시 체육특기자 자격심사 대상에서부터 제외됩니다.

- 이처럼 운동선수의 경우 학교폭력 사안을 더 엄중하게 다루고 있기에 향후 운동선수를 준비하는 학생이라면 사소한 학교폭력이라도 연루되지 않는 것이 좋습니다.

## 만 원의 행복

'만 원의 행복'이라는 프로그램이 몇 년간 방송된 적이 있었다. 잘 알려진 연예인이 일주일간 만 원으로 생활하는 모습을 통해 알뜰하고 진솔한 모습을 보여주고, 그런 모습을 보면서 시청자들이 일상생활에서 낭비를 줄여나갈 수 있도록 기획된 프로그램이었다.

매년 오르는 물가를 이야기하며 '월급 빼고 다 오른다'라는 말을 하곤 한다. 개인 사정에 따라 만 원을 작게 생각할 수도, 누군가에게는 그래도 살아가는 데 힘이 되는 돈이라고 생각할 수도 있을 것이다.

일반적으로 학교폭력이라고 하면 물리적인 폭력을 먼저 떠올리게 마련이지만, 학교폭력예방 및 대책에 관한 법률에서 이야기하는 '학교폭력'은 신체, 정신 또는 재산상 피해를 수반하는 행위를 말한다. 어쨌든 돈과 관련되는 경우에도 학교폭력에 해당할 수 있는 것이다.

초등학교 남학생 간 재산상 피해를 주장하는 학교폭력 사안이 접수되었다. 미술 시간에 한 학생이 물감을 이용하여 그림을 그리던 중 다른 학생 바지에 물감이 튀었다. 바지가 오염된 학생이 세탁을 해달라고 했고, 실수를 한 학생도 그러겠다고 한 모양이었다. 다음날 바지를 세탁소에 가져간 친구가 세탁비로 19,000원을 요구했다. 바지가 아주 비싼 것도 아닌데 세탁비가 많이 나왔다고 생각한 상대 학생이 영수증을 요구했고, 돈을 요구한 학생은 먼저 말한 대로 19,000원이 적힌 영수증을 전해주었다. 이대로 진행되면 별문제가 없었을 텐데 이 과정을 들은 세탁비를 준 학부모가 세탁소에 이 비용이 맞는지 확인하게 된다. 세탁소에서는 그런 일이 없다며 영수증을 가져와보라고 했고, 다시 확인해보니 세탁소에서는 바지 세탁비로 간이영수증에 10,000원을 볼펜으로 적어서 청구했지만 학생이 19,000원으로 임의로 고친 후 상대 학생에게 요구했다는 것을 알게 되었다. 왜 9천 원을 더 청구했냐고 묻자, 엄마가 오래간만에 사준 바지인데 처음 입고 온 날 물감이 묻어 얼룩이 져서 돈을 더 받고 싶은 마음이 들어서 그랬다고 말한 것 같았다. 다만 이 과정에서 감정이 상해 서로 간에 약간의 언쟁이 있었던 듯했다.

즉 만 원이면 될 비용을 9천 원 더 청구했다고 학교폭력 사안으로 접수된 것이다. 사안조사 보고서를 보니 이 같은 과정이 적혀 있었고, 사안 개요에는 무려 '사문서위조'라는 명목이 있었다. 굳이 따지자면 그럴 수도 있겠지만, 그렇게까지 생각해야 하나 싶은 마음도 들었다.

심의날 피해를 주장하는 학생의 아버지는 "다 같이 아이 키우는 입장에서 이해하려고 했지만"이라는 말로 진술을 시작했다. 그러면서 어떻게 아이가 이런 행동을 하게 되었는지, 상대 학생 부모의 교육관을 도저히 이해하기 어렵다며 피해를 호소했다.

가해 관련 학생으로 심의에 참석한 학생은 본인 행동을 인정하면서도 학생확인서에 작성한 대로 새 옷이었기에 속상해서 그랬다고, 다시는 안 그러겠다고 이야기했다. 보호자도 아이에게 주의를 주었노라고 하면서도 이런 일로 여기까지 와야 하는지 조금은 마음이 불편하다는 뜻도 비쳤다.

관련 학생 진술이 마무리되고 심의위원 간 논의가 진행되었다. 10,000원을 19,000원으로 고쳤기에 망정이지, 1을 7로 고치거나 0을 하나 더 붙이면 어떻게 진행되었을까 하는 이야기도 잠시 오갔다. 이 정도 사안이면 당사자 간 사과하고 말거나, 정 문제삼고 싶었다면 학교폭력대책위원회가 아닌 학교 생활교육위원회를 통하는 게 더 낫지 않았을까 하는 이야기도 있었다. 잘못된 행동이긴 했지만 이로 인한 정신적 피해를 인정하기는 어려워 보였고, 사안 내용에 비추어 조치 결정 없음으로 결정되었다.

조치결정통보서를 보내며 초등학생의 만 원짜리 영수증과 관련된 이 사안을 심의하기 위해 예산은 얼마나 들까 생각해본다. 사안에 따라 다르지만 심의위원들에게 지급되는 수당, 회의록 작성 비용, 우편 비용 등 심의가 개최되면 적어도 백만 원 이상의 비용이 들게 된다. 물론 교육지원청에서 예산을 들여 하는 업무이니 세금으로 충당된다. 직접 비용 이외에도 사안을 접수하고 행정업무를 처리하는 학교와 교육지원청 담당 직원들의 노고는 별개다. 심의 이후 불복하면 행정심판위원회에서도 또 비용이 나가게 된다.

조치결정통보까지 마치게 되었으니 양쪽 학생은 행복해졌을까. 그냥 서로 미안해, 괜찮아 하면서 적당한 선에서 사과와 화해를 하고, 학교 앞 분식점에서 떡볶이나 먹자고 했으면 더 행복하지 않았을까. 떡볶이 2인분에 만 원이면 되었을 텐데.

## 김 팀장의 사안 관련 팁

　학생들의 어떤 행동을 학교폭력으로 인정하려면 학교폭력 가해 학생 조치별 적용 세부 기준 중 5가지 기본판단 요소에 비추어 생각해야 합니다. 이는 학교폭력의 심각성, 지속성, 고의성, 가해 학생의 반성 정도, 화해 정도입니다.

　옷에 물감을 묻힌 행동이 사안접수가 되었다면 이는 고의성이 없는, 수업 중 실수로 한 행동으로 여겨 심의위원회에서는 '조치 없음'으로 의결했을 것입니다. 문제는 이후 가해 관련 학생이 세탁비를 받는 과정에서 재산상 세탁비용뿐만 아니라 정신적 피해 보상을 받고자 영수증을 위조한 것에 대한 심의를 해야 하는 상황에 놓인 것입니다.

　물감을 묻힌 학생의 보호자는 세탁비 영수증을 위조한 것에 대해 감정이 앞서지 않았나 싶습니다. 이러한 학생들의 갈등을 해결하기 위한 방안으로 굳이 학교폭력으로 피해 신고하는 것이 맞는지는 더 고민했어야 하지 않았나 하는 아쉬움이 남습니다. 학교폭력의 신고 주체는 자녀일 텐데 영수증 금액 9,000원 위조를 사실 확인한 것은 보호자일 테지요. 혹시나 이 사실을 자녀가 알았다고 해도 이로 인해 정신적 피해를 입었다고 학교폭력으로 인정될 정도의 사안일까 싶습니다.

　학교폭력예방법은 초·중·고 학생을 대상으로 피해 학생을 보호하고, 가해 학생을 선도·교육을 통해 건전한 사회인으로 육성함을 목적으로 합니다. 위 사안에서 상대 학생이 9,000원을 더 청구한 것을 성인으로서 그리고 자식을 키우는 입장에서 공감하고 이해했다면 어땠을까요? 비록 실수라도 새 옷을 망친 데 대한 정신적 피해 보상으로 과자라도 사서 보내면 좋지 않았을까요? 보호자 간 대화를 통해 영수증 위조문제를 교육적 해결로 마무리지었다면 아름답지 않았을까 하는 아쉬움이 남는 것은 저만 느끼는 것일까요?

## 최 변호사의 법률 조언

- 간이영수증 숫자를 임의로 바꾼 가해 학생 행위에 대해 굳이 형사적으로 따지자면 사문서위조죄가 맞고, 이를 가지고 속여서 원래 받아야 하는 돈보다 9,000원을 더 받아갔으니 사기죄도 성립할 수 있겠습니다.
- 이러한 가해 학생의 행동을 단순한 초등학생 장난으로 치부하고 넘어갈 정도는 아니라고 볼 수도 있겠습니다. 다만 가해 학생과 그 부모가 피해 학생 측에게 진심으로 사과하고, 받아갔던 돈보다 훨씬 더 좋은 선물을 주거나 맛있는 음식을 사주며 화해했다면 굳이 학교폭력대책심의위원회까지 올 일은 아니지 않았을까 하는 아쉬움이 남습니다. 이러한 판단하에 심의위원들도 조치 없음 처분을 결정한 것으로 보입니다.
- 이처럼 학교폭력에 관한 처분은 엄격히 따지고 보면 형사상 범죄가 맞더라도 아이들 연령, 교육적인 선도 가능성 등을 고려해 형사적 판단과는 사뭇 다른 처분이 나오기도 합니다.
- 본 사안의 피해 학생은 다소 억울할 수 있겠으나, 교육청은 학생들을 수사하여 처벌하는 기관이 아니고 어떤 조치가 아이의 학교생활에 더 좋을지를 고려하는 기관이다 보니 이런 조치가 나올 수도 있겠다고 생각하시면 좋겠습니다.

## 맹모삼천지교

'맹모삼천지교(孟母三遷之敎)'라는 말이 있다. 맹자는 공자의 사상을 이어받아 발전시킨 유학자로 알려졌는데, 그는 어렸을 때 묘지 근처에 살았다고 한다. 그런데 어린 맹자가 장례를 치르는 흉내를 내며 노는 모습을 본 맹자 어머니가 시장 근처로 이사를 했다. 그러자 이번에는 물건을 파는 흉내를 냈다. 다시 서당이 있는 근처로 집을 옮기자 맹자가 공부를 하게 되었다는 말로, 부모가 자식의 교육을 위해 환경이 좋은 곳을 택해 옮기는 것을 이르는 말이다.

굳이 중국 고사를 들먹이지 않더라도 자식의 미래를 위해 학군이 좋은 곳으로 삶의 터전을 옮기는 경우가 많다. 이 같은 개인의 선택을 뭐라 할 사람은 없을 것이다.

매년 3월이 되어 새로운 학년이 시작되면 아이들 간의 다툼이 발생하기 마련이고, 그렇게 학교폭력대책심의도 시작된다. 학교에서 사안이 접수되고 학교폭력전담기구에서의 논의와 교육지원청에 심의를 요청하는 등의 과정을 거치다 보면 3월 말이나 4월 초쯤 심의가 열리게 되는 것이다.

그런데 이때쯤 초등학교 1학년이나 중학교 1학년 사안이 접수되는 것 중 간혹 특이한 경우가 있다. 학교폭력 피해를 입었다고 신고는 했는데, 가해 학생에 대한 처벌에는 별 관심이 없고 피해 학생으로서 보호조치만 받게 해달라는 요구를 해오는 것이다.

초등학교 1학년 간 다툼이 접수되었다. 사실 별 내용은 없었고 굳이 초등학교 1학년이 아니더라도 얼마든지 학생들 간 일어날 수 있는 갈등 사안인 것 같았다. 초등학교에 입학해서 새로운 친구들을 만났고, 좋은 일만 있으면 좋겠지만 친구들과 놀다 보니 약간의 다툼이 있었던 모양이다.

다른 아이들도 그렇지만 초등학교 저학년 아이들은 심의 요청된 본인과 관련된 학교폭력 내용임에도 기억하지 못하는 경우가 많다. 다툼이 있었어도 금방 화해하고 친구가 되었다가 다시 다투고, 또 화해하고 그렇게 커나간다. 이번 사안도 그런 내용이었다.

심의 당일 학생과 보호자가 출석하여 진술하는데, 학생은 역시 사안 내용을 잘 기억하지 못했고, 보호자로 온 어머니와 아버지가 주로 진술을 했다. 아이가 입은 학교폭력이 어느 정도 있었지만, 다들 아이 키우는 입장에서 그럴 수도 있을 거라는 말을 한다. 그럴 거면 화해를 하지 왜 심의를 왔을까 싶은데, 앞서 진술에 더해 다 같은 부모로서 상대 아이에게 가해 학생 선도조치는 필요 없고, 우리 아이에게 피해 학생 보호조치만 내려달라고 한다. 이유를 물으니 그냥 부모 입장이라고만 반복한다. 그렇게 진술이 끝나고 가해 학생으로 지목된 상대 아이 측 진술이 이어졌다. 서로 약간의 갈등이 있었던 것 같은데 가해 관련으로 진술을 하게 되어 어린아이가 부담을 느낀다며 약간의 억울함을 이야기하고 진술이 마무리되었다.

특히 초등학교 저학년 사안은 학교폭력 정도가 크지 않은 경우가 많고, 교육적 효과 등 여러 정황을 조금은 더 고려하여 조치처분이 결정된다. 이 경우에도 그렇게 처분이 결정되었다.

그럼 피해를 주장한 학부모는 왜 상대 학생에 대한 가해 선도조치는 필요 없고 본인 자녀에 대한 보호조치만 요구하는 것일까. 굳이 드러내지는 않지만 대개 이런 경우는 학교폭력피해 학생으로 인정받은 다음, 교육환경변화를 학교와 교육지원청에 요구하기 위해서일 때가 종종 있다. 즉 배정받은 초등학교가 마음에 안 드는데 그냥 재배정을 요구할 수는 없고, 학교폭력대책심의위원회를 도구삼아 이사를 가지 않고 학교를 바꾸고 싶은 것이다.

심의에 참석하여 진술할 때, 아이가 유치원 때 친했던 친구들이 전혀 없는 학교에 배정받아 힘들어한다는 이야기를 하는 경우라면 재배정을 목적으로 학교폭력 심의를 요청하는 것이 아닌가 하는 생각이 든다.

기존에 사귀던 친구들이 많은 익숙한 학군의 학교에 다니고 싶은 마음이야 충분히 이해한다. 하지만 모든 아이들을 희망하는 학교에 수용할 수는 없기에 추첨도 하고, 불가피하게 마음에 들지 않는 학교에 배정되는 경우도 있다. 하지만 그렇게 간 학교에서 다시 새로운 친구들을 사귀고 생활 반경을 넓히는 경험을 하면서 더 큰 성장을 하는 경우가 얼마든지 있다. 그리고 배정받은 학교가 정 마음에 들지 않는다면 거창하게 맹모삼천지교까지는 아니더라도 원하는 조건의 학교를 찾아 이사를 가면 될 일이다. 괜히 엉뚱한 아이를 가해 관련 학생으로 엮어서 학교폭력 심의를 요청하는 것은 말 그대로 '같은 부모 입장에서' 절대로 해서는 안 될 일이다.

설령 피해 학생으로 인정받는다고 해도 교육환경변화를 이유로 전학 가기 위해서는 학교장이 승인하고, 교육지원청에서 다시 허가를 해야 하는데 이 절차를 통과하기가 쉽지 않다. 배정받은 학교가 마음에 들지 않는다고 악의적으로 학교 변경을 요청하는 경우가 종종 있어 교육지원청에서는 재배정 요청을 까다롭게 살펴보기 마련인 것이다.

맹자 어머니가 자녀 교육을 위해 한 이사가 설마 다른 아이를 밟고 서라도 이사를 해야 한다는 말이겠는가. 혹여 학교폭력 피해 학생으로 인정받아 운이 좋게 원하는 학교로 배정받는다고 한들 아이가 원하는 대로 잘 크기만 할까. 또 학교가 마음에 안 들면 다시 다른 엉뚱한 학생을 걸고 넘어지지는 않을까.

맹자는 인간의 본성이 선하다는 성선설을 이야기한 것으로 잘 알려져 있다. 또한 인(仁), 의(義), 예(禮), 지(智)가 인간의 마음에 구비되어 있다고 보았다. 학교 재배정을 목적으로 학교폭력을 수단 삼아 사안을 접수하고 심의를 요청하는 모습을 맹자가 보면 여전히 성선설을 이야기할까 궁금하다.

## 김 팀장의 사안 관련 팁

　학교폭력 사안접수 후 심의 의결 시 피해 학생 보호를 위한 조치가 제1호부터(제5호 삭제) 제6호까지 있으나 심의위원회에서 무조건 피해 학생에 대한 보호조치를 의결하지는 않습니다. 사안 당시부터 심의 의결일까지 피해 학생의 신체 및 심리적 변화를 살펴보고 심리 상담 및 치료 등이 진행 중인지 또는 치료가 완료되었는지 등에 대해 심의위원과 학생 간 질의응답과 제출된 자료를 통해 살펴보는 것이지요.

　또한 피해보호조치 의결 전에 마지막으로 전문가 의견청취를 통해 참고할 수도 있습니다. 이와 관련해서는 학교폭력대책심의위원회 개최안내서를 등기우편으로 받을 때, 전문가 의견청취 신청서도 동봉해서 안내하니 피해 학생 및 보호자는 검토할 필요가 있습니다. 이와 같이 심의위원회에서는 피해 학생에 대한 보호조치를 위해 다각적으로 논의하고 판단합니다.

　위 사안처럼 마음에 들지 않는 학교를 옮기기 위한 방책으로 가해 학생의 선도 및 교육적 조치에는 관심이 없고 자녀의 피해보호 조치를 우선하는 경우가 있는 것으로 보입니다. 좋은 학군으로의 전학도 있지만, 집에서 가까운 학교에서 생활하기 위한 목적도 있겠지요. 한 예로 비평준화 지역의 학생이 평준화 지역의 고등학교에 입학하게 되어 등하교 시 많은 어려움을 겪자 학교폭력 피해를 받으러 의도적으로 상대 학생이 도발하도록 한 후 신체폭력 피해를 입은 사안이 있었습니다. 피해 학생은 조치결정통보서를 근거로 곧바로 자신의 집 근처 명문고등학교로 전학을 갔는데, 이후 그 사실을 학교폭력 팀장으로서 알게 되어 굉장히 놀란 경험을 한 적도 있습니다.

전학까지는 아니더라도 학교폭력 사안 발생 이후 피해 자녀의 치료 및 상담 비용 환수를 이유로 한 심의 요청도 있습니다. 이는 원칙적으로 가해 학생 측에 비용을 받아내야 할 것이나, 가해 학생이 거부하거나 가정 형편이 어려워 상당한 시일이 걸릴 것으로 보이는 등 여러 이유로 치료 비용을 받기가 어려울 때 심의를 요청하는 경우가 있습니다. 심의 후 피해 학생으로서 학교안전공제회에 비용청구를 하면 적절한 심사 후 치료와 상담에 관련된 비용을 비교적 빠르게 보상받을 수 있습니다.

최근 늘어 학교폭력에 대한 관심이 점점 증가하고 있습니다. 물론 교육지원청의 대책이 꼭 필요한 사안들이라면 당연히 교육적 노력이 필요하겠지요. 하지만 그저 좋은 학군이나 명문학교에 배정받기 위해 일부러 학교폭력을 유발하고 무조건 피해 학생으로서 보호조치를 받으려는 것은 우리 교육의 슬픈 자화상이 아닌가 싶습니다. 이와 관련하여 조속한 법률 개정 또는 전학배정 원칙에 대해 다시 살펴보아야 하는 시기가 된 것 같습니다.

## 최 변호사의 법률 조언

- 위 사안에서 학부모님은 피해 학생을 위한 보호조치처분을 이용하여 다른 학교로의 전학을 원하셨던 것 같습니다.
- 그러나 학교폭력예방법 제16조의 해석상 피해 학생에 대한 보호조치는 가해 학생의 학교폭력 조치를 전제로 하는 것이므로, 위 사안의 학부모가 생각하는 것처럼 교육지원청이 가해 학생에게는 아무런 조치처분을 내리지 않고 피해 학생에게만 보호조치를 내리는 처분을 할 수 없습니다.
- 그리고 학교폭력예방법 제16조(피해 학생의 보호) 제1항에 규정된 보호조치는 아래처럼 규정되어 있으므로, 제6호인 '그 밖에 피해 학생의 보호를 위하여 필요한 조치'에 따라 피해 학생의 전학도 가능한 것은 아닐지 궁금해하실 수 있습니다.

> 1. 학내외 전문가에 의한 심리상담 및 조언
> 2. 일시보호
> 3. 치료 및 치료를 위한 요양
> 4. 학급교체
> 5. 삭제 <2012. 3. 21.>
> 6. 그 밖에 피해 학생의 보호를 위하여 필요한 조치

- 하지만 학교폭력예방법 제17조는 학교폭력으로 인한 전학이 필요하다면,

가해 학생을 우선적으로 전학시키도록 규정하고 있으므로, 극단적인 상황(피해 학생의 심한 따돌림 피해 등)이 아닌 한 학교폭력 피해만을 이유로는 교육청의 전학 허가를 받기가 쉽지 않을 것입니다.

## 소풍

 나이가 좀 있는 어른들에게 어린 시절 소풍이라는 말은 설렘 그 자체였다. 소풍 전날이면 내일 비가 오면 어쩌나 하는 걱정을 하다 뒤척뒤척 어렵게 잠이 들었다가도 새벽쯤 부엌에서 부모님이 김밥을 준비하며 도마에 올린 단무지가 썰리는 소리에 잠이 깨었을 것이다. 그리고 김밥 꽁다리라고 불렀던 부분을 모아 서둘러 아침밥을 먹고 도시락과 과자 등을 얼른 챙겨 혹여 늦을세라 헐레벌떡 학교에 달려간 후 소풍 장소에 가서는 친구들과 도란도란 모여 각자가 챙겨온 도시락을 나눠먹었던 기억이 있지 않을까.

 그때 김밥은 집집마다 달랐다. 누구네 김밥은 소고기를 넣었네, 저 친구는 그냥 햄을 넣었네 하면서 즐겁게 이야기꽃을 피웠다. 반장이나 부반장은 수줍게 선생님을 찾아가선 부모님께서 전해드리라고 했다면서 김밥을 하나 더 챙겨드리기도 했다.

 지금은 모습이 많이 달라졌다. 일단 소풍은 체험학습이라는 용어로 바뀌었다. 집에서 김밥을 싸주는 경우도 많지 않고 그냥 근처 김밥집에서 포장해오거나, 아예 학교에서 점심을 포함한 간식 등을 제공하는 경우도 많다. 소풍 장소에 식당도 많으니 그냥 사먹기도 한다. 선생님들 먹거리는 당연히 본인들이 챙긴다. 여러모로 편리해지기도 했고, 아쉬운 부분도 있다.

어쨌든 소풍 혹은 체험학습은 그렇게 학교를 벗어나 친구들과 함께 시간을 보내고 이것저것 나눠먹으며 즐겁게 보내는 시간이다. 그러던 중 학교폭력 사안이 생겼다고 심의가 요청되었다.

한 초등학교에서 친구들과 함께 체험학습을 갔는데 다른 친구들이 허락 없이 먹을거리를 먹었다는 내용이었다. 피해를 이야기하는 학부모는 이를 금품갈취라고 주장하는 듯했다.

체험학습을 위한 간식이 피해 물품이라니 가격대가 높은 것도 아니었고 학생들이 흔히 접할 수 있는 정도의 과자들이었다. 사안 내용이 심각해 보이진 않지만 때로는 여러 아이들이 한 아이를 괴롭히는 행동 중 하나로 이 같은 일을 할 수도 있으니 함부로 단정해서는 안 된다.

하지만 가해 관련으로 지목된 학생들은 피해 관련 학생과 동급생인 초등학교 저학년들이었고, 별 생각 없이 가방에 먹을거리가 있길래 손을 댄 것 같았다. 본인들도 다른 친구들에게 과자를 나눠주면서 그렇게 체험학습을 다녀온 것으로 보였다.

학교에서는 보호자가 학교로 찾아오고, 담임 선생님에게 학생지도를 어떻게 하느냐면서, 촌지를 안 줘서 본인을 이렇게 대하냐는 등의 폭언을 하여 어려움을 겪는 것 같았다. 학교폭력 사안이지만 추후 교권침해 사안으로 접수될 수도 있을 법한 내용이었다.

심의일이 되어 관련 학생들과 학부모들이 출석했다. 피해 관련 학부모는 여전히 자신의 아이가 금품을 갈취당했고, 이런 행동들이 몇 번 더 있었다면서 학교가 지도를 하지 않았다는 취지로 진술했다. 보호자 옆에 앉은 학생은 낯선 곳에서 겁먹은 눈으로 별다른 이야기를 하지 못했다.

가해 관련으로 출석한 학생들과 학부모들은 친구의 과자를 먹은 것은 사실이고, 일부 잘못일 수는 있겠지만 이렇게 학교폭력으로 신고될 정도인지는 잘 모르겠다며 말을 흐렸다. 일리가 있는 진술이었다.

결국 사안 내용과 같은 사실이 있었던 것으로는 보이나, 학교폭력으로 인정하여 처분을 결정하기보다 가정과 학교에서 잘 다독이면 좋겠다는 취지로 조치결정이 내려졌다. 그나마 이후 민원은 제기되지 않았다.

이런 사안이 초등학교, 그것도 저학년에만 있는 것 같아도 꼭 그렇지만은 않다. 얼마 전에는 고등학교에서 접수된 사안이 있었는데, 같은 반 남학생들이 여학생 가방을 뒤져서 음료수를 꺼내 먹었다는 내용이었다. 이 경우에도 친구들 간의 괴롭힘이나 혹은 심하게는 성 사안으로 연결될 수도 있기에 함부로 단정짓지 않고 사안을 들여다보게 된다. 하지만 역시 음료수만 꺼내 먹은 것 같았고, 그나마 체육 시간 말미에 피해 관련 학생이 자기에게 음료수가 있다며 친구들에게 가서 먹으라고 했다는 주장이 있었을 뿐, 가해를 입증할 만한 별다른 근거는 찾을 수 없어 '조치 없음' 처분이 통보되었다.

친구들과 소풍을 가고, 여기저기 뛰어다닌 것은 소중한 추억이 된다. 부모님과 함께 슈퍼에 가서 소풍날 뭘 가져갈까 고민에 고민을 더해 산 과자를 아껴 먹으면서도 기꺼이 친구에게 나눠주고, 나도 친구 과자를 얻어먹으며 우정은 깊어지기 마련이다. 혹시라도 부모님이 일하느라 바빠서 과자 사는 걸 잊어버렸을 친구가 있을지도 모르니, 친구들 나눠줄 것까지 생각해서 아이 가방에 과자를 하나 더 넣어주는 어른들이 많아지면 좋겠다.

학창 시절 아름답던 소풍을 함께했던 친구들은 지금 어디서 무얼 하며 살고 있을까. 벚꽃잎이 그림처럼 휘날리던 그날 그때처럼 모두 행복한 날들을 보내고 있으면 좋겠다.

## 김 팀장의 사안 관련 팁

　금품갈취는 학교폭력 유형 중 하나로 다른 학생을 위협하거나 강요하여 돈, 소지품, 혹은 디지털 자산을 빼앗는 행위를 말합니다. 이는 장난을 넘어 피해 학생에게 정신 및 경제적 고통을 주게 됩니다.

　이러한 행동은 돈을 요구하거나, 물건을 빼앗거나, 물건을 빌린 뒤 돌려주지 않기, 사이버 공간에서의 자산(아이디, 비밀번호, 게임 아이템, 게임머니 등)을 빼앗거나 요구하는 형태입니다.

　위 사안은 학교폭력예방법에 의거한 금품갈취로 판단하기보다는 학교 내 일상생활 중 일어날 수 있는 갈등 사안이고 학교폭력으로까지 판단하기에는 부족해 보입니다.

　한편 금품갈취를 예방하는 대처 방법으로는, 다른 친구가 정당한 이유 없이 돈이나 물건을 요구할 때 단호하게 거절하거나, 아이디와 비밀번호 등을 절대 공유하지 말고 의심스러운 요청은 거부할 수 있도록 지도해야 할 것입니다. 또한 금품갈취는 혼자 있는 학생을 노리는 경우가 많으니 좋은 친구들과 함께 다니며 서로를 지켜주는 것이 중요하겠지요.

## 최 변호사의 법률 조언

- 예전에 제가 학교 다닐 때는 각자 집에서 가져온 간식을 학교에서 나눠먹으며 서로의 취향을 알게 되고 더 친해지는 계기가 되었던 것 같은데, 요즘에는 친구의 과자를 함부로 먹으면 금품갈취로 학교폭력 신고를 당하게 되니, 세상이 많이 팍팍해진 것 같습니다.
- 이처럼 다른 친구가 피해 관련 학생의 간식거리를 허락 없이 먹었다고 학교폭력으로 신고하는 사례가 종종 있으나, 피해 관련 학생이 평소 단체 따돌림을 당하여 반복적으로 과자를 뺏기는 등의 수위가 아닌 이상 학교폭력으로 성립되기가 어렵습니다.
- 그리고 금품갈취에서 '갈취'라 함은 형법상 공갈죄를 저질러 금품을 강제로 빼앗는 것을 의미합니다. 이러한 '갈취'의 법적 의미를 더욱 고려한다면, 체험학습을 가서 간식을 서로 나눠먹다가 실수로 다른 친구의 과자까지 허락 없이 먹었다고 해서 형법상 '갈취'라고 볼 수는 없습니다.
- 직장에서 상사나 직장동료가 내 책상 위에 있던 간식을 허락 없이 먹었다고 해서 경찰서에 공갈죄나 절도죄로 신고하지는 않을 것입니다. 이를 내 자녀의 학교폭력 사안에도 비슷하게 적용해보셨으면 좋겠습니다.

## '어이'를 찾습니다

'어이없다'라는 말은 '어처구니없다'라는 말과 서로 유의어로 쓰이는 단어다. '어이없다'에서 '어이'는 어디에서 나온 말인지 불분명한데, '어처구니'가 줄어서 된 말이라는 설도 있고 옛말 '어흐'라는 감탄사에서 왔다는 설도 있는 듯하다. 한편 '어처구니'는 맷돌의 손잡이를 뜻하는 말이었다는 설과 궁궐 추녀 끝에 있는 장식물을 이르는 말이었다는 설도 있는데 '어이없다' 또는 '어처구니없다' 모두 너무 뜻밖의 일이어서 기가 막히는 상황에서 쓰이는 말이다. 간혹 인터넷 등을 보면 '어이없다'라는 말 대신 '어의없다'로 잘못 쓰는 경우도 많다. 어이없는 일이다. 참고로 '어의'는 사극 영화나 드라마에서 임금이나 왕족의 병을 치료하던 의원을 이르는 말이다.

학교폭력과 관련해서도 어이없는 상황이 자주 일어나곤 한다. 각 지역교육지원청에 따라 다르지만, 경기도교육청 소속 교육지원청 중에서 학교폭력 사안이 많이 접수되는 곳은 연간 1,500건 정도에 이른다. 물론 언론에 보도되거나 드라마 소재로 쓰이는 것과 같은 심각한 사안들도 있지만, 접수 사안 중 많은 수는 가해 관련 학생에 대해 '조치 없음' 또는 학생생활기록부에 기재가 유보되는 1, 2, 3호 조치 정도를 받는 사안들이다. 이런 사안들이 딱히 어린 초등학생들 간에 일어나는 갈등에 한정되는 것은 아니다. 초·중·고등학교 가릴 것 없이 굳이 학교폭력으로 인정받기 어려운 사안들이 접수되어 학교와 교육지원청, 무엇보다 학생 본인이 힘든 경우가 있다.

중학교 친구들 간의 사안이 접수된 적이 있다. 교실에서 사용하는 문이 미닫이문이었다고 한다. 앞에서 가던 친구가 문을 밀고 나가고 문이 닫히면서 뒤에 오던 친구가 그 문에 부딪힐 뻔했다. 이런 정도의 내용으로 학교폭력이 접수되곤 한다.

학교폭력 업무 담당자를 힘들게 하는 사안 중에 친구가 째려봐서 마음의 상처를 입었다고 학교폭력 심의를 요청하는 경우도 있다. 물론 이런 행동도 지속적인 괴롭힘이나 따돌림 등이 나타난 것일 수 있어 사안을 진행할 때 잘 살펴보게 된다. 한번은 학교폭력을 신고한 학생이 고등학교에 재학 중이었는데, 상대 학생에게 사시 증상이 있는 것을 모르고 이를 자기를 향해 째려본다고 착각하여 심의를 요청한 적도 있었다. 가해 관련 학생은 안 그래도 사시로 인해 외모에 자신감이 떨어진 상태인데 학교폭력에까지 연관된 것에 억울함을 호소했다.

가해 관련 학생이 아무 이유 없이 자신의 집을 찾아와서 문을 두드리며 위협했다는 이유로 그것을 학교폭력으로 신고한 경우도 있었는데, 가해 관련으로 지목된 학생은 동일한 시간에 가족과 함께 쇼핑몰에 있었다며 그곳에서 찍은 사진을 제시했다. 유령을 보았는지 모를 일이었다.

사물함에 있던 자신의 과자를 친구들이 몰래 먹었다며 물질적, 심리적 피해를 주장하는 경우도 있었다. 이 일이 있었다고 주장한 시기는 학년 말이었는데, 과자를 사물함에 두었다고 기억하는 시기는 3월이었다. 과자의 유통기한이 지나지나 않았는지 모를 일이었다. 아마 학년 초에 선생님이 청소 잘했다고 아이들이 좋아하는 캐릭터 과자를 준 듯했고, 다른 친구들이 교실에서 놀던 중 사물함 문이 열려 있어서 별생각 없이 먹었던 걸 사안접수한 듯했다. 이 내용으로 가해 관련 학생들이 심의에 오게 된 이유는 무려 금품갈취였다. 다른 사안에서는 초등학교 친구들이 자기들끼리 과자를 먹고선 상자를 쓰레기통에 버리지 않고 자신의 사물함에 몰래 두었다며 가만두지 않겠다고 학교폭력 신고를 하는 경우도 있었다.

교실에서 수행평가로 조별 발표를 할 때 다들 돌아가며 말해야 하는데 한 명만 너무 많이 이야기해서 그만 말하라고 핀잔을 줬더니 표현의 자유를 침해하는 심리적 피해를 입었다고 주장하는 경우도 있다. 또한 친구들 간에 약간의 다툼 후 상대가 사과해서 그때는 받아주었지만 집에 가서 다시 생각해보니 두꺼비처럼 웅크린 자세로 사과했다며 이제라도 진정한 사과를 받아야겠다고 사안을 접수하는 경우도 있다.

정말 학교폭력 피해를 당해 다양한 어려움을 겪어서 심의를 요청하는 것이라고 생각하고 싶지만, 일부는 어린이보험 특약을 이용해 보험금을 타내려 한다거나 고등학생의 경우 상대평가의 경쟁 학생을 대상으로 학교폭력 사안접수를 하는 건 아닌가 싶을 때도 있다. 이런 사안들의 경우 사안을 접수한 학생에 대해 상대 학생이 억울하게 학교폭력 가해 관련 학생으로 심의를 받은 것을 이유로 다시 학교폭력을 접수하는 경우도 많다. 심지어 여기서 끝나지 않고 학교폭력으로 접수당해서 정신적 피해를 입었다는 이유로 또 학교폭력을 주장하는 악순환에 빠지기도 한다.

이런 사안이 접수되면 힘이 빠지기 마련이다. 물론 사안을 직접 대하는 학교가 가장 많은 어려움을 겪을 것이다. 교육지원청도 마찬가지다. 이 사안들을 살펴보려고 변호사, 경찰, 상담전문가, 전현직 교원 등이 심의에 참석해야 한다. 단순히 행정적인 노력뿐 아니라 사안조사를 위한 전담조사관 및 심의위원들에게 지급되는 수당, 심의 이후 회의록 작성을 위한 속기 비용 등 피 같은 세금도 너무 많이 나가게 된다. 다른 무엇보다 학생들 본인이 힘든 과정을 거쳐야 하는 어려움이 있다.

이러한 어려움을 개선하기 위해 다양한 의견이 있다. 우선 학교폭력 사안이 접수되면 사안조사 이후 해당 학교에서 열리는 학교폭력 전담기구와 관련하여 생각해볼 수 있다. 이 기구에서 접수된 사안에 대해 학교장 자체해결을 위한 조건이 충족되는지 여부를 판단하는데, 문제는 자체해결 요건을 충족한다고 판단하더라도 당사자가 심의까지 가겠다고 하면 이를 따라야 한다는 점이다.

이 전담기구에 권한을 더 부여해서 자체해결 조건에 충족될 경우 기각시키면 어떨까 하고 이야기하는 업무 담당자들이 있다. 그럼에도 불구하고 전담기구 판단을 따르지 않고 굳이 심의를 요청하는 경우 일정 금액의 공탁금을 받은 후 심의를 진행하며, 가해 학생에 대한 조치 결과가 '조치 없음' 또는 학생생활기록부 기재 유보에 해당하는 1, 2, 3호 정도의 조치로 마무리될 경우에는 각 조치별로 비율을 정해 공탁금에 대해 비용 처리하자는 의견도 있다. 어떤 방향으로든 개선이 필요하다는 데에는 많은 업무 담당자들이 공감하리라 생각한다.

하지만, 힘 빠지는 소리겠지만, 다른 어떤 기관보다 교육지원청은 당연히 학생과 교육을 우선 생각해야 하는 기관이라는 점에서 강제성을 띤 제도보다는 당사자들 인식이 먼저 개선되어야 할 필요성이 있다.

소설가 박완서의 작품 중 「부끄러움을 가르칩니다」가 있다. 사실 소설 내용은 학교폭력과는 별 상관이 없는 내용이긴 하다. 하지만 누가 봐도 너무나 어이와 어처구니가 함께 없는 내용으로 학교폭력 사안을 접수하고, 끝내 조치가 마음에 들지 않는다며 학교와 교육지원청이 하는 일이 무엇이냐고 목소리 높여 원망하는 이들을 보면 자주 떠오르는 소설 제목이다. 집에 있는 것 같은데 시간 될 때 다시 읽어봐야겠다.

## 김 팀장의 사안 관련 팁

    학교폭력으로 접수된 사안에 대해 이를 학교폭력으로 인정한다면, 학교폭력 가해 학생에 대한 선도조치는 세부기준별로 논의한 후 이를 근거로 결정됩니다. 여기에는 5가지 기본 판단 요소가 있는데 학교폭력의 심각성, 지속성, 고의성, 가해 학생의 반성 정도, 화해 정도이며, 그중 학교폭력의 고의성 여부에 따라 학교폭력 여부가 결정됩니다.

    보통 학교폭력으로 인정되려면 가해 학생이 피해 학생에게 가해할 목적의 행동 의도성이 있었는지, 사전 계획을 세웠는지, 피해 학생에게 가해 행동을 한 특정 인물인지 등을 살펴보게 됩니다. 하지만 교육지원청에 학교폭력으로 접수되는 사안들을 보면 위 사안들처럼 고의성 여부가 불명확하고 학교생활 중에서 일어나는 일반적인 갈등 혹은 안전사고가 발생한 것임에도 학교폭력을 당했다고 주장하는 경우가 종종 있습니다.

    피해 관련 학생 및 보호자가 주장하는 피해사실에서 가장 먼저 살펴봐야 할 것은 가해 관련 학생의 당시 행동의 고의성 여부일 것입니다. 만일 이에 대한 확신이 서지 않으면 학교폭력 신고로 해결하기보다 갈등 사항을 대화로 해결하는 것이 현명하지 않을까요.

## 최 변호사의 법률 조언

- 학교폭력대책심의위원회를 한 번 개최할 때 관련 학생 수와 심의 시간에 따라 다르기는 하지만, 적게는 100만 원, 많게는 150만 원에서 200만 원 정도의 세금이 나갑니다.
- 그런데 어떤 학부모는 내 자녀의 내신성적 경쟁자의 성적을 떨어뜨리기 위해 무고성이 짙은 학교폭력 신고를 하고, 교실 내에서 해결됐어야 할 경미한 다툼까지 전부 학교폭력으로 신고하는 등 많은 시간과 비용이 드는 학교폭력대책심의위원회 제도가 악용되고 있다고 해도 과언이 아닙니다.
- 그리고 학교폭력 신고를 한 학부모들을 보면 점점 내 자녀를 위해 싸우는 것인지 거액의 합의금을 받아내려고 자녀 대신 언성을 높이며 싸우는 건지 헷갈리는 경우가 많아지고 있습니다. 변호사들은 이러한 학부모들 마음을 이용해 학교폭력 사건에 대해 변호사 선임을 강조하면서 요즘 학교폭력 분야는 법조시장의 새로운 블루오션이 되었습니다.
- 저 또한 변호사이지만 누가 들어도 어이가 없을 만큼의 가벼운 사안이라면 교육지원청의 화해중재 제도를 이용해서 서로 사과하고 앙금을 푸는 것이 좋지, 굳이 변호사까지 선임해서 싸울 일은 아니라고 조언드리고 싶습니다.

## 옥상으로 따라와

학교에서 교사로 근무하다가 교육지원청에서 장학사로 일하면서 달라진 점 중 하나는 별도로 쉬는 시간이 없다는 점이다. 학교에서는 50분 수업하고 나면 종이 울리고 10분 쉬는 시간을 가지는 패턴이 반복되었는데, 교육지원청은 따로 쉬는 시간을 알려주지 않는다. 그러다 보면 가끔 화장실 가는 것도 잊고 일을 할 때가 있다. 건강에 문제가 생길 수도 있을 것 같아서 휴대폰에 알람을 설정해놓고 일정한 시간이 되면 사무실을 벗어나 스트레칭도 하면서 쉬는 시간을 갖기로 했다.

이렇게 잠시 쉴 때면 찾는 공간이 건물 옥상이다. 답답한 사무실이 아닌 하늘도 보고, 지나가는 차들과 사람들을 보면서 머리를 식힌 후 다시 일을 할 힘을 얻는다. 아마 여러 직장인들에게도 그런 경험이 있지 않을까 싶다. 이처럼 옥상이 쉬는 공간으로서의 기능을 하는 경우도 있지만, 드라마나 영화에서 가끔 볼 수 있는 것처럼 옥상은 자주 아이들이 다툼을 벌이는 곳이기도 하다.

오전 내내 업무를 하던 중, 중학교에서 학교폭력 책임교사를 하고 있는데 문의할 것이 있다며 전화가 왔다. 한 학부모가 자신의 자녀와 같은 반인 학생의 학부모에 대해 학교폭력 사안접수를 하고 싶다는데 가능한지에 대한 문의였다. 무슨 일인지 물으니 그 상대 학부모가 자신의 자녀에게 문자를 보냈는데 이로 인한 정신적 피해를 주장한다고 했다. 캡쳐 사진이 있다고 하여 받아보았다. 내용은 단순했다.

우선 상대 학부모가 자신의 자녀에게 자기는 누구 아빠라고 한 후, 그 아이와 자신의 자녀가 며칠 전 학원 마치고 나서 다툼이 있었는지 물었다. 아이는 그런 일 없었다고 답했는데, 학부모는 자신을 좀 만나자고 이야기했다. 아이가 아무 일 없었다고 재차 답했는데도 할 이야기가 있으니 이따 오후에 너네 아빠랑 학원 건물 옥상에서 보자는 내용이었다. 이렇게 대화가 마무리되는 문자 내용이었다.

이 내용으로 학교폭력 사안접수를 하고 싶다는데, 가능한지에 대한 문의였다. 이 경우는 사안이 접수된다면 아마 피해 관련 학생은 문자를 받은 학생일 것이고, 가해 관련은 상대 학생의 학부모일 것이었다. 문자 내용을 자녀에 대한 위협으로 받아들여 정신적 피해가 있다고 주장한다면 사안접수는 가능하겠지만, 문자상 욕설이 있는 것도 아니고 아마 별다른 조치가 나오지 않을 가능성이 있어 보인다고 답을 드렸다.

한숨을 쉬는 선생님에게 이런 사안 말고도 교육지원청에 별의별 사안이 접수되곤 한다는 이야기를 위로삼아 건넸다.

이 사안이 접수되면 학교에서는 우선 피해 사실에 대한 피해 관련 학생과 보호자의 확인서를 받아야 할 것이다. 가해 관련 학부모에게도 사안접수를 통보한 후 확인서 작성을 이야기한다면 이를 작성할 수도, 거부할 수도 있다. 학교폭력 사안이 접수되었으니 전담조사관도 나가야 할 것이고, 교육지원청에서도 심의 준비를 위한 업무를 해야 한다. 심의위원들을 모으고, 사안을 공유하고, 심의 이후 조치결정이 될 것이고, 각종 수당과 회의록 작성 비용도 나가야 할 것이라는 이야기를 나누었다. 만일 '조치 없음' 결정이 된다면 또 항의가 들어오지 않을까 싶다. 게다가 아마 이런 성격의 사안인 경우 학교폭력이 접수되면 상대 학생 측도 기다렸다는 듯 '맞폭'을 걸어올 가능성이 크다. 아마 심의실에서는 서로의 부모를 탓하지 않을까 싶다. 선생님은 이 학부모들은 왜들 이러시는 걸까요 하면서 한숨을 쉬었다.

혹시나 싶어 학생들과 관련한 이야기를 들어보니 정작 아이들은 큰 문제는 없는 듯했다. 다툼을 벌이는 당사자는 학생들이 아닌 보호자들이었다. 여기저기 좋은 카페도 널리고 널렸는데 추운 날 옥상에서 만나야 할 사람들은 아빠들이지 않을까. 그렇게 굳이 맞짱을 뜨고 싶다면 돈도 있는 어른들이니 소정의 비용을 지불한 후 인근 복싱 체육관 같은 곳을 빌리고 심판도 봐달라고 해서 정정당당하게 한판 경기를 하면 어떨까 하는 부질없는 생각도 든다.

통화를 마치고 다시 옥상을 찾았다. 좀 쌀쌀하긴 했지만 상쾌한 바람이 답답한 마음을 날려주었고, 하늘도 맑아서 눈이 시원했다. 이 좋은 옥상이 더 이상 아이들이든 어른들에게든 다툼의 공간이 되지 않으면 좋겠다.

## 김 팀장의 사안 관련 팁

　학교폭력 사안이 접수되면 먼저 피해자가 학생인지 여부를 살펴봅니다. 피해자가 학생이면 학교폭력예방법을 적용하여 접수가 된 이후 정식 절차가 진행됩니다. 위 사안도 피해 관련 측이 문자 수신으로 정신적 충격을 받았다고 한다면 신고 접수를 받아야 합니다. 다만, 가해 관련 측이 학생이 아니고 관련 학생의 보호자, 즉 일반인이기에 학교폭력예방법에 근거한 조치를 할 수는 없습니다. 일반적으로 학교폭력 신고 접수가 되면 관련 학생 간 조사 내용을 바탕으로 학교 내 전담기구 심의를 통해 학교장 자체해결 혹은 학교폭력이 아님으로 결정 날 수 있습니다. 그럼에도 피해를 주장하는 측이 학교폭력대책심의위원회 개최를 요청하면 반드시 심의를 개최하여 학교폭력 여부를 살펴보게 됩니다. 심의를 통해 학교폭력예방법에 의거하여 학교폭력 아님 혹은 학교폭력이라고 판단하는데, 가해자가 일반인이라면 별다른 조치를 할 수 없습니다.

　관련 보호자 간에 감정이 앞서 학교폭력을 신고하기보다, 학생 간 갈등임을 사전에 인지하고 해결방안을 먼저 살펴보고 난 후, 추후 학교폭력 신고를 해도 늦지 않을 것입니다. 아울러 피·가해 관련 학생 및 보호자는 신고 접수부터 조치결정까지 보통 약 7주가 소요되니 그동안 정신적 고통이 클 것이라는 점을 고려할 필요가 있습니다. 자녀의 올바른 성장과 갈등해결을 위해서는 무조건 신고 접수하기보다는 서로를 이해하는 마음을 바탕으로 갈등을 해결하는 것이 가장 빠르고 교육적인 해결방법이라는 것을 생각해주면 좋겠습니다. 이 사안 역시 지역 내 맞춤중재 신청을 해보면 어떨까요.

## 최 변호사의 법률 조언

- 위 사안처럼 학부모가 학생에게 개인적으로 연락하여 너희 아버님과 옥상에서 보자고 한 말은 무언가 해악을 고지한 것이 아니기에 협박죄로 처벌받기 어렵고, 학생에게 직접 옥상으로 나오라고 한 것도 아니어서 학생에 대한 정서적 아동학대죄도 성립하기 어렵습니다.
- 처음에는 자녀들 사이의 학교폭력으로 시작했다가 학부모들끼리 서로 아동학대로 고소하는 사례도 종종 있습니다. 기존 학교폭력 사건에서 접근금지 처분을 받아냈던 피해 학생이 다른 친구들과 운동장에서 놀고 있던 가해 학생에게 나가라고 했고, 부모님까지 불러서 가해 학생을 쫓아냈습니다. 해당 학부모는 다른 학생들 앞에서 가해 학생에게 소리를 지르며 버릇없는 놈이라고도 했습니다. 가해 학생은 울면서 운동장을 떠났고 뒤늦게 이를 들은 가해 학생 학부모가 상대방 학부모를 아동학대로 고소했지만 1회성에 그친 행위에다가 모욕죄 정도의 폭언은 아니어서 정서적 아동학대로 기소되지 않았습니다.
- 이렇게 학교폭력 사건이 끝나더라도 마음의 앙금이 제대로 풀리지 않으면 아이들 간의 작은 다툼이 결국 어른들 사이의 싸움으로 크게 번져 법적 갈등까지 가게 됩니다. 자녀들 간 학교폭력이 어른들의 또 다른 옥상이 되지 않길 바랍니다.

## 이상한 변호사

'이상한 변호사 우영우'라는 드라마가 몇 년 전 방영된 적이 있었다. 회전문을 지나가지 못해 퇴근을 못하지만 고래에 대해서라면 모르는 게 없는 천재 변호사 우영우의 모습에 많은 사람들이 호응해서 화제였던 것으로 기억한다. 평범한 사람들 삶에 공감하며 어려운 이들을 돕는 모습을 보며 변호사라는 직업에 대해서도 호감을 가지게 하는 드라마였다.

학교폭력과 관련한 업무를 하다 보면 변호사들을 자주 만나게 된다. 아직 어린 학생들 다툼에 어느새 변호사들까지 들어와야 하나 싶어 씁쓸하게 느껴지지만, 학교폭력에 대한 사회적 관심도가 높아지기도 하니 법률적 도움이 꼭 필요하다면 변호사 손을 잡는 것도 필요한 일일 것이다.

간혹 학교폭력 사안과 관련하여 상담하면서, "변호사를 사는 게 도움이 될까요?"라고 묻는 경우가 있다. 우선 '샀다'는 말은 주로 물건에 쓰는 표현이니 정말 변호사 도움을 구한다면 이런 표현을 사용하는 것부터 그다지 좋다고 보기 어렵다. '직무나 임무를 맡기다' 정도의 의미를 가진 '선임(選任)' 또는 '수임(受任)'이라는 단어를 쓰는 게 더 낫지 않을까 싶다.

변호사를 선임하는 것이 도움이 될 수도 있고 아닐 수도 있다. 하긴 사안별로 상황이 모두 다르니, 이런 질문에 명확한 정답이 있는 것은 아닐 것이다.

학교폭력대책심의위원회를 준비하는 과정에서 가해 또는 피해 학생 측이 변호사를 선임한다면 학생과 이야기를 나눈 후 변호인의견서를 제출한다. 가해 관련 학생이라면 당연히 조치 없음 또는 낮은 수준의 처분을 주장하며 그 근거를 제시한다. 물론 대부분 변호사들은 학교폭력과 관련한 일에 대해 성의껏 적절한 수위에서 내용을 작성한다. 마치 영화 속 법정에서처럼 열정적으로 학생을 위해 자료를 준비하고 답변하는 모습을 보는 경우도 많다. 그러나 고개가 갸우뚱해지는 내용이 접수되기도 한다.

초등학교 여학생 간 사안에 대해 가해 학생 측에 선임된 변호사가 의견서를 제출했다. 친했던 여학생들이 파자마 파티를 한 것 같고, 서로 오해가 생겨서 언어폭력을 가했다는 내용이었다. 변호사는 이 사안에 대해 피해 정도가 중하지 않고 가해 학생이 반성하고 있다며 심각성, 지속성, 고의성, 반성 정도, 화해 정도 등을 고려했을 때 교내봉사 정도의 처분이 적절하다는 의견이었다.

하지만 제출된 여러 자료와 심의 시 양쪽의 진술 이후 '조치 없음' 처분이 결정되었다. 별다른 피해가 없기도 하고, 갈등이 있었던 것 같기는 하지만 학교폭력으로까지 인정하기는 어려운 상황이었기 때문이다. 굳이 변호사를 선임하지 않고 진행했더라도 조치 없음 결정이 큰 무리 없이 나올 사안에 대해 변호사는 3호 교내봉사 처분을 내려 달라고 요청한 것이다. 조치결정 통보서를 받아본 학부모는 어떻게 생각했을까. 역시 우리 변호사가 잘해서 결과가 잘 나왔다고, 돈 쓰길 잘했다고 여길까. 알 수 없는 노릇이다.

피해 관련 학생들도 가해 학생에 대해 엄한 처벌을 내려달라고 변호사를 선임하기도 한다. 중학교 재학 중인 학생 간 다툼에 대해 피해 학생 측이 변호사를 선임하여 의견서를 제출한 적이 있다. 신체폭력과 언어폭력이 있었다며 상대 가해 학생에게 가장 중한 처분인 퇴학 조치를 내려달라고 주장했다. 중학교는 의무교육 과정으로 현재 제도상 전학조치가 가장 무거운 처분이다. 학교폭력과 관련하여 가장 기본인 조치처분에 대한 이해도가 떨어지는 변호사라고 생각할 수밖에 없었다. 그리고 피해 학생 측은 아무래도 상대 가해 학생에게 전학 등 중한 처분을 요구하지만, 당연히 꼭 그 의견을 따르지는 않는다.

한번은 가해 관련 학생 측에서 추가 자료를 제출했다고 하길래 열어보았더니, '존경하는 장학사님께'로 시작되는 학생 편지가 있었다. "이 녀석은, 얘가 언제 날 보았다고 존경 운운하고 있나." 싶어서 다른 자료들을 살펴보니 역시 변호사가 조언한 것 같았다. 날 존경해준다는 게 나쁜 말은 아니겠지만, 그닥 와닿지는 않았다. 이왕 조언해줄 거라면 내용도 좀 보고 보내지 하는 생각이 들기도 했다.

가끔 심의위원회 장소를 착각해서 다른 곳으로 가버리는 바람에 심의가 끝날 때에서야 땀을 뻘뻘 흘리며 들어오는 변호사도 있다. 혹은 조치결정 이후 행정심판위원회나 법원으로 제출해야 하는 서류를 교육지원청으로 보내는 실수를 하는 변호사도 있어서 이런 경우까지 우리가 도와줘야 하나 난감한 때도 있다.

학교폭력 예방을 위해 학부모 연수를 가면 변호인 선임과 관련해서 들려주는 말이 있다. 변호사를 선임하는 것도 부모님 선택일 수 있지만, 지금은 우선 아이가 학교폭력에 연관되면 비싼 변호인 선임해서 이겨낼 수 있게 도와주어야겠다고 생각하지 말라고 말한다. 그 돈 있으면 오늘 이왕 시간 내서 학교에 교육 오신 김에 돌아가는 길에 마트에서 한우 10만 원어치 사서 아이랑 구워 먹으라고 이야기한다. 그렇게 저녁을 먹으며 아이와 눈을 맞추고 학교 이야기를 듣고, 친구는 누구를 사귀는지, 좋은 선생님은 누가 있는지, 무슨 과목을 좋아하는지 자주 이야기 나누면 학교폭력을 겪지 않거나 겪더라도 충분히 이겨낼 힘이 생길 것이라고 조언한다.

학교폭력으로 변호사를 선임하면 악수 한 번 하는 순간 몇 백만 원 이상 나간다는데 한우가 훨씬 싸게 먹히는 일일 것이다. 우리 애는 요즘 한창 커서 10만 원으로는 한우 못 먹는다고 하면 "그렇게 잘 먹으면 건강히 잘 크고 있으니 좋은 일이지요~." 너스레 떨며 "오늘 교육도 무료인데 까짓거 몇 만 원 더 쓰세요." 하며 서로 웃는다.

'이상한 변호사 우영우'에서 주인공 우영우는 동료 변호사들과 함께 사건을 해결하고 여러 갈등을 극복하면서 성장해나간다. 아이들도 그렇다. 크다 보면 여러 갈등도 겪겠지만 잘 이겨낼 수 있을 것이다. 엄마, 아빠에 더해 변호사까지 함께 심의실에 들어와 힘겹게 진술하는 아이들을 조금이라도 덜 보면 좋겠다. 비록 그 변호사가 우영우일지라도.

## 김 팀장의 사안 관련 팁

정부는 2023년 4월 12일 학교폭력 근절 종합대책을 통해 전국 17개 시도교육청에 학교폭력제로센터를 단계적으로 설치하여 사안처리, 피해회복, 관계회복, 법률서비스 등을 통합지원한다고 발표했습니다. 이 대책에서 피해 학생에 대한 법률 지원을 강화하기 위해 교육(지원)청 변호사, 지역 내 법률 전문기관, 마을변호사(법무부) 연계 등을 활용하여 법률서비스를 받을 수 있도록 했습니다. 구체적으로 지원내용을 살펴보면, 학교폭력 사안처리 과정에서 피해보호를 위한 다양한 조치 방법을 마련하고, 가해 학생의 조치 불복 시 피해 학생에게 행정심판 및 행정소송 참여 가능을 안내하고 필요 시 법률 자문 및 서비스를 연계할 수 있도록 했습니다.

학교폭력 사안이 발생하면 신고 접수 이후 학교는 2주 이내 혹은 1주 연장을 통해 최대 3주 이내에 학교장 자체해결 혹은 교육지원청에 심의위원회 개최요청을 해야 합니다. 최대 3주라면 전문가를 통해 법률 자문을 받을 수 있도록 알아보는 시간은 충분하다고 판단됩니다. 심의 요청 전 무료 법률 서비스를 통한 충분한 사전 지식 습득 이후에 변호사를 선임해도 늦지 않을 것입니다.

학교폭력 사안과 관련한 업무 담당 팀장으로서 신고 접수 후 바로 변호사를 선임하여 피·가해 관련 학생 및 보호자가 감정만 더 악화되는 모습을 많이 경험했습니다. 게다가 수백만 원 비용 대비 만족할 만한 결과를 얻지 못하는 경우가 대부분입니다. 또한 학교폭력대책심의위원회 위원들은 심의 시 변호사에게 심의 말미 잠깐의 시간 외에는 발언권을 거의 주지 않습니다. 관련 학생 및 보호자와 함께 심의실에 입장하여 조력하는 역할이 대부분입니다. 심의 시에는 사안을 직접 겪은 관련 학생과 심의위원 간에 질의응답을 통해 사실관계를 확인하는 과정이 이뤄질 뿐입니다. 심의 마지막 시간에 학생 및 보호자의 요구사항을 들어주고, 변호사에게는 짧은 의견을 듣거나 혹은 바로 퇴장하기도 합니다.

참고로 지역교육청별로 차이가 있겠지만, 가해 학생에 대한 선도조치결정 중 대부분은 '조치 없음(학교폭력 아님)' 및 1호~3호로 경미한 조치가 의결됩니다. 즉 학교생활기록부에 입력하지 않고 대학입시에도 영향이 거의 없다는 뜻입니다.

보호자는 정말 수백만 원의 비용으로 변호사 선임을 할 것인지, 가족과 오붓하게 외식을 하며 자녀와 대화를 나누면서 행복한 시간을 가질 것인지 심의위원회 개최 요청 전까지 충분한 시간이 있는 만큼 고민하고 결정했으면 합니다. 이 또한 어떤 선택이든 학생과 보호자가 하는 것이겠지요.

## 최 변호사의 법률 조언

- 2012년부터 학교가 학교폭력 가해 학생에 대한 조치처분을 학교생활기록부에 기록하면서, 학교폭력 전문 변호사를 찾는 수요가 증가했습니다. 자녀 입시에 문제가 생길 것을 우려해 서울 강남구 대치동 일대에서는 수천만 원에 달하는 수임료를 지불하겠다는 학부모가 줄을 섰다고 합니다. 이러한 학교폭력 분야는 변호사 사이에서 '돈이 되는 시장'으로 자리 잡은 지 오래입니다.

- 정부는 2026년부터 모든 대학에서 학교폭력 조치 사항을 학생부(교과·종합)뿐만 아니라 수능, 논술, 실기 등 모든 전형에 필수로 반영한다고 발표했습니다. 이렇게 규제가 강화되면 이에 대응하는 법조 시장도 당연히 커지는 법. 아이들 미래가 걸린 일이기에 학교폭력 변호사 시장은 성장세를 타고 있고 학교폭력은 어른들의 법정 싸움으로 변질되었습니다.

- 학부모들 역시 내 자녀의 미래를 위한다는 생각으로 고액의 '학교폭력 전담 변호사'를 고용하는 데에 주저함이 없습니다. 학교폭력 사건에서 끝나면 좋겠지만, 조치결과에 따른 민사상 손해배상과 상대 학생에 대한 형사 고소까지 이어지고, 이때 수임료를 학교폭력 사건, 민사 사건, 형사 사건 각각 따로 책정하기 때문에 학교폭력 사건은 고액이 될 수밖에 없습니다.

- 학교폭력 분야를 전문으로 하는 변호사 입장에서 보면, 당장의 학교폭력 사건을 해결하는 것도 중요하지만 사건 발생 후 갈등을 관리하는 것 역시

너무나도 중요하다는 것을 종종 느낍니다. 가정과 사회가 서로를 존중하는 환경을 만들고, 피해 학생이 안전하게 학교에 다닐 수 있는 여건을 형성하는 게 학교폭력 해결의 본질적인 대책이 아닐까 싶습니다.

# 제주도의 푸른 밤

　국내 여행지 순위를 꼽으라면 제주도는 언제나 상위에 있는 유명 관광지 중 하나이다. 사계절 언제라도 바쁜 일상을 떠나 몸과 마음을 쉬다가 올 수 있는 곳이 아닌가 싶다. '떠나요 둘이서, 모든 것 훌훌 버리고, 제주도 푸른 밤 그 별 아래'로 시작하는 '제주도의 푸른 밤'이라는 노래를 듣고 있으면 누구라도 언제든 잠시 일을 멈추고 공항이나 항구로 향하고 싶은 마음이 들 것이다.

　그렇게 제주도로 휴가를 떠나면야 참 즐거운 일이겠지만, 학교폭력 사안 처리를 위해 향해야 한다면 마음이 그다지 편치 않게 된다.

　초등학교 고학년 학생 간 사안이 접수되었는데 관련 학생이 제주시에 재학 중이었다. 학생들이 체험학습 또는 여러 이유로 길든 짧든 지역 간 이동을 하는 경우가 많은데, 그러다 보면 갈등이 빚어지는 경우가 있다. 몇 년 전에는 근무하던 학교에서 학생들을 인솔하고 성남 잡월드로 체험학습을 간 적이 있는데, 하필이면 그곳에 온 순천 학생들과 다툼이 생겨 사안 처리를 하느라 힘들었던 기억도 있다.

　지역 간 학생들이 학교폭력에 연관되는 경우, 지역교육지원청 간 공동으로 학교폭력 사안에 대한 심의를 준비하게 된다. 아무래도 지리적으로 인접한 지역 학생들이 공동 사안을 일으키는 경우가 많지만, 때로는 이번처럼 아주 먼 지역 학생들 간에도 갈등이 생길 수 있다. 대개 피해 학생이 속한 지역이 주관하여 업무를 진행하는데, 피해 학생이 여러 지역에 걸쳐 있을 경우 가장 피해가 크다고 판단되는 곳이 진행하거나, 혹은 지역교육지원청 간 협의를 통해 주관 교육지원청이 결정된다.

이번 사안의 피해 학생은 제주시에 재학 중으로, 얼마 전까지 육지 학교를 다니다가 전학을 간 경우였다. 친분 관계가 있던 학생들 간에 단톡방이 있었는데, 이 방에서 가해 학생이 피해 학생에 대해 성적 내용을 포함한 험담을 한 내용으로 사안이 접수되었다. 요즘은 워낙 인터넷 소통이 활발하니, 초등학생이라도 이렇게 친구들 간 성 사안이나 뒷담화 등으로 인한 피해를 주장하는 내용이 간혹 발생하곤 한다.

사안이 접수되면 이와 관련하여 교육지원청 장학사 간 협의가 진행된다. 아무래도 서로 일정이 다르고 해서 심의가 원활하게 진행되기는 어려운 면이 있었다. 학교폭력 매뉴얼에서는 사안접수 이후 4주 이내 심의가 열리도록 조언하지만, 특히 공동사안의 경우 장학사들이 노력을 더 기울임에도 업무처리가 지켜지기 어려운 면이 있다.

사안 내용을 공유하고 나서 심의 일정을 조율했다. 제주에서 열리는 학교폭력대책심의위원회에 모든 위원이 참석하는 것은 현실적으로 어려우므로, 심의 개최 정족수를 맞출 수 있는 선에서 조율하게 된다. 사안 내용 등 심의 안내와 함께 교통비 등 관련 비용에 대한 처리도 진행했다.

피해와 가해 학생에게 심의를 안내하는 것은 각 학생이 속한 교육지원청에서 진행한다. 피·가해 학생은 학교폭력 사안에 대한 자신의 생각을 진술하고 원하는 조치처분을 받을 수 있도록 심의에 참석하는 것이 일반적이다. 하지만 이렇게 먼 곳까지 가야 하는 경우라면 서면진술서로 심의 참석을 대신하는 경우도 많다. 물론 예전에 진행했던 사안에서는 제주에 재학 중인 가해 학생과 보호자가 비용과 시간을 들여 심의에 참석한 경우도 있었다. 사안 내용과 당사자 생각에 따라 다를 수 있을 것 같다.

이번 사안에서 학생과 보호자는 참석하지 않겠다는 의사를 전했고, 심의 참석이 가능한 심의위원들을 어렵게 섭외해서 참석을 부탁드렸다. 학생들에게는 사안 내용에 맞는 조치처분이 결정되어 각 교육지원청 결재 후 당사자들에게 통보되었다.

심의위원님들은 다행히 먼 길을 다녀온 것에 대해 교육지원청에서 비용을 대주어 오래간만에 제주도로 여행 다녀왔다고 좋게 말씀해주셨다. 다음번에 또 제주에서 사안이 생기면 연락 달라고는 하시는데, 그런 일은 없는 게 교육지원청도 좋고, 무엇보다 학생들에게 학교폭력 사안은 생기지 않으면 좋겠다.

사실 제주는 거리가 멀어서 그렇지 항공편을 이용하면 왕복 시간도 그리 걸리지 않고, 학교폭력이라는 무게를 덜어내고 바람 쐬러 왔다고 생각할 수도 있을 것 같다. 물론 업무 담당자로서 공동사안은 일반 사안보다 생각해야 할 일이 많아 다시 하고 싶은 일은 아니다.

조치결정 통보까지 심의와 관련한 업무를 마쳤고, 이제 공동사안은 안 들어왔으면 좋겠다. 생각해보니 울릉도에도 학생들이 재학 중이고 교육지원청도 있으니 학생들이 가족여행이나 체험학습으로라도 울릉도에 갔다가 다툼이 일어나면 어쩌나 하는 괜한 걱정도 미리 든다. 진짜 이런 일이 생기면 울렁울렁 울렁대는 가슴 안고 울릉도로 가야 하나. 관광지는 단어 그대로 관광을 위해서만 가면 좋겠다. 아이들은 그만 좀 싸우고.

## 김 팀장의 사안 관련 팁

시도교육지원청 간 학교폭력이 발생하는 경우는 대개 게임 혹은 SNS 등에서 사이버 언어 폭력이 발생하거나, 위 사안처럼 관련 학생 간 접점이 전혀 없음에도 체험학습 장소에서 각 지역 학생 간 갈등이 생겨 학교폭력이 신고 접수되는 것입니다. 위와 같은 사안이 발생하지 않도록 학교에서 예방교육을 철저히 하면서 노력하지만 교사나 학부모 마음처럼 안전하게 학생들이 생활한다고 장담하지는 못하는 것이 현실일 것입니다. 많은 부모가 "내 아이가 그럴 리 없어요"라고 생각하지만, 부모라고 자식 속을 모두 알 수는 없는 노릇이지요.

SNS 및 게임을 즐기는 학생들을 대상으로 지속적으로 인터넷 에티켓 교육을 실시하고, 학교에서뿐만 아니라 가정에서도 평소 생활을 주의 깊게 바라보고 관심을 가져야 할 것입니다.

참고로 아래 사이버폭력과 관련한 징후에 대한 내용을 살펴보고 자녀의 현 상황을 가끔 확인해보면 좋겠습니다.

1. 불안한 기색으로 정보통신기기를 자주 확인하고 민감하게 반응한다.
2. 단체 채팅방에서 반복적으로 공격을 당한다.
3. 용돈을 많이 요구하거나 온라인 기기 사용요금이 지나치게 많다.
4. 부모가 자신의 정보통신기기를 만지거나 보는 것을 극도로 싫어하고 민감하게 반응한다.

5. 문자메시지나 메신저를 본 후에 당황하거나 정서적으로 괴로워 보인다.
6. 사이버상 이름보다는 비하성 별명이나 욕으로 호칭되거나 야유나 험담이 많이 올라온다.
7. SNS 상태 글귀나 사진 분위기가 갑자기 우울해지거나 부정적으로 바뀐다.
8. 컴퓨터 혹은 정보통신기기를 사용하는 시간이 지나치게 많다.
9. 잘 모르는 사람들이 자녀의 이야기나 소문을 알고 있다.
10. 갑자기 휴대전화 사용을 꺼리거나 SNS 계정을 탈퇴한다.

참고: 2025 학교폭력 사안처리 가이드북 20쪽

## 최 변호사의 법률 조언

- 요즘 10대 청소년들은 온라인 게임이나 SNS에서 타 지역 학생들과 언제든 쉽게 교류할 수 있기에 전국구 단위로 친구를 사귈 수 있습니다. 그러다 그 친구와 다투면 서로 지역이 다른 교육청이 협력하여 공동으로 학교폭력 사안을 진행합니다. 이러한 공동사안은 심의위원회 꾸리는 것부터 힘들어서 사안의 결론이 나기까지 시간이 오래 걸리는 편입니다.
- 이렇게 타 지역과 공동으로 학교폭력 사안을 진행할 때, 학교폭력 신고 접수나 학교폭력대책심의위원회 개최 관련 서류를 어디로 제출해야 하는지 묻는 민원전화가 오기도 합니다. 피해 관련 학생 관할 교육청에서 가해 관련 학생 측 교육청에 사안협조를 위한 공문을 발송하니, 피해 관련 학생은 본인 학교에 학교폭력 신고서를 접수하면 되고, 가해 관련 학생 측 학교나 교육청에 별도로 개최를 요청하는 서류를 제출할 필요는 없습니다.

## 종합선물세트

　어린 시절 명절이나 부모님 친구들이 집에 찾아오는 날, 종합선물세트를 몇 번 받았던 것 같다. 종류별로 과자가 가득했던 그 박스를 받으면 세상을 다 가진 것처럼 기분이 좋았다. 야금야금 박스 속 과자들이 줄어들기는 했지만, 오늘은 뭘 먹을까 하며 설레는 마음으로 한동안 즐겁게 지낼 수 있었다. 어른이 되었고 먹을 것이 풍족해진 지금은 종합선물세트를 만날 일이 별로 없다. 교육지원청에서는 간혹 학생들이 참여하는 행사가 있어 기념품 삼아 과자를 몇 가지 포장해서 주는 경우가 있는데, 시대가 많이 바뀌어서일까 학생들 반응이 시큰둥할 때도 있다.

　학교폭력 사안과 관련해서 마침 종합선물세트가 떠오르는 경우도 있다. 종합선물세트는 받으면 즐겁기라도 하지만, 생각하지도 못한 여러 가지 방법으로 학교와 교육지원청을 힘들게 하는 경우다.

　교사에서 장학사로 처음 발령을 받고, 학교폭력 업무를 배정받은 후 첫 사안을 맡게 되었다. 초등학교 저학년 남자아이가 친구에게 어깨치기를 했다는 내용이었다. 주로 고등학교에서 입시 업무를 많이 했던 나로서는 잘 이해가 되지 않았다. 학교폭력 업무가 기피업무라고 많이 들었고, 어느 정도 각오도 했지만 '이걸 학교폭력이라고?' 싶었다.

사안 내용을 살펴보니 이 학생 간의 갈등 때문에 학교에서 어려움을 겪고 있는 듯했다. 역시 잘 이해가 되지 않았다. 지금이야 학교에서 겪는 어려움을 충분히 알고 있지만, 그때만 해도 '이 내용이 잘 처리되지 않는 상황인가?' 싶었던 것 같다. 시간을 내서 학교를 찾아갔다.

학교폭력 업무를 맡고 있는 책임교사와 담임 선생님, 교감 선생님을 뵈었는데 모두 지쳐 있었다. 가해 관련 학생의 학부모가 반복하여 학교를 찾아와 하나하나 꼬투리를 잡아서 민원을 제기하는 듯했다.

이후 심의일에 만난 학부모는 예상대로였다. 아이도 그렇고, 보호자도 자신의 자녀가 한 행동에 대해 잘 인정하지 않았다. 사실 학교 구석구석 모든 장소에 CCTV가 있는 것도 아니고, 어깨치기는 당사자가 인정하지 않으면 증명하기 어렵다. 설령 어깨치기가 있다고 해서 이걸 학교폭력으로 볼 수 있을지도 불확실하다. 하지만 이 사안의 경우에는 여러 목격 학생들이 있었고, 담임 선생님을 포함하여 여러 선생님들이 가해 학생에 대해 문제 행동을 지켜보고 이를 교정하려 노력한 자료들이 있었다. 초등학교 저학년임을 고려해 서면사과 조치를 결정하고 통보했다.

예상대로 항의전화가 왔다. 심의 전날 추가 자료를 제출했는데 안 보고 심의를 한 건 아니냐고 항의했다. 자료가 없었는데 누락이 되었나 싶어 찾아보았더니, 출석통지서에 정상적으로 안내된 이메일 주소를 본인이 착각하고 다른 주소로 보낸 것이었다. 게다가 추가자료라고 해봐야 본인과 자녀 간에 나눈 대화 내용이었는데, '너 그런 행동 안 한 것 맞지?' 이런 식이어서 증거자료로 인정되기 어려웠다.

게다가 통보 이후에는 피해 학생의 등하굣길에 학생을 향해 고성을 지르는 등의 행동을 하여 학교폭력, 아동학대 등으로 또 신고되기도 했다. 물론 여전히 잘못을 인정하기보다 내 아이가 하지도 않은 행동으로 가해 학생이 되었는데 그 정도 야단도 못 치냐는 식이었다.

불복 절차도 이어졌다. 심의 과정에 대해 여러 건의 국민신문고가 접수되었고, 행정심판과 행정소송이 제기되었다. 도 교육청의 행정심판 업무 담당부서에서도 유명 인사가 된 듯했다.

이 정도면 마무리되나 싶었지만 뜬금없이 감사과에서 연락이 왔다. 이 사안과 관련한 민원이 제기되었다며 내용을 알고 싶다고 했다. 감사원에도 민원을 넣은 것 같다. 이쯤 되면 언론에서도 오지 않을까 싶었고, 당사자도 여러 언론 프로그램에 제보하겠다고 했는데 연락이 오지 않은 걸 보면 언론사에서도 이 사안을 다루기는 어이없었던 것이 아닐까 싶다.

그 후에도 국가인권위원회, 교육감실 등 공무원들도 이런 경로가 있었나 싶은 다양한 곳들을 통해 민원이 전달되었다. 별문제가 되지는 않았지만 그래도 귀찮기도 했고, 이렇게까지 해야 하나 싶어 안쓰러운 마음도 들었다.

이 학생에게 내려진 서면사과 조치는 가해 학생에게 내려지는 선도조치 중 가장 가벼운 것이다. 서면사과 형식도 별다르게 정해져 있지 않다. 이 사안처럼 초등학교 저학년이라면 '00야, 미안해'라고만 써도 조치를 이행한 것으로 간주할 수 있다. 그래서 피해 학생 측에서 이걸 사과라고 할 수 있느냐며 반대 민원이 제기되기도 한다. 서면사과 조치는 학교생활기록부에도 기재가 유보되어, 조치가 이행되면 기재되지 않는다. 하지만 학교폭력과 관련되어 이의를 제기하고 무려 대법원까지 올라가는 사안 중 가장 많은 내용이 이 서면사과 조치라고 한다.

마치 종합선물세트처럼 1년 넘게 전달되었던 다양한 민원이 이제야 좀 잠잠한 것 같다. 하지만 안심하는 것은 아니다. 종합선물세트 속 과자를 다 먹었겠거니 싶어 상자를 버리려고 들어보니 구석에서 막대과자나 사탕이 나왔던 것처럼 언제고 어디서 또 연락이 올지 모르는 일이니.

## 김 팀장의 사안 관련 팁

　초등학교 저학년 학교폭력 사안 중 대부분은 증거불충분으로 학교폭력 아님, 혹은 학교에서의 봉사 정도의 경미한 조치를 받습니다. 자녀를 신뢰하고 사랑하는 마음으로 부모로서 모든 노력을 하는 것은 이해하지만, 평소 자녀의 행동을 살피고 바르게 행동하도록 가정에서 노력해야 위 사안과 같은 일을 방지할 수 있습니다.

　비록 단순한 사안으로 볼 수 있는 어깨치기를 이유로 심의에 올라왔지만, 학교생활을 잘 살펴보았다면 그전에 여러 사전 요소가 있었고, 그로 인해 학교폭력으로까지 신고되어 조치를 받은 것으로 생각할 수 있습니다. 단순히 어깨치기라는 행동에 대해서뿐 아니라 다른 새로운 문제가 이후에라도 나타난다면 가정뿐만 아니라 학교, 교육지원청 등 여러 곳이 힘들게 될 것입니다.

　학교폭력에 대한 심의 의결 시 심의위원회에는 전문가가 있음을 보호자도 알 것입니다. 위원들의 구성을 살펴보면 학교폭력을 전문적으로 경험한 전·현직 교원, 경찰, 변호사, 청소년 전문가, 지역 학교 내 학교폭력 전담기구에 참여하여 심의를 다루는 학부모 등이 있습니다. 이분들이 사안에 대해 조치를 의결할 때 객관적이고 공정하게 심의하기 위해 노력하는 것을 조금 더 신뢰하고, 이후 자녀의 올바른 교육을 위해 함께 노력해나가면 좋겠습니다.

## 최 변호사의 법률 조언

- 위 사안의 학부모가 추가로 제출한 증거 중 자신의 자녀에게 유도신문을 하듯 나눈 대화는 객관성이 담보되지 않아 진술의 신빙성이 상당히 떨어지므로 증거로서의 실익이 없어 보입니다.

- 참고로 서면사과 조치의 경우, 사과할 마음이 없는데 억지로 상대방에게 사과를 강요한다는 측면에서 헌법상 양심의 자유에 반하는지가 문제되었는데, 헌법재판소는 2023. 2. 23. 2019헌바93 전원합의체 결정에서 "서면사과조항은 가해 학생에게 반성과 성찰의 기회를 제공하고 피해 학생의 피해 회복과 정상적인 학교생활로의 복귀를 돕기 위한 것이다. 학교폭력의 가해 학생과 피해 학생은 모두 학교라는 동일한 공간에서 생활하므로, 가해 학생의 반성과 사과 없이는 피해 학생의 진정한 피해회복과 학교폭력의 재발방지를 기대하기 어렵다. 서면사과 조치는 내용에 대한 강제 없이 자신의 행동에 대한 반성과 사과의 기회를 제공하는 교육적 조치로 마련된 것이고, 가해 학생에게 의견진술 등 적정한 절차적 기회를 제공한 뒤에 학교폭력 사실이 인정되는 것을 전제로 내려지는 조치이며, 이를 불이행하더라도 추가적인 조치나 불이익이 없다. 또한 이러한 서면사과의 교육적 효과는 가해 학생에 대한 주의나 경고 또는 권고적인 조치만으로는 달성하기 어렵다"라고 판시하면서 서면사과 조치가 가해 학생의 양심의 자유와 인격권을 과도하게 침해하지 않아 합헌이라고 판단했습니다.

- 얼마나 서면사과 조치를 이행하기 싫었으면 헌법재판소에 헌법소원까지 제기했을까 싶기도 하지만, 이를 통해 자녀에게 반성과 성찰의 시간을 갖도록 한다는 장점을 생각해보면 좋겠습니다.

## 줄을 서시오

 맛있는 음식점에 가면 대기줄이 길게 늘어서 있는 경우가 있다. 요즘은 앱으로 미리 예약을 하는 경우도 있고 아무리 맛있는 집이라도 줄은 서지 않는다는 사람도 있지만, 그리 심하지 않다면 맛있는 음식을 먹기 위해 기다리는 시간은 지루하기보다 기대감도 있고 해서 들뜬 마음으로 기꺼이 줄을 서는 사람들도 많다.

 학생들은 일과 중 점심시간이 되면 가장 즐겁다. 아마 성인들도 학창시절을 떠올려보면 마찬가지일 것이다. 오전 수업을 마치며 지치기도 하고 졸음도 올 때쯤 친구들과 함께 이야기를 나누며 식사하는 시간은 학교 선생님들도 기다려지는 시간이다. 점심시간 종이 울리면 안전사고 우려도 있고 해서 아무리 뛰지 말라고 해도 함성을 지르며 밝은 얼굴로 급식실로 달려가는 학생들 모습은 세월이 가도 변함없을 것이다.

 하지만 점심시간은 학교폭력이 자주 일어나는 시간이기도 하다. 수업 시간이야 선생님이 지도도 하고 자기 자리에 앉아 있기에 괜찮지만, 몸도 마음도 어느 정도 자유로워지는 쉬는 시간과 점심시간에 친구들과 이런저런 이야기를 하다 보면 갈등이 생기기도 하는 것이다.

 중학교 여학생들 간에 사안이 발생했다고 심의 요청되었다. 점심

시간이 되어 여러 학생이 급식실로 갔고, 줄을 서게 되었다. 아마 여러 친구들이 학교에서 있었던 일을 재잘재잘 이야기하며 즐겁게 식판을 들고 있었을 것이다. 그런데 이유는 알 수 없지만 앞에서부터 뒤쪽으로 줄이 갑자기 조금 밀린 모양이었다. 앞서 있던 학생이 뒤에 있던 학생의 앞꿈치 부분을 어쩔 수 없이 밟게 되었고, 마침 학생의 실내화 앞꿈치 부분이 닳아 있었는지 고무 부분이 떨어졌다고 한다. 이게 다였다. 이건 뭐지, 설마 싶었지만 이게 다였다.

피해를 주장하는 학생의 학부모에게 전화를 걸었다. 피해를 보았다고 하니 학교폭력 때문에 마음이 아프실 것 같다고 이야기한 후, 학생이 괜찮다면 중재 프로그램에 참여하시는 건 어떠냐고 권유해보았다. 단칼에 거절당했다. 자주 있는 일이다. 그러려니 하면서, 그럼 심의를 준비하겠다고 이야기한 후 통화를 마쳤다.

심의위원회에 참석한 위원들도 어이없어하면서도 성의껏 질의응답을 했다. 학부모는 앞 학생이 자녀의 앞꿈치를 일부러 밟은 것 같다는 주장을 했다. 대개 보호자가 학교와 교육지원청을 힘들게 하는 경우가 많은데, 이번 사안에서는 보호자와 함께 온 학생도 한술 더 뜨는 모습이었다. 앞에 있던 학생이 앞꿈치 또는 뒤꿈치를 밟는 일이 자주 있었다고 했다. 얼마나 자주 그런 일이 있었느냐고 물었더니 몇백 번 밟았다고 했다. 그 정도라면 상처도 나야 할 것 같고 선생님에게 도움을 요청하든지 해야 할 것 같은데 어떠냐고 물었지만 그런 적은 없었다고 했다.

다음 차례로 진술하게 된 학생은 가해 사실을 부인했다. 피해 관런 학생의 앞꿈치를 밟기는 했지만 학생들에 떠밀려 실수로 그랬던 것 같고, 미안하다는 말도 했다고 했다. 학생의 보호자는 아이가 실수했을 수도 있고 실내화가 망가져서 속상하다면 변상해주겠다고 진술했다.

참고자료를 더 들여다보았다. 이 정도 감정 다툼이면 두 학생은 견원지간으로 지내야 맞을 것 같았다. 하지만 제출된 자료를 보면 두 학생이 서로 같은 팀이 되어 보드게임을 하기도 하고, 학교생활에 별문제는 없어 보였다. 둘이 잘 지낸다는 다른 자료도 있었다. 이해하기 어려웠지만 이처럼 이해하기 어려운 사안이 종종 생기는 부서에서 일하다 보면, 굳이 이해하려 노력하지 않고 그냥 받아들이고 사안 내용별로 판단하고 진행하는 것이 수월하다는 것을 익히게 된다.

학생 간 진술이 다르고, 별다른 학교폭력 증거가 불충분하여 '조치 없음' 처분이 통보되었다. 그냥 그 실내화, 내가 사주고 말면 심의요청 안 하려나 싶은 엉뚱한 생각도 들었다.

우편물을 수령한 날, 예상대로 거친 항의 전화가 왔다. 왜 내 아이가 당한 학교폭력 피해를 잘 살펴주지 않았느냐고 소리 높인다. 뭐라고 묻는 말에 내가 뭐라 답변하려고 했지만 말하기가 무섭게 다시 항의를 계속한다. 잠깐 말 좀 들어달라고 해도 소용없다. 듣지 않을 거면 왜 전화했는지 알 수 없는 노릇이다.

마침 협의회가 예정되어 있어 그 핑계로 전화를 끊었다. 가만있지 않겠다는 고함이 귓가에 맴돌았지만 더 할 말은 없었다. 회의록에 대한 정보공개청구는 바로 들어왔고, 행정심판도 청구되었다. 무엇이 그렇게 마음을 불편하게 했을까 알 수도 없고, 많이 지쳐서 알고 싶지 않기도 했다. 얼마 후 다시 조회를 해보니 행정심판은 당연하게 기각되었다. 시간이 꽤 지났는데 행정소송은 안 들어온 걸 보니 이제 마무리되려나 싶다.

급식 시간에 줄 서다가 조금 불편해졌다고 학교폭력을 이렇게까지 주장하면 다른 학교생활은 어떻게 하려나 걱정이 되기도 했지만, 그 걱정은 우리 몫은 아닌 것 같다. 이따 식사 시간이 되면 이런저런 머리 아픈 일들 잊고, 편하게 밥이나 먹어야겠다. 줄을 서야 하는 맛집은 오늘은 안 가야지.

## 김 팀장의 사안 관련 팁

위 사안의 경우 학교폭력 내용은 비교적 가볍다고 보입니다. 하지만 피해를 주장하는 학생의 감정기복이 사안 당일에는 평소보다 크지 않았을까 싶기도 합니다. 이유를 알 수는 없지만 피해를 주장하는 학생은 평소보다 예민한 상태에서 상대 학생의 행동을 더 크게 받아들였고, 집에서 보호자에게도 객관적인 사실 이상으로 과장되게 학교 일에 대해 말하지 않았을까요. 보호자 역시 학교폭력이라는 단어만 들어도 객관적이고 이성적인 판단보다 과도하게 반응할 수 있습니다. 이럴 때 보통 피해를 주장하는 학생은 보호자의 과한 반응에 자신이 입은 피해를 실제 사실보다 부풀리기 마련이고, 이러다 보면 자신의 말을 수정하거나 번복하기 어려워지는 상황이 되고 맙니다.

한번 과장된 말은 점점 더 객관적 사실과 다르게 왜곡되어 이제는 돌아올 수 없는 다리를 건너게 됩니다. 피해를 주장한 학생이 학교폭력대책심의위원회 개최 당일 진술 시 수백 번 발을 밟혔다고 주장한 것도 아마도 보호자를 실망시키지 않기 위해 신빙성이 떨어지는 말을 한 것으로 추측됩니다. 피해를 주장하는 학생이 이러한 상황을 해결하기 위한 방안은 상대 학생 및 보호자가 밝힌 사과를 수용하는 것이지 않을까요. 하루속히 마음속 감정을 추스르고 다시 친구들과 점심을 함께하며 행복한 학교생활을 보내길 기대해봅니다.

## 최 변호사의 법률 조언

- 학교폭력 사안에 대하여 판례는 "과실에 의한 상해까지 학교폭력에 포함된다고 해석한다면, 지나치게 많은 학교폭력 가해자를 양산할 수 있게 되고, 이는 이러한 상황을 방지하기 위한 학교폭력예방법 제3조 취지에 반하는 것"이라고 판시하면서, 학교폭력 개념은 과실이 아닌, 고의에 의한 행위만을 전제로 한다고 판단했습니다(인천지방법원 2024. 1. 12. 선고 2023구합55003판결).
- 이러한 취지에서 위 사안을 살펴보면, 앞꿈치를 밟은 학생은 급식 줄에 밀려 의도치 않게 실수로 피해 관련 학생의 발을 밟았고, 곧바로 사과도 하면서 실내화를 변상해줄 의사까지 밝혔으므로, 이를 고의에 의한 폭행 행위라고 볼 수 없습니다.
- 피해 관련 학생 측은 가해 관련 학생의 발을 밟는 폭행이 수백 번 반복되었다고 주장했지만, 이에 대한 목격자가 1명도 없어 증거가 불충분하고, 실제로 그동안 수백 번씩 발을 밟았다면 그때 학교폭력을 신고하는 것이 경험칙에 부합하므로, 이러한 피해 관련 학생의 주장 역시 진술의 신빙성이 있다고 보기는 어렵습니다.
- 이렇게 과실에 의한 행위까지 학교폭력으로 신고한다면, 결국 그 피해는 맘 편히 학교생활을 누릴 수 없는 내 자녀에게로 다시 돌아올 수 있음을 인지하셨으면 좋겠습니다.

## 춘향이가 학교폭력을?

「춘향전」은 학생이라면 누구나 배우는 조선시대 대표적인 고전 소설 중 하나이다. 이몽룡과 성춘향의 신분을 초월한 사랑 이야기로, 조선 후기 평민 의식을 잘 담은 작품으로 평가받는다. 문학사적 평가야 교실에서 다룰 일이고, 여기에서는 주요 인물들 간의 사랑과 갈등을 중심으로 학교폭력과 관련지어 조금은 엉뚱한 생각을 해보려 한다.

먼저 주인공 이몽룡과 춘향은 몇 살 정도였을까? 춘향전에서 이몽룡과 춘향은 서로 동갑으로 이팔청춘(二八青春) 즉 16세임을 알 수 있다. 지금 나이로 중3 정도로 보면 될 것 같다. 또 다른 아름다운 사랑 이야기로 꼽히는 '로미오와 줄리엣' 경우를 보면, 로미오는 10대 후반, 줄리엣은 13세 정도다. 어른들 생각보다 어린 나이에 운명적인 사랑이 찾아오기도 하는 것이다.

이몽룡과 성춘향은 음력 5월 5일 단오일에 만나 사랑에 빠지고, 둘은 곧바로 청혼을 거쳐 성관계에까지 이른다. 만남 이후 불과 24시간 안에 일어난 일이다. 놀라운 것은 둘의 사랑을 확인하는 과정에 참여했다고는 하나, 춘향의 어머니 월매도 이러한 빠른 진행에 동의하고 심지어 지원하는 모습을 보인다는 것이다.

이후 한동안 사랑을 속삭이던 이몽룡은 서울로 가야 한다며 이별을 통보한다. 고전 소설 속 여인들 모습이 남성의 이별 통보에 순종적인 경우가 많지만, 춘향은 이러한 이별을 적극적으로 거부한다. 하지만 이몽룡이 장원급제하여 돌아와서 데려갈 것이라고 달래고 달래 결국 두 사람은 잠시 헤어지게 된다.

이몽룡이 떠나고 변학도가 신임 남원부사로 부임하는데, 잘 알려진 대로 춘향에게 수청을 요구한다. 이에 어미가 기생이지 자신은 기생이 아니며, 더구나 남편이 있는 유부녀임을 강조하며 수청을 거절하지만, 변학도는 오히려 춘향을 죽이려 든다. 당시 신분제도는 종모법(從母法), 즉 어머니 신분을 따르는 것이 기본이었다. 춘향 스스로는 기생이 아니라고 저항하지만, 춘향의 어머니인 월매가 관에 명단이 기재된 관기였으므로 법적으로 춘향 역시 기생 신분으로 볼 수 있다. 이에 수청을 들라는 변학도의 요구는 도덕적으로는 부당하지만 당시 법에 비추어서는 합법이 될 수 있는 것이다. 한편 암행어사가 된 이몽룡이 변학도의 생일날 죽음을 맞이하게 된 춘향을 극적으로 구하면서 이야기는 마무리된다.

엉뚱한 상상이지만, '춘향전' 인물들이 학교폭력과 연관된다면 어떻게 될까. 만약 이몽룡이 한양으로 이사 가야 한다며 이별을 고할 때 춘향 또는 춘향의 어머니인 월매가 이몽룡을 상대로 학교폭력 사안접수를 할 수 있을 것이다. 물론 시대가 다르고 당시 두 사람은 학교에 다니지도 않는다. 하지만 두 사람은 중학교 3학년, 즉 의무교육과정에 해당하는 정도의 학생 나이이니 사안접수가 가능하다. 만일 서당 등의 형태로 대안교육을 받고 있거나 학교를 다니지 않는 유예

생이라도 원적교를 살펴 해당 학교에 사안접수를 하면 된다.

춘향이 이몽룡에게 지속적으로 1년여간 성폭력을 당해왔다는 내용으로 사안을 접수한다면 성 사안이므로 학교에서는 초기 단계에서부터 경찰 신고 및 여성가족부에 보고하는 절차를 거쳐야 한다. 「춘향전」에서는 이몽룡이 서울로 떠나 장원급제를 해서 돌아오지만, 학교폭력으로 접수되었다면 가해 관련 학생이 된 이몽룡은 사안접수 이후 심의 및 조치결정과 이에 따른 조치이행을 마무리할 때까지 학적 변경을 할 수 없다. 즉 아버지가 서울로 가게 되었든 말든 전학을 갈 수 없는 것이다. 물론 어떠한 조치처분이 나올지는 심의를 진행해봐야 한다. 비록 사회적으로 어린 나이일지라도 둘 간에 합의된 성관계였는지, 강요된 것이었는지에 대해 심각성, 지속성, 고의성 등을 따져 조치결정이 내려질 것이다.

작품 속에서 이몽룡과 춘향 사이를 오가며 감초 역할을 했던 방사와 향난이는 어떻게 될까. 신분이 달라서 어쩔 수 없었겠지만 이몽룡과 춘향 사이에서 공모 또는 방조한 이유로 사안접수될 수 있지 않을까.

한편 변학도는 어떨까? 성인 변학도가 학생 신분인 춘향에게 성관계를 강요했다는 내용으로 학교폭력 사안접수가 가능하다. 다만 학교폭력대책심의위원회에서의 조치는 학생에게만 해당하는 것이므로 변학도에게는 별다른 조치를 내리기 어렵다. 물론 미성년자인 춘향에게 성관계를 요구하고 심지어 권력을 이용하여 죽이려고 한 부분에 대해서는 형사 처벌을 피하기 어렵다. 춘향에 대한 민사적인 책임도 제기될 수 있을 것이다.

  피해 학생인 춘향에게는 적절한 보호조치가 가능하다. 성관계 강요 및 감금에 대한 정신적 충격이 클 것으로 예상할 수 있는데, 심리상담 또는 정신과 진료 등을 받을 수 있다. 춘향에게 수청을 요구하는 과정에서 물리적 폭력이 행사되었다면 치료비를 청구할 수 있고, 관련 비용은 학교안전공제회를 통해 지원받을 수 있다. 학생 연령인 춘향에게 수청을 요구한 것에 대해 아동학대로 신고할 수도 있겠지만, 이는 학교폭력대책심의위원회에서 다루는 내용은 아니다.

  당연히 「춘향전」이 사랑받았던 때와 지금은 시대가 달라 인물들 행동에 대한 기준 역시 다를 수밖에 없다. 아름다운 사랑 이야기인 「춘향전」을 학교폭력이라는 틀로 바라보는 것이 불편하게 느껴질 수도 있을 것이다. 하지만 교실에서 이야기되는 내용과 다르게 지금의 사회상에 비추어 여러 기준으로 문학 작품을 바라본다면 오히려 작품에 대한 이해를 깊고 넓게 하는 데 도움이 되지 않을까 싶기도 하다.

  끝으로 「춘향전」에서 춘향과 이몽룡은 어떤 결말을 맞았을까?

  이본(異本)에 따라 다르기는 하나, 학교에서 배우는 '춘향전'에서는 춘향과 이몽룡이 백년가약을 맺는다. 이몽룡은 고위관직에 오르고 춘향도 충렬부인에 봉해지며 자식 잘 낳고 오래 사는 행복한 결말이다. 학교폭력으로 힘들어하는 모든 학생들과 보호자들도 이런저런 갈등과 어려움이 있겠지만, 결국은 이겨내고 행복해졌으면 하고 생각해본다.

## 김 팀장의 사안 관련 팁

　고전 소설을 소재로 현재의 학교폭력예방법을 적용해보니 한번에 알아보는 학교폭력 상황극처럼 보이기도 합니다. 만일 현재 시점으로 춘향전 소설을 학교폭력 사안 발생이라는 가정하에 생각해본다면, 위 내용 안에 대강의 사안 내용과 심의 결과가 모두 포함되지 않았나 싶습니다. 위와 같은 학교폭력을 예방하고 바르게 대응하기 위한 현재의 5대 원칙으로 아래와 같은 내용을 제시해봅니다.

　첫째, 즉각 신고 체계 활성화로 사안 발생 시 반드시 경찰, 학교, 보호자 등에게 즉시 알리고 피해장소에 경찰이 출동할 수 있도록 한다.
　둘째, 다층적 보호망을 구성한다. 학급별 학교폭력 예방 교육을 실시하고, 지역 아동보호기관 및 청소년상담복지센터 협약 체결로 피해 학생을 보호하고 지원하며, 가해 학생에게는 선도교육적 조치뿐만 아니라 보호자와 함께하는 특별교육과 심리치료 등을 실질적이고 효과성 있게 하도록 의무화하여 실시한다.
　셋째, 피해 사실과 관련한 증거를 확보하기 위한 시스템을 고도화하고, AI 분석을 통해 잠재적 위험을 알고리즘을 적용해 사전에 파악하여 사안 발생을 예방한다.
　넷째, 「춘향전」 등을 활용한 학교폭력 사안 관련 리메이크 뮤지컬

감상 등을 통해 학생들의 흥미를 높이고, 전통 놀이를 활용한 갈등 해결 및 맞춤중재 프로그램을 개발하고 참여한다.

다섯째, 피해 학생에 대해 지속적으로 관리하고 안전한 학교 환경을 조성하며, 피해 학생 전학 시 시·도교육청 간 학습 연계를 보장할 수 있도록 지원한다.

## 최 변호사의 법률 조언

- 요즘 이성교제를 하다가 부모님에게 남자친구와 성관계한 사실 또는 유사 성관계를 했던 사실을 들켜 남자친구를 성폭력 등 학교폭력으로 신고하는 사례가 점점 늘고 있습니다.
- 당사자는 원하지 않았지만 억지로 성관계했다고 주장하거나, 성관계까지는 하지 않았어도 남자친구 강요에 못 이겨 어쩔 수 없이 구강성교 등 애무를 해주었다고 보통 주장합니다. 성 관련 사안이니만큼 엄중한 처벌을 위해 사안을 깊숙이 들여다보면, 문제된 행위 이후에도 계속 남자친구와 교제하다가 부모님에게 콘돔 껍데기 등을 들켜 급히 헤어진 사례, 학교폭력 신고도 학부모가 해서 학생이 뒤늦게 피해사실을 진술하는 사례 등이 있습니다. 성 관련 사안의 경우 성관계에 이르게 된 경위와 성관계 전후의 사정을 면밀히 살핍니다. 만약 피해 학생 주장대로 교제 중에 성폭력에 이를 만한 성관계를 했다면, 성관계 거부 의사를 반복적으로 밝혔거나 부모님에게 들키기 전 헤어지는 등의 객관적 정황이 필요합니다.
- 청소년들도 이성교제가 활발한 지금, 학교에서 학생들에게 올바른 성인식을 심어주고 건강하게 교우관계를 맺는 것이 어떤 것인지를 알려주는 교육을 통해 데이트폭력, 교제폭력을 예방할 수 있으면 좋겠습니다.

## 친구 아이가

'친구'는 '가깝게 오래 사귄 사람'이라는 의미의 단어로, 일반적인 사람이라면 누구에게나 어려울 때 생각나는 친구가 한두 명 있기 마련이다. 특히 사춘기를 겪는 학생들에게 친구의 의미는 인생의 다른 시기보다 각별한 경우가 많다. 당연히 좋은 친구를 사귀면 좋겠지만 그렇지 못한 경우도 있다. 학교에서 담임 교사를 하면서 맡고 있는 학생들 중에 여러 가지 문제를 일으켜 학부모 상담을 할 때면 자주 듣는 말이 있었다. 언제나 비슷비슷한 내용이다. 대개 우리 애가 초등학교 때까지는 영재 소리를 들을 정도로 똑똑하고 예의 바른 아이였는데, 중학교 올라갈 때쯤 친구를 잘못 만나서 이렇게 되었다는 말이다. 부모로서 아이를 감싸기 위한 말이라는 걸 이해하면서도, 잘못된 행동에 대해 인정하고 지금 야단을 쳐서 고치려 하지 않으면 훗날 더 고생할 텐데 하는 걱정이 들기도 했다.

학교폭력 사안을 접수하다 보면 친구들이 함께 잘못된 행동을 하는 경우가 있다.

여중생 여러 명이 얽혀 있는 사안이 들어온 적이 있었다. 한 학생을 대상으로 다른 학생들이 물리적 폭력을 가했다는 내용이었다. 피해 학생이 자신들 뒷담화를 한다고 생각한 여러 학생들이 그 학생을 한 건물의 계단으로 불러냈다. 담배를 피우며 이야기를 짧게 나누다가

한 학생이 피해 학생에게 폭력을 행사했고, 다른 친구들도 가세했다. 이 중 한 학생은 폭행 장면을 촬영하기도 했다.

가해 학생 확인서와 심의위원회에서의 진술에서 가해 학생들은 한 친구가 먼저 때리길래 자신들도 때리게 되었다고 이야기했다. 잘못된 행동을 먼저 하자 자기도 따라하게 된 듯했다. 폭행 장면을 촬영한 것에 더해 동영상을 서로 공유하면서 폭행과 관련한 이야기도 나눈 것으로 파악되었다. 잘못하긴 했지만 먼저 때린 것은 아니라며 핑계대는 모습을 보이기도 했다. 그나마 가해 학생들 보호자들은 자식을 잘못 가르쳤다며 선처를 구했다. 증거자료가 명백하니 학생들은 그렇다 쳐도 보호자들마저 사안을 부인하면 조치처분이 더 강해질 수도 있어서 그랬는지도 모르겠다.

여러 명의 학생들이 욕설 등 언어폭력과 함께 물리적인 폭력을 행사하고, 동영상을 촬영하고 소지하는 것을 넘어 유포까지 하는 잘못을 한 것이 분명했다. 당연히 이에 맞는 처분이 결정되었다. 이로 인해 피해 학생은 정신적, 신체적 피해를 입었고, 적절한 보호조치도 내려졌다. 경찰에서도 조사가 들어갔으니 처벌을 피하기 어려울 것이었다.

고등학교 남학생들이 심의에 출석한 사안도 있었다. 이 사안도 다른 반 여학생이 남학생 무리 중 한 명에 대해 엉뚱한 소문을 내고 다닌다고 생각한 것이 발단이었다.

하지만 정작 소문 대상인 남학생이 아닌, 그 남학생 친구들이 여학생 교실로 찾아가선 여학생에게 나오라며 난동을 피운 것 같았다. 겁먹은 여학생을 향해 주먹으로 벽을 치며 위협하고 욕설을 가한 내용이었다. 여러 명 남학생들의 이러한 행동으로 여학생은 한동안 학교를 나오지 못했다. 한심한 것은 남학생들 태도였다.

 심의위원회에 출석한 남학생들은 이런 잘못된 행동을 하게 된 이유를 서로에게 떠밀었다. 자기는 피해 학생에게 안 가려고 했는데 다른 친구가 가자고 했고, 피해 학생을 위협하는 가해 행동도 친구가 했을 뿐 본인은 그냥 서 있기만 했다고 주장했다. 그래도 누군가는 제일 먼저 가자고 했을 것이고, 피해 학생을 위협하지 않았겠느냐고 물었지만 하나같이 모두가 자기는 아니라고 부인하며 다른 친구들 때문이라고 했다. 눈물겨운 우정이었다. 하지만 목격 학생 진술 등을 통해 사실관계를 짐작할 수 있었고 가해 행동에 맞는 조치가 결정되었다. 조치결정통보서를 받고 난 후에도 그들의 뜨거운 우정이 지속되었을지까지는 알지 못한다.

 누구나 좋은 친구를 사귀고 싶어한다. 학생들이라면 공부도 잘하고, 성격도 좋고, 잘생기고, 돈도 많은 그런 친구를 곁에 두고 싶을 수도 있다. 하지만 어떤 면에서든 좋은 친구를 사귀고 싶다면 먼저 기억해야 할 사실이 있다. 좋은 친구를 사귀기 위해서는 내가 먼저 좋은 사람이 되기 위해 노력해야 한다는 것이다.

 심의위원회에 출석한 가해 관련 학생의 학부모들이 자녀의 잘못을 부인하며 학생의 친구 탓을 하거나, 친구들도 다 그렇게 욕도 하고 서로 때리기도 하는데 왜 내 아이만 가지고 그러냐고 이야기하는 경우가 있다. 심의를 진행하는 간사로서 심하게 질의응답을 방해하는 경우가 아니라면 그런 말들을 그냥 듣고만 있어야 하는 것은 답답한 일이다. 이런 말을 해봐야 소용없을 줄 알면서도, 다른 아이들 핑계 대기 전에 먼저 댁의 아이가 그런 성향이어서 비슷비슷한 아이들이 친구랍시고 어울려 다니는 것일 수 있다는 점을 알아야 한다고 따끔하게 이야기하고 싶을 때도 있다.

예전에 인기 있었던 영화 '친구'에서 마냥 친구인 줄만 알았던 등장인물들은 결국 잘못된 선택을 하게 되고, 잔혹하게 죽음을 맞은 인물도 있었다. '우리 친구 아이가' 하면서 학교폭력 등 어긋난 행동을 함께하자는 경우가 있다면, 단호하게 '친구 아이다' 하면서 끊을 줄 알아야 한다. 결국 그게 친구를 위하는 진짜 우정이다.

## 김 팀장의 사안 관련 팁

학교폭력 사안을 심의할 때 경중을 따지기 위해서는 사안이 얼마나 심각한 것인지 살펴보게 되는데, 그 기준에는 다음과 같은 것들이 있습니다. 첫째, 전치 2주 이상의 상해를 입힌 경우. 둘째, 2명 이상이 고의적·지속적으로 폭력을 행사한 경우. 셋째, 신고·진술·자료제공 등에 대한 보복을 목적으로 폭력을 행사한 경우. 넷째, 학교장이 피해 학생을 가해 학생으로부터 긴급하게 보호할 필요가 있다고 판단하는 경우 등입니다.

보통 심의위원회에서 집단 폭행에 대한 심의를 의결할 때 가해 학생들은 대개 두 가지 유형의 태도를 보입니다. 첫째, 가해 학생들이 담합하여 똑같은 진술을 하는 경우입니다. 먼저 가해 학생들이 심의 시 질문에 대해 기계적으로 답하는 경우로, 이때 심의위원들은 거짓 진술을 하는 것을 한눈에 알아보고 조치 의결 시 반성 및 화해 정도에서 낮은 판단을 하여 가중 처벌을 주게 됩니다.

다음으로는 각자도생이라고 할 수 있을 것 같은데, 한 학생은 끝까지 거짓으로 사안 내용에 대해 진술하거나 반성의 기미가 없어 가중 처벌을 받고, 또 다른 학생은 자신의 잘못을 인정하고 사과의사를 표현하며 보호자 역시 자녀의 가해 행위에 대한 후속 조치로 사과를 전달하고 피해를 보상하는 노력 등을 통해 감경조치를 받는 경우입니다. 어쩌면 당연한 일이겠지요. 하지만 심의 이후에 이렇게 가해 학생들 간에 서로 비슷한 행동을 했음에도 심의 시 보인 진술의 진실성, 잘못된 행동에 대한 반성 등의 차이로 인해 조치의결 감경 혹은 가중이 되었다며 이를 또 다른 갈등의 빌미로 삼아 새롭게 학교폭력으로 접수되는 경우도 있습니다.

같은 사안일지라도 가해 학생들 간 조치결정이 다른 이유는 가해 행동에 대한 가담 여부 차이도 있지만 반성 및 사과를 위한 노력 여부도 영향을 미치게 됩니다. 심의위원들은 피·가해 관련 학생들의 진술서를 포함 목격자 확인서, CCTV 등 다양한 자료를 검토하므로 질의 시 가해 관련 학생은 거짓 없는 진솔한 답변만이 그나마 감경받는 길이 될 수 있습니다.

가해 학생 및 보호자가 본인 또는 자녀의 진술 내용에 대해 확신하는 것은 이해하나, 심의위원의 질의 시 사안의 전체적인 맥락 속에 자녀의 가해 정도는 어떠했는지를 잘 준비해서 답변해야 합니다. 사안을 직접 겪지 않은 보호자는 조금 어렵겠지만 평정심을 갖고 제3자의 눈으로 사안을 바라보고 객관적으로 판단하는 노력이 필요하며, 학교 내 책임교사, 교육지원청 담당자, 또는 필요 시 변호사 등 전문가에게 조력을 받는 것도 추천해봅니다.

## 최 변호사의 법률 조언

- 누군가를 혼자 때리면 형법 제260조 제1항의 단순 폭행죄로 처벌되지만, '집단 폭행'이 되는 순간 '폭력행위 등 처벌에 관한 법률'이라는 특별법이 적용되어 공동폭행으로 처벌받게 되고, 형기도 기존의 폭행죄보다 1/2을 가중하도록 규정되어 있습니다. 비록 학교폭력에 적용되는 법률이 다릅니다만, 형법에서 죄명이 달라지는 만큼 교육지원청도 단순 폭행보다 2명 이상의 집단폭행 사안에 대해서는 처분 정도를 가중할 수밖에 없습니다.
- 이러한 공동폭행 사안을 심의하다 보면 서로에게 잘못을 떠미는 경우가 허다합니다. 사건 현장에 같이 있었던 관련 학생들의 진술과 피해 학생 진술까지 들어봤을 때 누가 행동대장이었는지가 확실함에도, 정작 그 행동대장으로 지목된 학생은 다른 학생을 주범으로 이야기합니다. 이럴 경우 그 학생은 반성이 부족하다는 이유로 더욱 가중된 조치를 받을 확률이 높습니다.
- 따라서 공동폭행 사안은 폭행 가담 정도를 가리기 위해 사안조사 단계에서부터 관련 학생들과 목격 학생들의 자세한 진술을 받는 것이 매우 중요하고, 폭행을 주도한 학생은 자신의 잘못을 인정하면서 진심으로 반성하는 태도를 보여주는 것이 좋을 것입니다.

# 타짜

얼마 전 예능 프로그램을 보게 되었다. 설날을 맞아 연예인들이 모여 명절 음식을 해먹고 있었다. 그러다 명절이니 한 게임 하자며 화투를 꺼내들었다. 서로 본인이 동네 타짜임을 자부하며, 과장된 모습으로 능숙하게 화투패를 돌리거나 상대를 속이는 모습이 재미있었다. 화투가 어느 정도는 명절에 모인 친척들이 즐기는 놀이로 다가오는 면도 있지만, 엄연히 도박 중 하나라는 점을 부인하기는 어렵다.

청소년 도박, 특히 온라인 도박과 관련한 문제는 스마트폰 보급 등으로 최근 몇 년간 증가하고 있다. 한국도박문제예방치유원 자료에 따르면, 불법도박으로 검거된 청소년 수는 2017년 48명에서 2021년 141명으로 지속적으로 늘고 있으며, 처음 노막을 경험하는 평균 연령 또한 어려지는 등 사회문제로 인식되고 있다. 최근에는 수천억 원대 온라인 불법도박 사이트 운영책으로 중학생이 검거되었다고도 한다. 건강보험심사평가원 자료에서도 청소년들이 도박중독에 빠져 진료를 받는 인원 역시 크게 증가함을 나타내고 있다.

한편 청소년 도박문제와 관련한 사회·경제적 비용에 관해 진행한 한 연구에서는 개인과 가족, 사회적 측면 분석을 통해 그 비용이 무려 2조 1,739억으로 추산된다고 밝혔다. 이처럼 청소년 도박문제는 더 이상 일부 비행 청소년 문제로 치부하기는 어려운 상황으로 보인다.

중학교 친구들 간 학교폭력 사안이 접수되었다. 피해를 주장하는 학생은 가해 관련 학생이 자신에게 10만 원이 넘는 돈을 빌려달라고 했지만 돈이 없어서 거절했는데, 이를 빌미로 폭행이 있었다고 했다. 가해 관련 학생은 이를 시인했고 이와 관련한 조치처분이 결정되어 학생들에게 통지되었다.

다만 중학생에게 10만 원이 갑자기 왜 필요했을지, 본인에게는 모아둔 용돈이 없었을지 등 사안과 관련한 내용을 살펴보니 온라인 도박이 연계되었음을 알 수 있었다. 가해 학생이 온라인 도박을 하기 위해 피해 학생에게 돈을 빌리려다 거절당하자 말싸움 끝에 폭행을 가한 것으로 보였다. 다만 약간의 반전도 찾을 수 있었다. 돈을 빌려주지 않아 폭행을 당한 피해 학생도 가해 학생과 정보를 주고받으며 온라인 도박을 해온 사이였던 것이다. 서로 돈을 빌리기도, 빌려주기도 하면서 그렇게 도박을 해왔는데 그날따라 돈이 없다고 안 빌려준 모양이었고 이에 폭행이 있었던 듯했다.

다만 안타까운 점 중 하나는 피해 학생의 보호자는 자식이 맞은 사실만 알고 있을 뿐, 온라인 도박에 함께 참여했다는 점은 잘 모르는 것 같다는 것이다. 학교폭력 사안으로 피해 학생 보호자로 심의에 참석한 학부모에게 자녀가 도박을 하고 있으니 잘 가르쳐야 한다고 함부로 이야기하기는 어려웠다.

이처럼 도박 판돈을 빌려주는 과정에서 학교폭력이 발생하곤 한다. 때로는 도박을 하려고 판돈을 빌려달라는 친구에게 돈을 주면서 이자를 요구하는 경우도 있는데, 이 이자가 대단히 비상식적인 수준

일 때가 많다. 즉 도박하는 친구에게 판돈을 대주면서 사채 이상의 소위 돈놀이를 하는 것인데, 이런 과정에서 생긴 학교폭력 때문에 이중 삼중의 어려움을 겪게 된다.

어른들은 경험해보지 못해 잘 모르는 경우가 많지만, 청소년 온라인 도박 게임을 보면 중독으로 가기 쉽도록 잘 설계되어 있다. 화면에 보이는 캐릭터는 더할 나위 없이 아기자기하고, 게임 형태도 가위바위보나 사다리 타기 혹은 달팽이 같은 캐릭터가 달리기를 하는 등 얼핏 봐서는 도박이라 생각하기보다 그저 아이들이 잠깐 하기 좋은 게임 형태로 눈속임을 하는 것이다.

당연히 청소년 도박도 엄연히 불법이고, 온라인상 도박 사이트는 성인 사이트와 연계된 경우도 많아 성 문제나 심하게는 마약으로까지 확대되는 경우도 있다. 부모님들 주의가 반드시 필요한 이유다.

청소년 도박으로 자녀가 돈 문제를 겪을 경우, 많은 학부모들이 다음에는 절대로 하지 않는다는 조건을 걸고 해결해주곤 한다. 하지만 도박과 관련한 교육기관에서 한결같이 이야기하는 부분이 이런 상황에서 부모님이 돈 문제를 이처럼 쉽게 해결해주면 안 된다는 것이다.

만일 자녀가 온라인 도박을 접해 문제가 생긴 것 같다면, 요즘은 주변에 관련 교육기관이 많으니 상담을 의뢰하면 도움을 받을 수 있다. 적당한 기관을 찾기 어려울 경우 학교에 연락하면 도와줄 것이다.

인생은 한방이라며 도박에 손을 대면, 한방에 나가떨어지기 쉽다. 밑장빼기를 연습하는 친구가 있다면 '동작 그만'을 외쳐야 한다. 현실에서 타짜는 승리하지 못한다는 것을 꼭 알았으면 좋겠다.

## 김 팀장의 사안 관련 팁

당사자 간 금전 거래에 대해서 학교폭력 여부를 결정할 판단 요소를 살펴보면, 서로 돈을 빌려주고 갚는 것에 대해 동의했는지, 만일 갚지 않았다면 의도적이었는지 등이 될 것입니다. 참고로 학교폭력예방법상 학교폭력 유형 중 금품갈취는 의사에 반하여 금품을 강제로 빼앗는 행위가 있을 시 학교폭력으로 인정되는 것으로 보고 있습니다. 위 사안은 금전거래가 사안의 원인이었던 것으로 보이지만, 학교폭력으로 신고된 내용은 신체폭력이었던 것으로 보입니다. 그러나 심의를 떠나 더 큰 문제는 피·가해 학생들이 도박중독에 빠진 것이지 않을까요.

보통 도박에 빠지는 학생들을 살펴보면, 친구나 아는 지인의 권유 때문에 도박을 시작하곤 합니다. 또는 학생들이 쉽게 접하는 메신저, 웹툰, 게임 사이트 내 배너 광고 등의 유혹에 빠져 도박에 발을 들입니다. 불법도박의 게임 방법은 아주 간단합니다. 가위바위보 게임, 스포츠 복권, 홀짝 등 규칙이 매우 간단하고 겉보기에는 확률상 쉽게 돈을 딸 수 있는 것처럼 청소년들을 유혹합니다.

또한 도박을 위해 금품을 모으는 과정에 범죄라고 할 수도 있는 행위가 생기곤 합니다. 그 유형으로는 금품갈취, 무인 가판대의 물품 갈취를 통한 중고 거래, 친구의 휴대폰이나 태블릿 PC 등을 훔치는 행위 등이지요. 보호자는 아래의 청소년 도박 징후에 대해 평소에 잘 살펴보고 자녀의 행동을 확인해보시길 권유드립니다.

1. 친구들에게 빚이 있거나 친구끼리 돈거래를 많이 하는 경우
2. 도박 관련 용어나 은어를 자주 사용
3. 스포츠 경기 결과에 민감해하는 경우
4. 친구나 선후배끼리 금전거래로 인한 갈등
5. 아르바이트를 반드시 해야 한다는 집착
6. 거짓말이 늘거나 뭔가 숨기는 행위 등

참고: 한국도박문제치유원

## 최 변호사의 법률 조언

- 사회적으로 스마트폰 보급이 확대되면서 불법도박이 인터넷을 타고 중·고등학교 교실까지 빠르게 침투하고 있습니다. 경찰청 통계자료에 따르면, 2023년 11월까지 검거된 청소년 도박 사범은 597명으로, 2021년(66명) 대비 약 10배 증가했고, 특히 촉법소년(만 10~14세 미만) 나이의 도박 사범도 2023년 15명에서 2024년 69명으로 급증했다고 합니다.
- 이러한 청소년의 불법도박이 걱정되는 이유는 한번 빠지면 쉽게 빠져나오기 힘들다는 중독성도 있지만, 다른 청소년 범죄를 유발하는 도화선으로 작용하기 때문입니다. 처음에는 단순한 호기심으로 도박을 시작했다가 용돈을 모두 날려 부모님 또는 다른 친구들 지갑에 손을 대거나 자기보다 힘이 약한 동급생을 협박해 돈을 갈취하는 등 다른 학교폭력의 원인이 되기도 합니다.
- 결국 이에 대한 해결방안은 가정과 교육 당국의 예방 교육일 것입니다. 도박과 오락의 차이점을 분명히 교육하여 분별력을 길러주고, 방송 미디어에서도 도박을 오락화하지 않는 등 각별한 주의가 필요합니다.

## 특별한 아이들

학교나 교육지원청별로 명칭이 다르기는 하지만, 학생들 중에는 특수교육을 받는 학생들이 있다. 국가통계포털을 검색해보니 2020년 전국 특수교육대상자는 89,975명(장애영아 포함), 2023년 104,503명(장애영아 포함)이라고 한다. 출처에 따라서는 8만여 명 정도 되는 것으로도 나오나, 일반학교에서 특수교육을 받는 학생들이 몇 년 사이 늘어난 것은 쉽게 확인할 수 있다.

특수학교에 가야 할 만큼 중증이 아닌 경우, 장애가 있는 학생이라도 비장애 학생과 함께 교육해서 그들의 잠재력을 최대한 길러주자는 통합교육 기조에 따른 것으로 볼 수 있다. 한편으로는 특수교육을 담당하거나 장애를 보완해줄 제도가 덜 갖춰진 상태에서 통합교육이 확대되면서 교권침해가 발생하는 경우도 있고, 일반학급에서 비장애 학생과의 갈등이 빚어지기도 한다. 초·중·고 학교급을 떠나 학생들의 개인적 성향 등이 문제되는 경우도 있다.

고등학교 여학생 간 사안이 접수되었는데, 특수교육을 받는 학생이 피해 관련이었다. 주로 점심식사 후 교실에서 학생들이 쉬는 동안 일이 생긴 것 같다. 피해 학생은 약간의 자폐 성향과 함께 틱 증상이 있는데, 가해 학생이 피해 학생을 쫓아다니며 행동을 따라하고 놀렸다고 한다. 주변 학생들이 말렸는데도 이런 행동을 계속했고, 선생님이 개입하여 주의를 주었지만 고쳐지지 않았다.

심의위원회에서 사안과 관련한 질의는 학생에게 하는 것이 일반적이다. 학교폭력을 겪은 당사자이기 때문이다. 하지만 장애가 심하거나 초등학교 저학년 등 질문에 대한 답을 하기 어려운 경우에는 보호자 등이 답변을 대신하기도 한다. 이번 심의일에 출석한 피해 학생 학부모도 학생을 대신해 답변해주었다. 학교폭력을 이해하지 못하는 아이 옆에서 아이의 피해 사실을 진술하는 모습을 보여주기 싫으신지 학생을 잠시 다른 곳에 두고 진술할 수 있냐고 물어보셔서, 안내를 담당하는 사회복무요원을 시켜 학생은 대기실에 있게 했다. 자녀의 특성상 어느 정도는 이해하려고도 했지만, 친구들을 통해 들어보니 가해 학생의 행동이 지속적인 데다 갈수록 심해지는 것 같아 학교폭력 사안접수를 하게 되었다고 했다. 초등학교 때부터 아이를 학교에 보내면서 겪은 여러 어려움들이 떠올랐는지 눈물을 흘리는 모습이 안타까웠다.

가해 학생은 그나마 다행히 자신의 잘못을 인정했다. 다만 자신의 행동에 대해 피해 학생도 거부하는 모습을 보이지 않았다고 생각해서 그런 행동을 했었던 것 같다. 학교에서도 장애학생들에 대한 교육이 의무적으로 실시되지만, 평가를 하는 것도 아니니 모든 학생이 그러한 교육을 잘 받아들이지는 못하는 것이 현실이다. 마침 참석한 심의위원 중 장애나 심리상담 등과 관련한 전문가 위원이 있어, 가해 학생과 보호자에게 주의를 주었고 앞으로 조심하겠다는 다짐을 받을 수 있었다.

반면 특수교육 대상인 학생이 가해 관련 학생으로 사안이 접수되기도 한다.

중학교 축제 기간에 생긴 일이었는데, 특수반 학생이 다른 학생을 폭행한 건이었다. 강당에서 친구들 공연이 있었는데 잘 안 보인다며 앞에 앉은 피해 학생을 때렸다고 했다. 피해 학생은 가해 학생이 특수반에 있고 해서 어느 정도 이해하려고도 했지만, 폭행 정도가 심해서 학교폭력 사안접수를 하게 되었다고 했다. 마침 CCTV 자료가 제출되었는데 머리를 맞은 피해 학생이 몸을 휘청거릴 정도의 폭력이 두세 차례 이어졌던 것 같고, 이로 인해 약간의 상해도 입은 듯했다.

가해 관련으로 출석한 학생과 보호자는 잘못을 인정하기는 했지만, 학생은 자신의 잘못을 잘 떠올리지 못하는 모습이었다. 이 사안에서도 보호자는 학교에서 전화가 오면 가슴이 철렁한다며 아이를 키우는 과정에서의 어려움을 떠올리며 눈물을 흘렸다.

학생 진술 이후 피해 학생에 대한 보호조치와 가해 학생에 대한 선도조치를 논의할 때 학생의 장애 정도도 함께 고려되지만, 절대적인 것은 아니다. 이미 많은 치료나 상담, 교육을 받고 있을 학생과 보호자에게 특별교육을 부과하는 것이 실효성이 있을지 논의되기도 한다. 일반 학생들에 대한 조치처분도 어렵지만, 특수교육 대상 학생에 대한 처분은 더욱 생각할 내용이 많아진다. 하지만 공부를 떠나 학교에서 선생님 말씀 잘 듣고, 친구들과 그저 건강히 잘 보내고 오기만을 바라며 하루하루 지내는 보호자 마음을 헤아리기는 어려울 것이다.

요즘은 조금 식상한 느낌이 드는 표현이지만, 한 아이를 키우려면 온 마을이 필요하다는 말이 있고, 그 한 아이에는 당연히 특수교육을 받는 아이도 포함된다. 조금 다르게, 누구보다 열심히 학교생활을 해나가는 아이들이 적어도 학교폭력과 연관되어 낯선 장소를 두리번거리며 심의에 참석하는 일이 조금이라도 덜 있으면 좋겠다. 모든 아이들이 각자의 특별한 삶을 살 수 있기를 응원해본다.

## 김 팀장의 사안 관련 팁

　학교폭력 가해 학생에 대한 조치별 적용 세부기준에서는 고려해야 할 사항으로 여러 가지를 들고 있는데 그중 하나가 피해 학생이 장애 학생인지 여부 등입니다. 즉, 가해 학생이 장애를 가진 피해 학생에게 가해 행위를 할 시 조치의결에서 가중을 할 수 있다는 것입니다.

　학교 내에서 장애학생을 판별하는 것은 어렵지 않습니다. 요즘은 새 학기 시작 시 담임선생님께서 학급 내 규칙 및 주의사항 등을 통해 배려해야 할 친구를 알려주기도 하며, 필요한 경우 학급 안에서 봉사도우미를 지정하여 장애학생이 학교생활을 잘할 수 있도록 돕기도 하니 어떤 친구가 장애를 가졌는지는 충분히 인지할 수 있습니다. 그럼에도 불구하고 보통 가해 학생은 "그 친구가 장애를 가진 특수교육 학생인 줄 몰랐다. 보통의 일반학생과 똑같다고 생각했다"라고 대부분 변명으로만 일관하는 모습을 보이곤 합니다. 물론 일부의 경우에는 상대 학생이 장애를 가졌는지에 대해 인지하지 못할 수도 있습니다. 그렇다고 해도 거부의사를 보이지 않았다며 지속적으로 폭력을 가했던 행위에 대한 변명이 될 수는 없습니다.

　심의위원들은 여러 가지 증빙서류를 통해 관련 학생들의 장애 여부를 확인할 수 있습니다. 굳이 이를 확인하지 않더라도, 학생들은 하루 일과 중 대부분 학교 내에서 활동하는데 장애학생과 비장애학생의 차이를 분명 사전에 인지하고 있을 것이라고 추측해도 큰 무리가 없을 것입니다.

가해 학생 및 보호자는 어설픈 변명보다 자신의 잘못을 인정하고 사과의 뜻을 피해 측에 전달하는 것이 가장 옳은 선택일 것입니다. 더 나아가 장애인식을 개선하기 위한 노력을 하겠다고 진술하거나 심의 전 이와 관련한 교육을 받고 왔다면 조치의결 시 최소한 가중되지는 않을 것입니다.

특수학생 간의 학교폭력 사안은 심의하기에 매우 어려운 면이 있습니다. 왜냐하면 학교폭력여부 판단 시 첫째 판단 요소가 학교폭력의 고의성이기 때문입니다. 가해 학생이 고의적으로 가해할 목적으로 어떤 행동을 했는지 판단하는데, 특수학생 간의 사안은 고의성을 인정하기 어려워 접수된 사안에 대해 학교폭력 아님으로 결정이 나기도 합니다. 이 같은 이유로 장애학생 간 학교폭력 사안은 학교장 자체해결 혹은 화해중재 프로그램을 통해 해결하는 경우가 종종 있습니다. 심의를 통해 가해 학생에 대해 선도조치를 의결하더라도 학교 내 특수학급은 단일학급인 경우가 많아 전학이라는 중한 조치가 아닌 이상 관련 학생 간 학교생활에 어려움이 있고, 사실 다른 학생들 경우와 마찬가지로 대부분 사안이 경미하기도 합니다. 무엇보다 학교폭력이 발생하지 않도록 사전 교육을 철저히 하고, 도우미를 배정하거나 위험요소를 제거하는 등의 주의를 통해 학교폭력을 예방할 수 있도록 힘써야 할 것입니다.

## 최 변호사의 법률 조언

- 서울시교육청이 지난해 특수교육 대상 학생 2,400여 명을 대상으로 학교생활에서의 인권침해를 경험한 적이 있는지 조사했는데, 응답자 10명 중 1명 꼴인 11.6%가 학교에서 따돌림을 당한 적이 있다고 응답했습니다. 특수교육 대상 학생은 따돌림 이외에도 언어폭력(8.6%), 신체폭력(5.7%), 강요·괴롭힘(3.3%), 사이버폭력(2.2%), 금품갈취(1.8%), 성폭력(1.2%) 등의 학교폭력을 경험했다고 응답했다 합니다.
- 이러한 장애학생의 특수성으로 인하여 학교폭력예방법 제17조 제13항에서는 "심의위원회는 가해 학생이 특별교육을 이수할 경우 해당 학생의 보호자도 함께 교육을 받게 해야 하며, 피해 학생이 장애학생일 경우 장애인식개선 교육내용을 포함해야 한다"라고 규정하고 있고, 같은 법 시행령 제19조 제5호는 가해 학생에 대한 처분을 결정하는 기준에서 '피해 학생이 장애학생인지 여부'를 고려하도록 명시하고 있습니다.
- 따라서 피해 학생이 특수교육 대상 학생일 경우, 가해 학생은 일반학생들끼리의 사안에 비해 더욱 가중된 처분을 받을 수 있으니 이 점 유의하셔야 합니다.

## 하쿠나 마타타

영화 '라이온 킹'은 1994년 월트 디즈니에서 제작하여 개봉한 영화로, 많은 사랑을 받았다. 애니메이션으로 제작되었는데 2019년에 실사판이 개봉되기도 했고, 영화를 바탕으로 뮤지컬이 제작되어 세계 여러 나라에서 공연되고 있기도 하다.

사자 무파사 왕과 사라비 왕비의 아들인 심바가 여러 역경을 겪지만 왕국을 통치하게 된다는 줄거리로, 다양한 동물들이 선과 악으로 나뉘어 이야기를 재미있게 만들어간다. 이 영화에서 '하쿠나 마타타'는 미어캣 티몬과 멧돼지 품바가 아기사자 심바에게 골치 아픈 지난 시간에 사로잡히지 말고 현재에 충실하라는 조언을 하며 흥겹게 부르는 노래 가사다. 이 영화를 보았다면 누구나 한 번쯤 노래를 흥얼거렸던 기억이 있지 않을까 싶다.

학교폭력이라는 어려움을 겪은 아이들도 심바처럼 꿋꿋하게 이겨내고 잘 커나갈 수 있을까. 어른들이 고민하고 도와주어야 할 것이다.

고등학교 남학생 간 다툼으로 사안이 접수된 아이들이 있었다. 한 아이가 다른 아이를 지속적으로 괴롭혀왔다는 내용이었고, 여러 건의 CCTV 자료도 증거로 제출되었다.

피해를 주장하는 학부모는 여러 차례 교육지원청에 전화해 심의 진행 절차를 문의하고, 제출한 자료가 잘 접수되었는지 확인을 거듭했다. 관련 학생들에게 안내되는 이메일 주소로 자료를 제출하면 이를 확인하고 심의위원들이 볼 수 있도록 제공됨을 반복하여 안내했지만 문의가 이어졌다. 지난번에 안내한 적이 있었고, 자료는 잘 들어왔다는 안내를 반복하던 중 문의를 계속하던 아버지가 미안했는지 이런 내용의 말을 전했다.

"장학사님도 바쁠 텐데 저번에도 물어보고 또 물어보아 미안하다. 하지만 내 아이가 작년에도 똑같은 상대 아이에게 학교폭력을 당해서 심의가 진행되었는데 원하는 대로 조치가 나오지 않았다. 그래서 이번에는 제대로 조치결정이 나왔으면 해서 하나하나 확인하는 중이다."

이런 민원은 자주 들어오는 편이다. 가해 학생 또는 피해 학생 모두 자신에게 원하는 조치, 상대방에게 내려졌으면 하는 조치가 있는데, 성에 차지 않으면 학교와 교육지원청을 탓하게 된다. 솔직히 가끔은 짜증이 날 수 있지만 부모로서, 혹은 의도치 않게 학교폭력을 접하게 된 당사자로서 느끼게 될 당황스러움을 충분히 이해할 수 있기에 차분히 응대하며 도움을 주려 노력한다.

이번 사안을 보니 보호자 이야기대로 작년에 학교폭력 피해 학생으로 사안접수되었고, 피해 학생 보호조치와 가해 학생 선도조치가 결정되었지만 둘 사이의 갈등은 여전한 모양이었다. CCTV 자료를 통해서는 주로 방과후에 학교 주변 편의점에서 물건을 살 때 한 아이가 다른 아이를 때리거나, 라면 등을 먹으며 대화를 나눌 때 폭력이 가해지는 모습을 볼 수 있었다. 장난이라고 하기엔 꽤 심하게 때리는 모습이었다. 하지만 자료를 보고 있노라니 "왜 이 아이는 이렇게 폭력이 반복되는데 상대 아이랑 계속 어울리는 거지? 이제 중학교도 졸업하고 고등학생인데 다른 아이랑 놀면 안 되나?" 하는 생각을 하게 되었다.

심의 때 위원들이 이 부분에 대해 질문했는데, 이미 두 학생 간 친구 관계가 오래되었고 처음 교우 관계가 형성될 때에는 둘 사이가 좋았던 편이어서 그러려니 하던 게 어느새 폭력이 되고 계속 이어진 것 같다는 대답이 있었다. 안타까운 부분이었다.

피해 학생 측에 원하는 조치를 물어보니 상대 학생 전학을 요청했다. 지속적인 폭력에 대해 학교에서 제대로 보호하지 못했다는 원망 섞인 주장도 있었다. 하지만 자료를 검토해보니 학교에서는 두 학생 간 서로 주의하여 지낼 것을 안내하면서 생활지도를 꾸준히 진행했다는 것을 확인할 수 있었다. 심의 시 보호자에게 두 학생 사이 폭력이 있었던 시간과 장소를 보면 주로 방과 후 편의점 등이었던 것 같은데, 이는 일과 외 학교 밖의 일이어서 학교에서 관리하기 어려운 부분이 있다는 염려를 전했다. 이런 경우 학생들이 고등학생이기도 해서 본인 또는 특히 가정에서의 지도가 꼭 필요한 것이다.

가해 학생 측은 다행히 가해 사실을 전반적으로 시인하고 잘못을 반성하는 모습을 보여주었다. 하지만 뜬금없이 상대 학생이 자신에게 성희롱성 발언을 해서 화가 나서 때렸다는 주장을 하기도 했다. 엉뚱한 주장이었다. 진술을 들어보니 학생들 간에 폭력으로까지 인정되기 어려운 범위에서 일상적으로 주고받는 여러 말들 중 일부를 성희롱성 발언이라고 여기고 이런 주장을 하는 것 같았다. 하지만 폭력의 이유로 인정하기 어려웠다. 결국 지난번 심의 이후 1년 넘게 지속된 폭력과 두 학생 간의 갈등 관계 등을 고려하여 높은 정도의 조치처분이 결정되었다.

이 두 학생 외에도 여러 학생들이 피해든 가해든 학교폭력을 한 번 겪고 나서도 다시 교육지원청에 심의요청되어 진술을 하기 위해 출석하곤 한다. 심하게는 한 학년도에 두 번 이상 출석하기도 한다. 낯익은 얼굴을 다시 보는 건 절대 반가운 일이 아니다.

"그래, 과거는 아플 수 있지. 하지만 너는 그것으로부터 도망칠 수도 있고 배울 수도 있지."

자신이 실수했던 과거를 떠올리며 마음 아파하는 심바에게 건네는 영화 속 대사다. 어른들도 실수하고, 과거를 아파할 수 있다. 학교폭력을 한 번 겪었다면 지나간 과거를 통해 스스로를 되돌아보고 더욱 성장해나간다면 어떨까. 주위 어른들이 그저 상대와 학교, 교육지원청만 탓하기보다 차분히 친구관계를 살펴보고 다시 힘을 내서 학교생활을 잘 해나갈 수 있도록 관심을 가지며 돕는다면 더욱 좋을 것이다. 지난 상처에 사로잡혀 너무 오랜 시간 힘들어하기보다 현재에 충실하게 자신을 가꾸어나갈 수 있기를, 그러면 반드시 행복하게 살아갈 수 있을 것이다.

하쿠나 마타타~!

# 김 팀장의 사안 관련 팁

　위 사안은 피해 학생 측이 첫 심의 시 조치의결에 불만족하여, 다시 증거자료를 모은 후 가해 학생에 대한 추가신고로 더 합당한 조치를 내려주길 기대하는 것으로 보입니다. 아마도 가해 학생 측은 심의 시 피해 학생이 신고한 것에 대한 불만으로 본인도 피해를 봤다고 억지 주장을 펴는 것으로도 여겨집니다.

　학교폭력 접수 시 관련 학생이 같다면 모든 사안에 대해 병합하여 심의하는 것이 피·가해 관련 학생 및 보호자나 관계기관도 수월하고, 무엇보다 무분별하게 학교폭력 가해자를 양산하는 것을 줄이는 효과도 있습니다. 그럼에도 이 사안을 보면 아마도 두 번째 심의 결과도 만족하지 못하면 다시 새롭게 심의를 요청할 수도 있지 않을까 염려되기도 합니다.

　피·가해 측은 대개 학교폭력대책심의위원회 심의 결과에 만족하지 못하는 경우가 많습니다. 만일 이의를 제기한다면 행정심판과 행정소송 같은 절차를 요청하면 됩니다.

　사안 내용에 따라 다르겠습니다만, 일반적으로 학교폭력으로 피해를 입는다면 당사자 학생에겐 "그만해라"라는 정확하고 강력한 의사 표현이 필요합니다. 물론 가정과 학교에서 더 적극적인 교육이 따라야 할 부분이기도 합니다. 이 사안에서 가해 학생은 피해 학생의 거부의사 및 학교에서의 주의에도 불구하고 별다른 반성을 하지 않고 오히려 본인도 피해를 봤다고 주장하며 1년간 가해행위를 지속한 것으로 보입니다.

  자녀 성향에 따라 학교폭력과 관련하여 피해자 혹은 가해자로 접수되는데, 대체적으로 내성적인 학생들이 학교에서 친구들 간 주변인으로 지내다가 학교폭력 피해 학생으로 접수되는 경우가 있습니다. 내성적인 학생들은 종종 기존 인간관계 유지에 대한 부담감 때문에 문제를 참아내는 경우가 있습니다. 물론 이는 단순히 성격적인 특성 때문만이 아니라, 새로운 친구를 만들기까지 긴 시간이 소요되고 학교생활 적응에 어려움을 겪을 수 있다는 현실적 고민에서 비롯된 것이기도 합니다.

  반대로 외향적인 학생들은 진취적이고 도전적인 성격 탓에 가해 학생으로 종종 접수됩니다. 외향적인 학생은 친구들 사이에서 인기가 많고 주도적인 역할을 하게 되어 이로 인해 그늘 행농이 다른 학생들에게 많은 영향을 미치는데, 이때 부정적인 행동이 전파될 수 있습니다. 또한, 감정을 솔직하게 표현하는 경향이 다른 사람에게 공격적으로 받아들여질 수 있습니다. 혹은 지나친 승부욕이나 경쟁심을 보이다가 다른 학생을 괴롭히거나 위협하는 행동으로 이어질 수 있으니 주의해야 할 필요가 있습니다.

  자녀 성격에 따른 학교폭력 예방을 위해 아래 몇 가지 조언을 참고로 하는 것도 좋을 것 같아 적어봅니다.

**내성적인 학생**

첫째, 신뢰할 수 있는 사람(친구, 가족, 교사)에게 본인과 주변 이야기를 자주 하기
둘째, 학교폭력 발생 시 당시 상황이나 감정을 기록하며, 증빙사진이나 영상이 있다면 확보하여 남겨놓기
셋째, 일기를 통해 자신의 감정을 표현하거나 그림 그리기, 음악 듣기 등으로 스트레스 해소하기
넷째, 신속한 신고를 통한 재발방지 요구 혹은 학교 내 상담실을 적극 활용하여 마음 다스리기

**외향적인 학생**

첫째, 서로의 차이를 존중하는 환경을 조성하여 친구와의 긍정적인 관계 형성하기
둘째, 자신의 감정을 솔직하게 표현하고 다른 사람 감정도 이해하려고 노력하기
셋째, 갈등 상황에서 폭력적이기보다 침착하게 문제를 해결하려는 방법을 배우고 연습하기
넷째, 문제가 발생했을 시 교사와 주변인에게 도움 요청하기

## 최 변호사의 법률 조언

- 본 사안에서 학교폭력 신고 증거로 CCTV가 언급되었으니 관련 법에 따라 학교 CCTV 영상 열람 절차에 대해 설명해보겠습니다.

- 때로는 학교폭력 피해를 신고하기 위해 학교 내에 설치된 CCTV 열람이 필요할 수 있습니다. 그러나 학교의 CCTV는 주로 운동장이나 복도 등 다수의 학생들이 활동하는 공간을 촬영하기 때문에 내 자녀의 모습뿐만 아니라 다른 학생들 모습까지도 담깁니다. 이로 인해 학교 CCTV를 관리하는 학교장은 다른 학생의 개인정보보호를 위해 개인정보보호법 제35조 제4항에 따라 학부모의 CCTV 열람을 거절할 수 있습니다.

- 이때 학부모는 표준개인정보보호지침 제46조에 따라 다른 학생들 모습을 비식별화조치(모자이크)한 후 CCTV를 제공해달라고 청구할 수 있는데요, 비식별화조치 비용은 학교가 아닌 학부모가 부담해야만 하고 그 비용이 상당하여 CCTV 열람 및 확보에 어려움을 겪을 수 있습니다.

- 따라서 CCTV 열람을 원하는 학부모는 상대 학생에 대한 경찰 고소를 통해 수사기관에서 해당 CCTV를 확보하도록 하거나, 법원에 직접 증거보전 신청을 하는 방법 등으로 모자이크가 없는 CCTV 영상증거를 확보할 수 있습니다.

## 형제의 난

'가족 같은 분위기'라는 말은 어떤 집단의 구성원들이 일을 하거나 함께 지낼 때 편안함을 나타내는 경우가 있다. 하지만 많은 말들이 그렇듯 '가족'이라는 단어 역시 받아들이는 사람에 따라 의미가 다를 수 있다. 신규 직원을 채용한 회사가 환영 또는 다 같이 열심히 일하자는 의미로 "우리 회사는 가족 같은 분위기예요"라고 말할 때, 그 직원은 가만히 속으로 '가족은 집에 있어요'라고 생각할지도 모른다. 또한 주위를 둘러보면 화목한 가족만 있는 게 아니다. 많은 집들이 가족 중 일부가 일탈하는 등으로 인해 속을 썩이는 경우가 많다는 것을 다들 잘 알고 있지 않은가.

가족의 일부인 '형제'도 마찬가지일 것이다. '형제처럼' 우애 있게 지낼 수 있는 사람들도 많겠지만, 서로 앙숙인 형제도 있다. 역사 속에서도 이런 경우는 흔히 찾을 수 있는데, 조선 초기 왕위 계승권을 둘러싸고 태조 이성계의 아들들이 '왕자의 난'으로 불리는 다툼을 벌였다. 보통 집안에서야 형제들끼리 좀 싸워도 사이가 멀어지는 정도일 텐데 왕권을 둘러싼 이 형제들은 서로 죽고 죽이는 싸움을 했다는 것을 역사가 보여주고 있다. 요즘은 특히 재벌가를 보면 특정 기업의 오너가 사망할 경우 자녀들이 경영권을 차지하기 위해 서로 남부끄러운 다툼을 벌이는 것을 심심찮게 볼 수 있다. 하지만 역설적이게도 주식 투자

자들에게 이때는 돈을 벌 수 있는 절호의 기회가 되기도 한다.

학교폭력 사안에서도 형제와 관련된 일들이 접수되는 경우가 있다. 중학교와 고등학교에 다니는 형제가 있었는데 어느 날 다툼이 있었던 모양이다. 흔히 있는 일이다. 하지만 그 이후가 문제였다. 형이 미워진 동생이 형 방을 난장판으로 만들었다. 조금 어지럽혔다면야 문제가 되지 않았을 텐데 날계란을 던져놓고, 먹다 남은 라면을 국물째 쏟았다. 이것도 모자라서 형의 노트북을 중고 시장에 팔아서 그 돈으로 술과 담배를 샀다고 한다. 주변 친구들이 이 사실을 알게 되었다. 처음에는 친구가 술과 담배를 주니 좋아라 했겠지만, 돈이 어디서 났는지 알게 되고선 이제 어지간히 하라고 말렸다고 한다.

이런 일을 알게 된 학생 아버지가 학교폭력 사안을 접수했다. 처음에는 어차피 집안일인데 아버지가 혼내면 될 일이지 굳이 이걸 학교폭력 사안접수까지 해야 할까 싶었다. 그래도 말 안 듣는 형제가 이번 일로 정신 차리라고 굳이 학교폭력으로 접수한다면 당연히 피해 관련은 형, 가해 관련은 동생이 되어야 할 듯했다. 하지만 아니었다.

학생 아버지는 착한 내 둘째 아들을 친구들이 꼬드겨서 이런 일이 생긴 것이라며 친구들을 학교폭력 가해 관련으로 신고했다. 가끔 학교생활에 문제가 있긴 했다지만 함께 어울려 지냈던 친구들은 자기도 모르게 형제들 다툼에 말려들어갔고, 결국 학교폭력 관련으로 조사를 받고 심의에 출석하도록 통보된 것이다.

심의에 출석한 학생들은 당연히 억울함을 이야기했다. 술과 담배 일부를 받은 적이 있긴 하지만 갈취를 한 사실도 없었고, 폭행 등 물리적 피해도 없는 것으로 보였다. 심지어 피해 관련으로 출석한 학생 역시 형과의 다툼으로 이런 일이 생긴 것이지, 친구들로 인한 피해는 없다고 진술했다. 하지만 아버지는 여전히 내 아들이 너무나 착하게 잘 크고 있는데 잘못된 친구들 때문에 나쁜 영향을 받고 있다고 주장했다.

결국 피해 관련 학생 본인이 피해를 부정하는 내용을 고려하여 조치를 결정하고 심의는 마무리되었다. 다행히 이후 별다른 이의제기는 없는 것으로 알고 있다. 형제가 이번 일을 계기로 다시 우애를 찾고 행복하게 잘 살았답니다~라고 끝나면 좋으련만, 어떻게 지내는지는 잘 모르겠다.

열 손가락 깨물어 안 아픈 손가락 없다는 말이 있는 것처럼 자기 자식은 누구 하나 경중 없이 소중한 존재다. 하지만 정말 아이를 사랑한다면 따끔하게 혼을 내야 할 때는 혼낼 수 있어야 하지 않을까. 그리고 적어도 내 아이의 잘못된 행동의 원인을 다른 아이들에게서만 찾지는 않아야 한다. 좋은 친구를 사귀게 하고 싶다면 먼저 좋은 사람이 될 수 있도록 한 번 더 아이에게 귀 기울이고, 눈 마주치며 지내는 부모들을 많이 만나면 좋겠다.

## 김 팀장의 사안 관련 팁

　형제간 일로 엉뚱하게 동생 친구들이 가해자로 둔갑한 사안입니다. 가해 관련 학생 및 보호자들은 오히려 정신적 피해를 봤다고 쌍방신고를 해도 무방할 사안입니다. 만약 피해 측 학생이 거짓으로라도 자신이 협박을 받아 형의 노트북을 팔았다고 주장한다면 가해 관련 측은 억울하게 가해조치를 받을 수도 있습니다. 다행히 이 사안에서는 최악의 결과를 받지 않고 잘 마무리되었지만, 혹여나 가해자로 지목된 학생들은 최대한 자신들이 가해한 사실이 없다는 증빙자료를 준비하는 것이 현명합니다. 만일 증빙자료가 없다 해도 논리적으로 설명한다면 형법과는 달리 학교폭력예방법은 교육적 해결 및 선도 교육을 위한 조치를 목적으로 하므로 억울한 결과는 받지 않을 수 있습니다.

　어느 학부모는 자녀와 관련된 학교폭력 피해신고만 해도 보상금이 지급되는 보험에 가입한 이후, 자녀의 반 학생들을 수십 차례 가해자로 신고하여 보상금을 받는 사례까지 등장했다고 합니다. 아무런 문제 없이 학교생활을 하는 다른 자녀를 상대로 피해 보상을 받기 위해 학교폭력 신고를 하는 행위가 자신의 자녀에게 어떻게 비쳐질까요? 자녀가 금전적 보상을 위한 기계로 전락한 사회의 단면을 보여주는 것 같아 씁쓸합니다. 다시 한번 자녀를 키우는 부모 역할을 되돌아봐야 할 것 같습니다.

## 최 변호사의 법률 조언

- 위 사안의 학부모는 자녀들 사이의 문제를 애꿎은 다른 학생들 탓으로 돌리는 듯합니다. 가해 관련 학생으로 몰린 친구들이 피해 관련 학생에게 술과 담배를 사오라고 강요한 적도 없고, 피해 관련 학생이 자발적으로 가해 관련 학생들에게 술과 담배를 준 것이라면, 이에 대한 학교폭력 신고는 그 자체로 허위신고가 될 수도 있습니다. 그리고 허위 정도가 심하다면 무고로서의 학교폭력이 될 여지도 있어 보입니다.
- 안타깝지만 학교폭력예방법에는 아직 이러한 무고성 허위신고를 각하하여 심의하지 않거나 신고자에 대해 책임을 묻도록 하는 방법이 없습니다. 허위신고에 대해서도 일단은 심의를 해서 시시비비를 가려내야만 합니다.
- 이처럼 상처받은 학생이나 학부모가 아픈 마음을 허위신고로 표현하는 경우, 적어도 이러한 허위신고에 대해서는 무고죄로 접근하기보다는 서로 대화하면서 화해로 나아갈 수 있는 교육적 노력들이 좀 더 많아졌으면 좋겠습니다. 다만, 아직 그것이 어렵다면 허위신고를 당하는 상대 학생들도 고려해서 이러한 사례를 예방할 수 있는 제도도 마련되면 더할 나위 없이 좋겠습니다.

## 용서는 힘이 세다

우리나라에서는 '장발장'이라는 제목으로도 잘 알려진 「레미제라블」이라는 소설이 있다. 이 소설에서 주인공 장발장은 빵을 훔친 죄로 19년이라는 오랜 기간 감옥살이를 하며 세상을 미워하게 된다. 시간이 흘러 출소했지만 갈 곳 없는 그를 맞아주었던 성당에서 은식기를 훔치다가 들키는데, 성당 사제는 그 은식기는 자신이 준 것이라며 장발장을 감싸고 오히려 은촛대까지 선물한다. 장발장은 마음의 분노를 이겨내고 이후 선한 삶을 살게 된다.

그런데 소설에만 이런 일이 있는 것일까.

국수값을 떼먹고 도망가는 노숙자에게 넘어지면 다치니 그냥 가라고 외쳤다는 시장 할머니도 있고, 통도사 시주함에서 3만 원을 훔친 소년을 눈감아주었는데 어른이 된 후 사죄의 편지와 함께 200만 원을 시주함에 넣고 갔다는 기사가 나온 적도 있었다.

개신교, 불교, 천주교 등의 교리에서는 원한을 품지 말고 살아갈 것을 권한다지만, 종교적인 가르침이 아니고서야 일반적인 사람들이 그렇게 살아가기는 너무나 어려운 일이다.

학교폭력 사안을 접하면서도 그렇다. 피해 관련 학생과 학부모 측에서는 매번 '엄중한 처벌'을 요구하기 마련이다. 그리고 상대방이 진정한 또는 진심 어린 사과를 하지 않는다면서 억울함을 이야기한다.

하지만 이야기를 듣다 보면 상대 학생 쪽에서는 심지어 정말 무릎을 꿇고 사과를 했는데도 받아주지 않는다면서 도대체 어떻게 해야 사과를 받아줄 것인지 호소하는 경우도 있다.

이대봉 참빛그룹 회장이라는 분이 2024년 10월 세상을 떠났다.
이분은 1987년 미국 출장 중 아들이 병원에 갔다는 소식을 듣고 급히 돌아왔고, 선배들의 학교폭력이 있었다는 사실을 알게 된다. 돌아오는 비행기 안에서 학교를 다 부숴버리겠다고 다짐했다고 한다. 어쩌면 당연한 일이다. 하지만 영안실에 누워 있는 아이를 보면서 복수를 한다고 아이가 살아 돌아오는 것도 아니라며 마음을 바꾼다. 심지어 담당 검사도 선처를 반대했지만 가해 학생을 위한 구명 운동까지 했고, 그 학생은 서울대에 진학했다고 한다. 하지만 정작 그 애를 더 보면 마음이 무너질까봐 절대 찾아오지 말라고 했다는 그는, 아들이 다니던 학교를 인수하여 이사장이 된다. 돈이 없어 학교를 다니지 못하는 학생이 없도록 장학금도 주고, 학교에 입학하는 신입생에게 가장 먼저 학교폭력 예방교육을 실시하면서 우리나라에서 가장 멋진 학교를 만들어나갔다. 그 학교가 예술 관련한 고등학교 중 최고 명문으로 꼽히는 서울예고다.

또 다른 분으로 김종기 푸른나무재단 명예이사장도 있다.
1997년 당시 16세였던 아들(고 김대현)이 학교폭력으로 세상을 떠났다고 한다. 심지어 아파트에서 투신했지만 다행히 차 위에 떨어지면서 살았는데, 걸어 올라가 다시 몸을 던져 세상을 떠났다고 한다.

처음에는 학교폭력 가해 학생들을 없애버리겠다는 마음이었지만, 벌벌 떨기만 하는 학생들을 보면서 복수하려는 마음을 접고, 제2의 대현이가 나오지 않도록 해야겠다는 생각을 했다고 한다.

대기업 임원으로 재직하던 그가 설립한 푸른나무재단에서는 학교폭력 예방교육을 지속적으로 실시하고 있다. 김종기 이사장은 그 공로를 인정받아 아시아의 노벨상이라고 하는 막사이사이상도 수상했다고 한다. 세상을 떠난 아들의 친구들이 여전히 찾아온다는데, 그중 자주 이야기되는 친구가 가수 성시경이다. 성시경은 방송 등에서 이 이야기를 가끔 전하며 친구를 추억하고 학교폭력과 관련한 주의를 당부하곤 한다.

학교폭력 사안 처리 업무를 담당하는 공무원으로서, 용서와 처벌 중 어느 것이 나은 것인지 이야기하기는 어렵다. 개별 사안마다 내용이 다 다르기 때문이다. 하지만 어쨌든 이곳은 학생을 '교육'하는 것이 중심인 곳이다. 피해 학생에 대한 보호처분과 가해 학생에 대한 선도처분 모두가 학생에게 보다 교육적으로 다가갈 수 있기를, 그래서 그 학생들이 결국 좀 더 나은 어른으로 살아가길 희망해본다.

## 김 팀장의 사안 관련 팁

학교폭력 사안접수 시 피해 관련 학생과 보호자 측은 사안 내용을 떠나 가해 관련 학생에 대해 강제전학 또는 퇴학 등 엄중한 처벌을 요구하는 경우가 많습니다. 하지만 2024학년도 한 교육지원청의 가해 학생에 대한 선도 및 교육적 조치 중 약 90% 정도는 학교폭력 아님 및 경미한 조치(제1호 서면사과, 2호 접촉, 협박, 보복행위 금지, 3호 학교에서의 봉사)였습니다. 이렇듯 집단 폭행, 성폭력, 영상 유포 등 심각한 사안이 아니라면 4호 사회봉사 이상 결정되기는 어렵습니다.

최근에는 학교폭력 가해 학생에게 대학입시에서 불이익을 가한다는 것을 우려하여 가해 학생과 학부모들이 사안 발생 즉시 피해 학생에게 사과 및 용서를 구하는 횟수가 늘고 있습니다. 다만 여기에서 사과를 받아들이는 주체는 피해 학생 및 보호자이며, 진심어린 사과 정도 잣대가 주관적이며 천차만별이라는 것이 문제입니다. 심지어는 초등학생 간 단순한 갈등임에도 학교 현관과 정문에 본인이 정한 크기의 공개사과문을 게시하고 전학을 가야 사과를 받아들이겠다는 경우도 있습니다. 어쨌든 그럼에도 최대한 빠른 시간 내에 진심어린 사과 편지나 사과 의사를 전할 수 있도록 많은 노력을 기울여야 할 것입니다.

보통 사과문 편지에는 사안 내용을 작성하면서 변명을 함께 쓰는 경우가 있습니다. 이는 보나마나 오히려 불난 집에 기름 붓는 격이 됩니다. 사과문을 작성해야 한다면 아래와 같은 내용을 고려해보면 어떨까요.

첫째, 학교폭력 사안에 대해 솔직히 사실인정을 하고, 본인이 어쩔 수 없이 그런 행동을 해야만 했다고 작성하지 않는다.

둘째, 본인의 잘못된 행동에 대해 책임을 진다는 마음을 글로 표현하고, 피해 학생 및 보호자가 진심을 느낄 수 있도록 작성한다.

셋째, 피해 학생에 대한 치료 및 심리적 안정을 위한 상담 등과 관련한 비용을 보상하겠다는 약속을 전하거나, 가해 학생이 신체적 상처를 주었다면 우선 치료 약품 등을 함께 전달하는 행동을 보인다.

넷째, 재발방지를 위해 가해 학생 및 보호자가 함께 상담을 받는다거나 가정에서의 교육을 하겠다는 구체적인 계획을 작성한다.

## 최 변호사의 법률 조언

- 학교폭력 사안의 피해 학생과 그 학부모는 늘 상대방의 진정성 있는 사과를 강조합니다. 그러면서 심의위원회에 출석하기까지 가해 학생 측의 제대로 된 사과를 받지 못했다고 호소합니다.
- 실제로 가해 학생이 혐의를 전면 부인해 피해 학생 주장대로 사과하지 않은 경우도 많지만, 실상을 들여다보면 가해 학생이 이미 사과를 했어도 진심이 느껴지지 않았다거나 선생님이 시켜서 억지로 사과한 것이라고 주장하는 피해 학생 측 학부모가 많습니다.
- 특히 요즘에는 학교폭력 사안이 발생하면 가해 학생과 피해 학생을 즉시 분리조치하고, 긴급조치로 가해 학생의 출석정지까지 가능하게 되면서, 가해 학생에게 진심으로 사과할 기회조차 주어지지 않는 경우도 있습니다. 이럴 때 어떻게 사과해야 하는지 물어보시는데, 이때는 학교를 통해 피해 학생 측 학부모에게 사과 의사 전달을 부탁하면서, 자신의 번호를 먼저 알려주고 피해 학생 측이 연락해오길 기다리는 방법밖에 없습니다.
- 이처럼 피해 학생과 가해 학생 모두 서로 사과받고 사과하길 원하는데도 긴급조치 때문에 용서의 힘이 발휘되지 못하는 때가 많습니다. 화재중재 제도도 있지만 우선적으로 가해 학생에게 사과할 기회를 주는 것도 필요해 보입니다.

### 더 알아보기 ❶

## 친구들 간 갈등이 생기면? 화해중재를 먼저 생각해주세요

※ 회복적 정의 기반 화해중재란?

회복적 정의 기반 화해중재는 기존의 응보적 엄벌주의의 한계를 극복하고 당사자들의 주체적 갈등 해결을 지원하는 새로운 패러다임입니다. 누군가 잘못했을 때 처벌 위주의 응보적 대응 방식은 갈등 당사자들의 대립과 반목을 심화시킬 수 있으며 가장 주목해야 할 피해자의 어려움과 고통이 소외될 수 있습니다.

회복적 정의는 가해자의 처벌에 집중하기보다는, 피해자의 피해가 회복되도록 공동체 구성원 하나하나를 회복의 과정에 참여시키는 데 중점을 둡니다. 학생들이 잘못을 통해 배우고 삶을 성찰하며 건강한 사회 구성원으로 성장하도록 돕기 위해서는, 갈등 상황 속에서 잘못으로 인해 발생한 피해의 회복 및 당사자의 필요와 요구가 해결되어야 합니다. 회복적 정의 기반 화해중재에서는 피해자와 가해자를 위한 대화모임이 중요하며 가해자가 자신의 행동으로 인한 영향과 피해를 직면하고 가능한 자신의 책임을 인정하고 그 피해를 복구하도록 교육공동체가 지원하는 것을 목표로 합니다.

> "회복적 정의는 정의를 이루기 위한 하나의 패러다임이자
> 방식으로서 어떤 잘못에 연관이 있는 가능한 모든 사람들이
> 잘못을 바로잡고 피해가 최대한 치유되도록
> 함께 피해와 필요를 확인하고 책임과 의무를 규명해가는
> 일련의 모든 과정을 의미한다."
>
> _ 하워드 제어

※ 화해중재 대화모임의 절차와 핵심 내용은 다음과 같습니다

| 단계 | 절차 | 주요 내용 |
|---|---|---|
| 예비중재<br>(준비모임) | 소개 및 인사<br>예비중재 안내<br>당사자 입장 나누기<br>소감 및 마무리<br>본중재로 초대 | - 진행자와 당사자 간 신뢰 형성<br>- 갈등의 배경과 맥락 이해<br>- 당사자의 필요와 원하는 해결책 파악<br>- 당사자의 신체, 감정, 정신상태 파악 및 전략 수립<br>- 본중재 참여 최종 확인 |
| 본중재 | 도입 | - 환영 및 소개, 호칭 결정<br>- 기본 규칙 설명 및 동의<br>- 중재자의 역할에 대한 설명<br>- 진행 과정 설명 |
| | 입장 나누기 | - 진행자 질문에 따라 당사자 개인별 경험과 입장 설명<br>- 진행자와 당사자 간 대화방식을 통한 경청<br>- 회복적 질문, 경청, 공감, 반영 등 화해중재 기법을 활용<br>- 당사자들의 기대/우려 정리<br>- 내용을 정리하고 대화를 진행시킴 |
| | 쟁점 파악 | - 입장 나누기에서 나온 내용을 중심으로 함께 풀어야 할 쟁점 정리<br>- 실익에 기초한 쟁점에 집중<br>- 쟁점이 정리되어야 해결책으로 전환 가능<br>- 4대 공통쟁점(인정 및 사과, 재발 방지, 관계 설정, 피해 회복) |
| | 대안모색 | - 휴식 후 분리된 공간에서 진행<br>- 당사자들의 필요와 실익에 초점<br>- 최대한 창의적이고 실질적인 대안 마련<br>- 진행자들이 확인하여 내용 보강 요청 |
| | 합의 | - 다시 한자리에 모여 진행<br>- 당사자 간의 협상이므로 진행자는 쟁점 하나씩 집중하여 진행<br>- 구체성, 실현 가능성, 공정성의 기준으로 평가 및 보충<br>- 부분 합의도 가능하며 모든 쟁점에 합의를 위해 무리하지 말 것 |
| | 마무리 | - 합의 절차에서 동의된 부분을 합의문 양식으로 정리 및 서명<br>- 향후 합의이행 여부를 확인하기 위한 사후 관리 공지<br>- 참여 소감 및 배운 점 나누기 |
| 사후관리<br>(후속 모임) | 보고서 작성 및<br>중재 결과 보고<br>중재 결과 학교 안내<br>추후 모니터링<br>(후속 모임) | - 합의한 내용이 지켜지는지 확인<br>- 서로의 관계와 환경에 어떤 영향이나 변화가 있는지 점검<br>- 우려 사항 파악 및 보완책 마련 |

출처: 경기도교육청, 경기형 화해중재매뉴얼

# 2부

# 교권침해 없는 행복한 학교를 위하여

학생들은 아직 미성숙하고 누구나 잘못할 수 있다. 따라서 누군가에게 피해를 준 것에 대해서는 본인 스스로 책임을 지도록 교육하는 것이 가장 중요하다. 교육활동 침해 조치를 성실하게 이행하는 것, 해당 피해자에게 미안한 마음으로 찾아가거나 또는 여의치 않으면 편지라도 써서 반성과 사과를 표현하는 것, 자숙하며 잘못이 반복되지 않도록 하는 것 등 자신의 행위에 대해 책임을 다하도록 교육해야 한다.

## Can you speak Korean?

　'사람 인(人)' 자를 보면 두 획이 서로 기대고 있다. 사람은 서로 기대야 살 수 있으며, 세상은 혼자 살아갈 수 없다는 의미일 것이다.

　한 사람이 다른 사람과 의사소통을 하기 위해 가장 필요한 것은 언어다. 비록 AI가 발달해서 기계를 이용하면 어느 정도 통역이 된다고는 해도 요즘처럼 나라 간 여행과 교류가 자연스러울 때일수록 기본적인 생활을 위해서라도 익혀야 할 필수적인 말은 있기 마련이다.

　학교에도 다양한 문화적 배경을 가진 학생들이 많아지면서 여러 나라 국적이었던 학생들이 재학하는 경우가 늘고 있다. 어떤 경우에는 다른 나라 출신 학생들이 한국에서 태어나서 자란 학생들보다 더 많은 학교도 많다. 학생들 역시 학교생활에 적응하기 위해서는 언어 습득이 필요한데, 다른 나라 말을 배울 때 가장 먼저 익히거나 관심을 가지게 되는 단어가 성(性)과 관련되거나 욕설인 경우가 많다. 그나마 그 말들을 지렛대 삼아 일상 언어를 익히면 좋으련만, 멋모르고 친구들에게 또는 선생님에게 사용하여 문제가 되곤 한다.

　고등학교 1학년 학생과 관련한 사안이 접수되었다. 비영어권 국가에서 온 학생으로, 한국에 온 지는 1년 남짓 된 것 같았다. 학교에서 다른 친구들과 함께 지속적으로 수업을 방해하는 행동을 하여 방과

후에 선생님이 교무실로 불러 상담하게 되었다. 이 과정에서 교사에게 모욕적인 발언을 하고, 교사의 생활지도 등 정당한 교육활동에 불응했다는 내용이었다.

수업을 방해한 행동에 주의를 주고, 앞으로 반복될 경우 분리지도를 할 수 있다고 이야기했지만 불손한 태도로 여러 선생님과 다른 학생들이 있는 공간에서 심한 욕설을 했다. 보다 못한 주위 선생님들이 도움을 주려고 하자 왜 선생님이 끼어드느냐는 식으로 적반하장인 태도를 보인 듯했다. 자신을 어쩌지 못할 것이라고 생각했는지 이러한 행동이 지속되어 결국 교권보호위원회가 열리게 되었다.

함께 출석한 보호자는 출신국 특유의 복장을 하고 있었고, 언어적 문제 때문인 듯 질문을 이해하지 못하는 듯했다. 하지만 학생은 1년여간 학교생활을 해왔고, 사안 내용처럼 교사 지도에 불응하는 모습을 보였다면 설령 한국어 사용이 능통하지는 않더라도 일반적 소통에는 문제가 없을 것 같았다. 그런데 정작 교권보호위원회에서 보이는 모습은 사뭇 달랐다. 위원들의 질문을 잘 알아듣지 못하겠다며 어눌한 말투를 사용했다.

보호자야 그렇다 치더라도 학생은 한국말을 그런대로 하지 않느냐고 물었지만, 질문 자체를 이해하지 못하는 모습을 보였다. 기본적인 의미를 포함하여 영어로도 질문해보았지만 역시 제대로 된 답변을 듣기는 힘들었다. 그러나 학생 생활에 대해 제출된 여러 자료를 보았을 때 이러한 태도는 거짓으로 판단할 수 있었다. 본인이 불리한 상황이라는 걸 짐작하고 말을 못 알아듣는 척 연기를 한 것이었다.

  결국 본인이 학교에서 행한 잘못, 그리고 교권보호위원회에서 보인 잘못된 진술 태도 등을 고려하여 조치가 결정되었다. 결과통지를 하기 전, 학생과 학부모가 익숙한 언어로 번역해야 하는지 잠시 고민했다. 하지만 아직 그와 관련한 매뉴얼이 없기도 했고, 학교에서는 해당 학생이 우리말을 읽거나 표현하는 데 전혀 지장이 없다고 전해오기도 한 점을 고려했다. 그래서 적어도 학생 본인이 기본적인 한국어를 사용할 수 있다고 판단되어 추가 작업 없이 그대로 통지했다.

  다문화 배경 학생들이 늘면서 이들이 교권보호위원회와 학교폭력대책심의위원회에 출석해야 하는 경우가 많아지고 있다. 여러 직종의 위원들이 모여 전문성을 갖추고 사안들을 심의하지만, 기본적으로 언어가 달라 학생 및 보호자와의 소통이 염려되는 경우도 생기는 것으로 보인다. 때로는 특수교육과 관련하여, 수화를 통한 소통이 필요한 학생들이 심의에 출석하는 경우도 있는 것 같다.

  각 지역 교육청별로 이런 사안들이 생기면 적절히 대응하기에 어려운 점이 있는 것이 사실이다. 적어도 시도교육청이나 그게 어렵다면 교육부에서 최소한의 인력풀을 마련하는 등 준비가 있으면 어떨까 싶기도 하다.

  외국어를 익힐 때 욕보다 가장 먼저 알아야 하는 단어 중 하나는 '미안합니다, 고맙습니다'에 해당하는 단어일 것이다. 자신의 잘못된 행동을 지도하는 선생님에게 어눌하든 유창하든, 정 안 되면 간단한 영어로라도 그냥 죄송하다고 하고, 앞으로 잘하겠다고 했으면 충분히 넘어갈 만한 일이었다. 게다가 어리석게도 어설픈 연기는 통하지도 않았다. 이제라도 그릇된 생각을 고치고 친구들, 선생님과 한국에서 잘 생활해나갔으면 한다. Good Luck!

## 교권보호 담당 노 장학사의 사안 관련 팁

신고된 학생은 처음에는 외국인이라 통역이 필요하겠다고 생각했으나, 본인이 불리할 때만 우리말을 못하는 척하고 평소에는 의사소통에 전혀 문제가 없다는 학교 측 답변을 받은 상황이었습니다.

단순한 개인의 감정표현을 넘어 다른 사람들이 있는 상황에서 욕설을 한 경우는 공연성이 있기에 교육활동 침해 유형 중 '모욕'에 해당합니다. 실제로 교육활동 침해 신고 중 40% 이상이 교사에 대한 '모욕과 명예훼손'입니다. 학생들이 친구들과 스스럼없이 자연스럽게 욕설을 많이 사용하는 경우가 있는데, 평소 자신의 언어사용 습관도 한번 점검해볼 필요가 있습니다.

또한 선생님, 학생 모두가 개개인의 존엄성이 있는 인격체라는 사실을 인지하고 존중하는 생활이 중요합니다. 혹시나 유사한 경우가 발생한다면 법적 처분을 떠나서 피해자에게 먼저 진심으로 사과하는 것이 우선되어야 함은 당연합니다.

## 최 변호사의 법률 조언

- 요즘 다문화가정이 점점 증가하면서 학교폭력이나 교권침해 사안에도 외국 국적 학생들이 관련 학생이나 피신고학생이 되는 경우가 종종 있습니다. 참고로 외국인이 수사 대상이 되거나 법원에 기소될 경우, 피소된 외국인이 자신의 방어권을 실질적으로 행사할 수 있도록 형사소송법 제180조에서는 해당 외국인의 언어에 맞는 통역을 필수적으로 제공하도록 규정하고 있습니다.

- 이러한 형사소송 절차와 달리 행정처분 절차에서는 출입국관리법상 특정 신문절차에서만 필수적으로 외국인을 위한 통역 절차를 규정하고 있고, 그 외에 행정처분 절차에서는 처분 당사자인 외국인에게 행정청이 통역을 제공해야 할 의무가 없습니다.

- 이러한 법적 공백이 있기에 교육청에서는 사실 관련 학생이 외국 국적 학생이라 하더라도 필수적으로 통역을 제공할 의무는 없습니다. 다만, 다문화가정 학생에게 교권보호위원회까지 오게 된 경위와 조치처분 내용을 충분히 이해시켜서 앞으로는 똑같은 일이 발생하지 않도록 교육할 필요가 있다는 측면을 고려한다면, 앞으로 외국 학생에 대한 통역 서비스가 제도적으로 뒷받침되면 좋겠다는 생각을 해봅니다.

## 고르디우스의 매듭

'고르디우스의 매듭'이라는 비유가 있다. 이 매듭은 '풀기 어려운 문제'를 뜻하는데, 고르디우스 매듭을 푸는 행위는 '난해한 문제를 해결하다'는 뜻으로 사용된다고 한다.

인터넷을 찾아보니 이 고르디우스 매듭은 기원전 800년 전 고대 국가인 프리기아의 왕 고르디우스 이야기에서 비롯된 것으로 보인다 (네이버 지식백과). 이 설화에 따르면 고르디우스는 자신의 마차를 제우스 신전에 봉안한 뒤 복잡한 매듭으로 묶었다. 그 후 이 매듭을 푸는 사람이 아시아의 왕이 되리라는 신탁을 남겼고, 매듭을 풀기 위해 수많은 영웅들이 도전했으나 모두 실패했다. 수백 년 후 프리지아 원정에 나선 알렉산더 대왕이 고르디우스 매듭에 얽힌 이야기를 듣고 제우스 신전을 찾아갔다. 알렉산더 대왕은 수많은 시도에도 매듭이 풀리지 않자, 칼로 매듭을 잘라버렸고 이후 실제로 아시아를 정복하게 되었다고 한다.

교권침해 사안을 접하다 보면 마치 이 고리디우스 매듭처럼 여러 사안이 얽혀 있어서 풀기 어려운 경우가 있다. 대개 학교폭력 사안에서 시작된 일이 아동학대와 교권침해로 연결되는 모습을 보이는 것이다.

한 중학교에서 학교폭력 사안이 발생한 것으로 보였다. 접수 이후 우선은 담임선생님이 가해 관련 학생을 대상으로 사안을 파악했던 듯했다. 이후 피해, 가해 관련 학생 간 진술이 불일치하기도 하고, 학교에 학교폭력 전담교사가 있고 하니 사안 진행을 부탁했다. 이 과정에서 업무 담당 선생님이 저경력인 점을 고려해서 교감 선생님도 시간을 내어 이 학생들 상담과 조사에 동석해서 사안 파악을 함께 도와주고자 애쓴 것으로 보였다. 그런데 그 과정에서 가해 관련 학생이 부담을 느낀 듯했고, 집에서 부모님에게 이런 이야기를 했다.

한편 가해 관련으로 신고된 학생 학부모는 이후 상대방 학생을 맞신고하기도 했다. 자녀가 학교폭력 가해 관련으로 접수된 학부모의 속상한 심정도 이해는 된다. 문제는 그 이후의 행동이었다. 학부모는 학교를 찾아가 교감 선생님을 만났다. 학교폭력 전담교사 조사 시 교감 선생님이 왜 동석해서 아이에게 부담을 주었는지 항의했다고 한다. 또한 전담교사가 아이를 조사하면서 모욕감을 주었고, 가해 학생으로 단정하면서 심리적 상처를 주었다며 아동학대로 신고하겠다고 언급한 것으로 보였다.

또한 담임선생님에게는 전담교사 선생님이 업무 담당으로 자격이 없어 보이고, 아동학대를 했다면서 경찰에 신고해달라는 메시지를 보냈다고 한다. 교감 선생님과 학생부장 선생님이 학교폭력 전담교사 선생님의 사안접수와 학생 확인서 작성 과정에서 아동학대와 관련한 별다른 내용이 없었음을 여러 차례 전했으나 별 소용이 없었다. 상처 입은 선생님은 결국 교권보호센터에 도움을 요청했다.

이에 심의위원회에서는 해당 학부모가 자녀의 학교폭력 사안과 관련하여 보다 유리한 입장을 갖기 위해서 학교를 압박하고자 정당한 교육활동에 대해 교권침해를 행한 것으로 판단했다.

사랑하는 자녀가 학교폭력으로 신고되면 학부모 입장에서는 마음이 답답하고 걱정이 많이 될 것이라는 점은 충분히 이해할 수 있다. 하지만 그렇다고 해서 학교와 업무 담당 선생님에게 공격적인 행동을 하는 것이 문제를 푸는 방안이 되지는 않을 것이다. 해당 학부모에게는 사안 내용에 맞는 조치처분이 결정되었고, 이후 잘 이행했다는 보고를 받을 수 있었다.

'학교폭력-아동학대-교권침해'로 이어지는 이런 사안의 경우를 보면, 아무래도 학부모 입장에서 여러 행정적 절차에 대응하기 어렵다 보니 변호인을 선임하는 모습도 볼 수 있다. 학교폭력 단독 사안으로도 적지 않은 비용을 써야 할 텐데, 이렇게 여러 건이 얽혀 있으면 학부모의 경제적 부담도 꽤 되지 않을까 싶다. 결과가 본인 마음에 들도록 유리하게 나오면 그나마 낫겠지만 아무래도 그렇지 못한 경우가 훨씬 더 많다. 돈도 돈이지만 무엇보다 그런 과정을 겪으면서 아이가 여러 차례 조사와 진술을 반복해야 하는 등 큰 부담을 느끼기 마련이어서 더 안타까운 마음이다.

학교폭력신고에 대해 업무 담당 교사가 사안을 파악하는 과정이 불만족스러워 이를 아동학대로 신고하고, 또 이에 대해 학교가 다시 교권침해로 대응해야만 하는 일들을 접하면 마치 고리디우스 매듭을 앞에 둔 것 같다. 고르디우스 매듭은 새로운 발상으로 어려운 문제를 해결하는 것을 은유적으로 이르는 말로도 쓰인다. 하지만 알렉산더가 매듭을 자른 이후 예언대로 대제국을 건설하긴 했지만, 이후 그 제국은 조각조각 해체되었다고 한다. 이에 고리디우스 매듭과 관련한 이야기는 복잡한 일을 무작정 단순하게 해결하기보다 제대로 방법을 지켜 문제를 풀어야 한다는 교훈으로 설명하는 경우도 있다.

학교폭력, 아동학대, 교권침해로 꼬일 대로 꼬인 어려운 이 매듭을 한칼에 해결할 수 있다면 얼마나 좋을까. 하지만 어려운 문제일수록 순리대로 생각할 수도 있어야 할 것이다. 교육현장의 다양한 이해관계를 차분히 바라보고 대응해야겠다. 다른 무엇보다 아이들을 우선순위에 놓고.

## 교권보호 담당 노 장학사의 사안 관련 팁

'교원의 지위 향상 및 교육활동 보호를 위한 특별법(교원지위법)'이 2023년에 개정되었습니다. 개정 내용 중 특징적인 것은 '교원의 교육활동을 부당하게 간섭하거나 제한하는 행위로서, 목적이 정당하지 않은 민원을 반복적으로 제기하는 행위'가 교육활동 침해 유형으로 신설되었다는 점입니다. 보호자로서 정당한 권리행사와 민원은 얼마든지 제기할 수 있으나, 본 사안처럼 자녀의 학교폭력 행위를 소위 말하는 '물타기'하기 위해 해당 교사를 협박하고 지속적으로 민원을 제기하며 학교폭력 사안 조사 자체를 방해하는 경우라면 교육활동 침해 유형에 해당할 수 있습니다.

자녀가 학교폭력으로 신고되었다는 연락을 받으면 부모 입장에서는 걱정이 앞서고 놀라실 것이라는 사실은 모두가 알고 있습니다. 이때 담당 선생님을 탓하기보다 담당 선생님과 소통하며 자녀의 억울한 점이라든가 의문점들을 하나하나 해결해나가는 것이 우선 아닐까요? 그리고 이러한 해결 과정들이 앞으로 세상을 살아갈 자녀에게도 어떤 의미로는 '교육'이 될 수 있을 것입니다.

### 최 변호사의 법률 조언

- 앞선 사안처럼 내 자녀의 학교폭력 사안을 해결하려다가 사안을 조사하려는 선생님, 학교 관리자인 교감, 교장에 대한 항의로 이어져 결국에는 선생님에 대한 아동학대 고소로 끝나는 패턴, 요즘 교육청에서 정말 자주 볼 수 있는 형태입니다. 그럼 학교폭력 사안조사 과정에서 조사관이나 선생님을 고소하는 학부모들의 형사고소 결과는 어떨까요? 결론부터 말하자면 대부분 '혐의없음' 처분이 나온다고 단언할 수 있을 정도로 교사에 대한 처벌 가능성은 거의 없습니다.

- 사안조사 과정에서 내 자녀의 입장이 제대로 반영되지 않을까 두려운 학부모들 심정은 너무나도 이해가 갑니다. 그러나 학부모들이 생각하는 정서적 아동학대 기준과 수사기관에서 생각하는 아동학대 기준은 많이 다른 것 같습니다. 수사기관이 볼 때 학교폭력 조사과정에서 정서적 아동학대가 성립하려면, 조사관이나 교사가 학생에게 욕설, 폭언을 반복하거나 혐의사실을 인정하지 않을 경우 가만두지 않겠다는 등의 협박 정도에 이르러야 합니다. 단순히 교사나 조사관이 특정 학생 입장에 편향되어서 조사받는 학생의 의견을 수용하지 않은 정도로는 정서적 아동학대가 성립하기 어렵습니다.

- 엎친 데 덮친 격으로 학부모님들께서 교사를 아동학대로 고소하셨다가 혐의없음 처분이 나온다면 되레 무고죄 고소를 당할 위험성도 있습니다. 이

러한 점들을 참고하셔서 우리 아이가 억울하게 학교폭력 사안에 휘말렸다고 하더라도, 당장 이를 조사하는 담당 선생님들이나 조사관을 형사고소 하는 등 적으로 두기보다는 선생님들 조력을 받아 학교폭력 사안을 지혜롭게 해결하는 것이 모두에게 좋은 방법이 아닐까 싶습니다.

## 교권침해인 듯, 교권침해 아닌, 교권침해 같은

사람과 사람이 살다 보면 다양한 감정이 생기기 마련이다. 특히 남자와 여자 사이에 그냥 동료인지, 친구인지 아니면 사랑인지 애매할 때가 있다. 이런 감정을 몇 년 전부터는 '썸을 탄다'라고 부르기도 하고, 유사한 제목의 한 노래에서는 '연인인 듯 연인 아닌 연인 같은 너'라는 가사로 표현하기도 했다.

이런 불확실한 경우는 다양한 순간에 겪을 수 있다. 교권침해와 관련해서도 이 사안이 교권침해에 해당하는지 판단하기 어렵거나, 또는 학교 선생님들 입장에서는 교권침해라고 생각하며 도움을 요청하지만 아직 제도상으로 교권침해에 해당하지 않아 별다른 도움을 제공하기 어려운 경우가 있다. 더구나 교권침해와 학교폭력이 모두 학교생활 중 일어나는 일을 대상으로 한 것이기는 하나, 같은 상황에 대해 서로 인정되는 기준들이 다른 경우도 있다.

중학교 선생님이 교권보호지원센터로 전화를 했다. 담임을 맡은 학생 한 명이 선생님과의 1대1 대화를 녹음하려고 해서 교육활동이 위축되고 있는데, 이것이 교권침해에 해당하지 않느냐는 문의였다. 학교생활에 대해, 특히 교사와의 대화를 녹음하는 것이 교권침해에 해당할 것이라고 생각할 수 있다. 하지만 교원지위법상 이러한 행위를 교권침해로 판단하기 위해서는 교육활동 중인 교원에 대해 영상이나 음성 등을 촬영하거나 녹음하는 것에 더해 무단으로 유포하는 행위까지 연결되어야 한다.

전화를 걸어온 선생님께는 학생이 교사와의 대화를 녹음했다고 하나, 유포는 하지 않은 것으로 보여 교육활동 침해로까지 보기 어려운 부분이 있다고 안내했다. 평소 특정 학생이 선생님에게 불만이 있어서 그런 행동을 한 것으로 보였다. 물론 학생이 잘한 것은 없다. 하지만 법적으로 접근하기보다 우선 서로 소통하고 이해하려는 노력이 더 필요할 것 같다는 생각도 들었다.

한편 요즘 선생님들이 교육활동상 위축되는 이유 중 하나가 아동학대 신고인 것 같다. 2023년 교원지원법 개정 이후 교사가 아동학대로 신고되면 교육감 의견서를 작성하여 각 교육청에서 경찰로 제출하는 제도가 신설되었는데, 이 제도 도입 이후 아동학대에 대한 기소율이 감소했다고 한다. 그럼에도 흔히 '내 아이 기분상해쥐'라고도 불리는 '정서적 학대'라는 애매한 이유로 신고를 무기삼는 경우가 여전히 있어서 교사들의 생활지도를 움츠리게 하기도 한다.

4월의 한 월요일, 출근하자마자 전화벨이 울렸다. 목소리가 아직 앳된 선생님 전화였다. 어떤 학부모가 자신을 아동학대로 신고하려 한다면서 교권침해가 아닌지, 교육지원청에서 도움을 줄 수 있는지 상담을 요청했다.

이야기를 나누면서 만일 아동학대로 신고된다면 변호사 선임과 관련한 비용을 지원할 수 있으며, 선생님 상황을 충분히 듣고 교육감 의견서를 제출하게 됨을 안내했다. 또한 심리적 안정을 위한 치료비 지원 등을 할 수 있다고도 했다. 하지만 신고당할 것 같다는 걱정만으로 교권침해라고 보기에는 무리가 있으며, 그럼에도 불구하고 요청한다면 심의를 열 수 있다고도 이야기했다.

아마 전화를 건 선생님은 교권보호지원센터라면 자신의 하소연에 대해 교권침해가 맞으며, 적극 지원하겠다는 대답을 듣고 싶었을 수 있다. 하지만 걱정 또는 의심이 된다고 해서 실현되지 않은 일에 대해 사실이라고 단정하고 지원을 결정하기에는 무리가 있는 것이 사실이다. 선생님 입장과 센터 입장 간에 차이가 있을 수밖에 없는 부분이었고, 힘없는 목소리로 통화를 마치는 선생님에게 안타까운 마음이 들었다.

가끔 교권보호지원센터가 이름만 그렇지 교사에 대한 지원을 제대로 하지 않는다는 이야기를 들을 때가 있다. 그럴 때면 섭섭하기도 하지만, 센터를 운영하는 장학사로서 선생님들이 겪는 다양한 사례들에 대해 제도적인 측면과 함께 심리적인 부분도 미리 살펴볼 수 있도록 노력해야겠다는 생각을 해본다.

또한 최근 몇 년간 몇몇 학부모가 선생님이 마음에 들지 않는다며 증거 수집을 이유로 녹음이나 촬영을 하여 문제가 되는 사례들이 있다. 아동학대 신고를 위한 행동일 것이다. 이후 교사들에게 혐의가 없다고 법원에서 최종 판결이 나오면, 선생님들이 해당 학부모를 교육활동 침해로 신고하는 경우도 증가한다는 것을 유의해야 할 것이다.

학교에서 교육활동을 하다 보면 많은 학생 수만큼이나 다양한 상황이 발생한다. 어떤 사안에 대해서는 교권침해, 학교폭력, 아동학대 등 다양한 기준이 적용되어 선생님들을 떨게 하는 경우도 있다. 정당한 교육활동을 보호하는 것은 비단 교사뿐 아니라 결국 학생들을 위한 것이기도 하다. 심신의 안정과 함께 여러 법률적, 행정적 지원을 강화하여 모두가 행복한 교육현장이 찾아오길, 그리고 교권보호지원센터를 찾아주는 선생님들도 힘내시길 기원해본다.

## 교권보호 담당 노 장학사의 사안 관련 팁

    선생님들 중 정말 안타깝게도 '아동학대' 신고가 두려워 자신의 피해 상황을 정식으로 신고하지 못하는 경우가 종종 있습니다. '정서학대'라는 애매한 기준이 선생님들을 힘들게 하기도 합니다. 아동학대 신고를 당한 선생님들을 만나보니 평생 경찰서를 가본 적도 없는 선생님들이 어느 날 경찰에서 온 연락을 받고 조사에 응하는 상황은 일상을 무너지게 하고, 교단 서기에 두려움을 느끼게 한다고 하십니다.

    선생님들이 아동학대로 신고되면 가장 먼저 해야 할 것은 법률지원을 받는 것입니다. 시도교육청마다 차이는 있지만 아동학대 신고 시 '변호인 선임비' 지원과 함께, 교권보호센터에서 행정, 법률, 전문기관 심리상담을 지원하고 있습니다. 또한 교원지위법 개정에 따라 '교육감 의견서 제출'이 의무화되었기에 경찰서에 교육청 의견을 제출하는 것 역시 하나의 힘이 될 것입니다.

    보호자 입장에서도 자녀에게 피해가 있다면 아동학대로 신고할 수 있습니다. 그러나 당시 상황을 선생님과 먼저 이야기 나누는 것도 필요합니다. 자녀가 상황을 전달하는 과정에서 충분히 오해의 소지 역시 발생할 수 있기 때문입니다. 학교 내 갈등 상황 중 자녀가 보호자에게 전달한 내용이 정확하지 않거나 잘못되어 상황이 더욱 악화되고 갈등이 극으로 치닫는 경우가 많다는 점을 유념해주시면 좋겠습니다.

## 최 변호사의 법률 조언

- 자녀의 학교폭력 문제로 법률상담을 오신 학부모님들이나 교권침해를 당했다고 하소연하는 교사분들 모두 공통적으로 잘 모르는 부분이 하나 있는데, 그것은 바로 "대화 당사자 간의 녹음은 몰래 하더라도 불법이 아니다!"라는 것입니다. 통신비밀보호법 제14조 제1항은 "누구든지 공개되지 아니한 타인 간의 대화를 녹음하거나 전자장치 또는 기계적 수단을 이용하여 청취할 수 없다"라고 규정되어 있는데요, 이를 반대해석하면 대화 당사자가 자신이 참여하는 대화를 녹음하는 것은 합법이라는 의미가 됩니다. 이런 통신비밀보호법 조항 때문에 위 사안에서 학생이 교사와 직접 대화하며 몰래 녹음을 한다고 하더라도 이는 불법이 되거나 교권침해가 되지 않습니다.
- 반면, 교사의 수업시간 중 발언은 '공개되지 않은 대화'에 해당하여 이를 몰래 녹음할 경우, 최근 선고된 대법원 판례(2024. 1. 11. 선고 2020도1538 판결)에 의할 때 통신비밀보호법 제14조에 반하는 위법행위가 됩니다. 따라서 학부모가 교사의 아동학대를 의심하면서 자녀의 가방이나 옷 등에 몰래 녹음기를 넣은 후 수업내용을 녹음하게 했다면, 해당 녹음파일은 통신비밀보호법을 위반한 증거가 되어 형사소송 증거로 쓸 수 없게 됩니다. 게다가 통신비밀보호법 위반으로 처벌까지 받을 수 있으니 유의하셔야 합니다.

## 남의 집 귀한 자식

우리가 살아가면서 만나는 사람 모두는 남의 집 귀한 자식이다. 설령 그 사람이 나이가 많은 노인이라 해도 그렇다. 하지만 그 뻔한 사실을 너무 쉽게 잊는 경우가 있다. 오죽하면 식당에서 서빙을 하는 젊은 청춘들이 진상 손님에 대한 고육책으로 '남의 집 귀한 자식'이라는 문구가 새겨진 티셔츠를 입고 일하는 사진이 화제가 되기도 하는지 답답할 때도 있다.

교육지원청의 다른 업무들도 나름의 어려움이 있지만, 학교폭력이나 교권보호를 포함한 생활교육을 담당하는 부서는 한껏 날이 서 있는 민원을 상대하는 경우가 많아 심리적으로 힘들다. 잊을 만하면 어디 교육지원청 장학사가 정신과 진료 받는다더라, 건강에 문제가 생겨 휴직한다더라 하는 소리가 들려오기도 한다.

심의를 마치고 사무실에 들어오니 주무관님이 민원전화를 받고 있었다. 전화를 받는 목소리가 화가 나서인지, 아니면 짜증 때문인지 잘 모르겠지만 떨리는 듯했다. 어쩌면 둘 다인지도 모르겠다. 자주 그런 민원전화를 받으면 능숙해져야 할 것 같은데, 사실 나도 도무지 잘 적응이 되지 않는다.

학교폭력 사안을 보면 여러 명의 학생들이 관련된 경우가 있다. 하지만 교권침해 사안은 대부분 1대1 사안이 다수인데, 이번에 접수된 사안은 여러 명의 학생들과 선생님들이 관련된 사안이었다. 전화는 이 사안과 관련된 민원인 듯했다.

사안 내용은 온라인상의 단체 대화방에서 다섯 명 정도의 학생이 다른 학생들이 함께 대화방에 있음에도 불구하고 선생님 세 분에 대해 욕설을 포함한 인신공격적 발언을 지속해오다가 발각이 되어 신고된 것이었다. 그런데 학생 중 한 명의 학부모가 교육지원청에 항의성 전화를 해온 듯했다.

"나랏님도 없는 곳에서는 욕도 좀 하고 그럴 수 있지 않느냐? 뭐 이런 일로 교육지원청에서 심의를 다 하느냐, 할 일이 그렇게 없냐"는 식인 듯했다. 심지어 전화받는 주무관은 몇 급이냐는 언급도 있었다. 공무원 급수에 따라 사람 대하는 태도를 다르게 하려는 걸까, 그렇다면 설령 본인은 공무원이 아니더라도 도대체 인생 몇 급에 해당하는 사람일까, 도대체 몇 급이 대응해주면 흡족하려나 궁금해졌다.

학부모 민원에 대답하는 주무관님에게 이제 그만 통화하고 전화를 돌리라는 사인을 보냈지만 자신이 통화를 하겠다고 했다. 주무관님은 여전히 차분하게 학생 행동에 대한 판단은 심의위원회에서 결정될 것이고, 교육지원청에서는 우선 심의와 관련하여 출석을 통보하기 위해 우편물을 보내게 되었다고 안내했다. 우편물을 수령하지 않으면 이후 심의 참석이나 조치결정 등에 불이익이 있을 수 있다는 말도 전했는데, 도대체 무슨 불이익이냐며 다시 발끈하는 것 같았다. 등기우편물을 수령하지 않으면 당연히 심의가 어떤 사안 때문에 열리는지, 심의 참석은 언제 할 것이며 어디로 가야 하는지 등을 알 도리가 없지 않나. 주무관님은 여전히 꾹 참고 해당 내용을 안내했고, 통화는 그렇게 마무리되었다.

이후 심의에 출석한 학부모는 다시 나랏님 운운하며 자식의 행동을 감싸려 했다. 위원들은 온라인상에서의 욕설과 험담은 공연성이 있고, 다른 이에게 전파될 가능성이 있다는 점을 이해시키려 노력했다. 일단 알겠다고는 하면서도 톡방에서의 언급들이 폭력이 될 수 있다는 것을 완전히 받아들이지는 못하는 것으로 보였다.

피해를 입은 선생님들은 학생들이 아직 어리기도 해서 교육적으로 지도할 수도 있지 않을까 싶었지만 신고 이후에도 학생은 물론 학부모들 누구도 사과하러 오지 않아 마음의 상처를 입은 듯했다. 오히려 사안접수 이후에도 이 학생들은 다른 단톡방에서 해당 선생님들을 향해 또 다른 험담을 하거나, 학교 행사 시 촬영한 동영상에 나오는 선생님 모습을 조롱하듯 공유한 경우도 있었다. 최근 이렇게 교사의 모습을 찍어서 SNS에 올리는 행동을 하는 학생들이 있는데, 이는 비단 교권침해뿐 아니라 다른 법들을 통해서도 처벌받을 수 있다는 것을 알아야 한다.

결국 학생들은 자신들 행동에 따른 조치처분을 통보받게 되었다. 나랏님을 언급했던 학부모로부터 다시 연락이 오지 않는 걸 보면 그래도 조치를 잘 이행한 모양이다.

누구나 자기 자식은 귀한 존재다. 그렇다면 남의 자식도 귀한 줄 알아야 하고, 그 남의 자식 범위에는 젊은 주무관도, 학교 선생님도 포함된다. 애가 좀 그럴 수도 있지, 교권보호위원회는 심하지 않냐고 생각할 수도 있겠지만, 교권을 보호하는 것은 결국 학생의 교육권을 보호해서 모든 집의 귀한 자식을 잘 돌보려는 노력이기도 하다. 남의 집 귀한 자식을 존중할 줄 알아야 본인과 본인의 귀한 자식도 존중받을 수 있다. 이 당연한 걸 굳이 이야기해주지 않아도 되면 좋겠다. 교권보호 업무와 관련된 모든 분들이 하루하루 힘내길 바란다.

## 교권보호 담당 노 장학사의 사안 관련 팁

여러 학생들이 있는 단톡 대화방에서 학생 간에 타인을 비방하는 일, 욕설을 심하게 하는 일 등으로 학교폭력이나 교권침해로 신고되는 일은 비일비재합니다. 특히 단체 대화방 특성상 다수의 학생들이 목격하고 캡처를 할 수 있는 등 단 한 번의 말실수로 종종 돌이킬 수 없는 상황이 발생하기도 합니다. 학교에서는 의무적으로 학교폭력, 교권침해, 인권교육을 실시하고 있으나, 학교만의 노력으로는 어려움이 많은 것 역시 사실입니다. 가정에서도 타인의 인격을 존중하고 대화 중 욕설, 비방, 명예훼손 발언을 하지 않도록 함께 학생들을 지도해주심이 무엇보다 중요합니다.

본 사안은 여러 명의 학생이 단체 대화방에서 선생님을 향해 차마 입에 담지 못할 심한 욕설과 비인격적인 표현, 허위사실을 게재한 것이 주변 제보로 신고된 건이었습니다. 이는 교육활동 침해 유형 중 '모욕, 정보통신망을 통한 명예훼손'에 해당합니다. 나랏님 없는 곳에서 욕할 수 있다고 하더라도, 단체 대화방에 다수의 학생들이 있었기에 누군가는 불편했고 문제가 심각하다고 생각했을 것입니다. 특히 정보통신망을 통해 사안이 발생했다면 그 전파 가능성은 심의위원회에서 결코 가볍게 보지 않습니다. 이 점 역시 유념할 필요가 있습니다.

한편 사안을 접수받은 이후, 교육지원청은 당연히 어느 쪽을 편들지 않고 업무를 진행합니다. 자식이 신고당하여 당황할 수 있다는 점은 충분히 이해하나, 업무 담당자를 존중하는 것은 사람을 대하는 기본 예의임을 잊지 말아주세요.

## 최 변호사의 법률 조언

- 요즘 카카오톡, 페이스북이나 인스타 등 SNS에서 학생들이 단체 채팅방을 만들어 다른 친구들 또는 학교 선생님들을 험담하는 일이 비일비재합니다. 그런데 이러한 험담이 최소 3~4명 이상 가입해 있는 단체 채팅방에서 이뤄졌다면, 형법상 모욕죄나 명예훼손죄에서 요구하는 '공연성'(쉽게 말해 전파가능성)이 인정돼 해당 죄로 형사상 처벌받을 가능성이 상당하고, 실제로 이를 모욕죄로 처벌한 판례도 있습니다(청주지방법원 2022고정480 등).
- 특히 선생님 얼굴을 무단으로 촬영하여 인스타나 페이스북 등 SNS에 게시하기까지 했다면, 단체 채팅방에서 학생들끼리 얘기한 것보다 불특정 다수에게 유포될 가능성이 훨씬 커지므로 기존의 형법상 명예훼손죄보다 더 엄하게 처벌하는 정보통신망법 위반으로 처벌받을 수 있고, 피해교사에 대한 교육활동 침해행위 역시 당연히 성립합니다.
- 이처럼 형사처벌까지 가능한 학생들 행위를 두고, 나랏님도 욕할 수 있는 자유가 있는데 애들끼리 선생님 욕 좀 할 수 있지 않느냐며 사소한 일로 치부하고 무관심하게 지나간다면, 우리와 우리 사회는 바로 그 지점으로부터 커다란 혼란을 맞게 될지도 모른다는 점을 유의해주시면 좋겠습니다.

## 네가 왜 거기서 나와

몇 년 전부터 트로트 가요 오디션 프로그램이 인기를 끌고 있다. 노래도 노래지만 외모와 적당한 예능감이 더해져 가수들이 다양한 곳에서 활약하기도 한다. 그중 영탁이라는 가수가 부른 '니가 왜 거기서 나와'라는 노래가 있다. 여자친구가 집에서 일찍 잔다고 하여 전화를 끊었는데, 생각지도 못한 강남 클럽에서 보게 된 상황을 재미있게 풀어낸 가사가 흥미롭다.

교권보호 심의를 하면서도 사안과 관련한 학생을 엉뚱한 곳에서 보게 되는 상황이 있다.

교권침해를 했다고 사안이 접수된 고등학교 남학생이 있었다. 출석을 통보한 시간이 되었는데도 모습이 보이지 않고, 전화를 해봐도 받지 않았다. 심의를 준비하면서 해당 학생에게 출석통지서를 보낸 후 심의 하루 전날 다시 출석을 하는지 확인하는데, 그때는 분명히 오겠다던 학생이 깜깜무소식이었다. 심의 시간이 지나가는데도 행방을 알 수 없었다. 조금 기다리기로 하던 중 드디어 전화를 받았다. 지금 어디냐고 물으니 "저, 금방 내려갈게요~." 하고 해맑은 목소리로 대답한다.

내려온다니? 사무실은 건물 5층 중 4층에 있는데, 그럼 5층에 있다는 건가 싶었다. 왜 이 학생이 5층에 있는 걸까?

알고 보니 같은 날 학교폭력대책심의위원회에 가해 관련 학생으로 심의를 받으러 왔다는 것이었다. 마침 두 위원회 개최 시간도 비슷하고 해서 학교폭력 심의에 출석 후 교권보호 심의에 참석한다고 했다.

학생과 관련한 사안 내용을 살펴보고, 심의에서 진술 내용을 들어보았다. 아빠는 외국 분이고, 엄마는 멀지는 않지만 좀 떨어진 곳에서 일하고 있어 주말에만 집에 오는 상황이라고 한다. 할머니가 이 아이를 돌봐주는 것 같았고 두 위원회에 참석하는 학생의 보호자로 동행했는데, 무슨 일 때문에 손자가 교육지원청에 오게 되었는지 정확히는 모르시는 눈치였다. 다만 좋은 일은 아니라고 짐작하는 듯했고, 심의위원들에게는 손자가 잘못해서 바쁘신 분들에게 심려 끼쳐드려서 그저 죄송하다며 연신 고개를 조아리실 뿐이었다.

학생은 어릴 때부터 엄마, 아빠가 없는 집에서 할머니와 지내온 듯했다. 아무래도 부모님과 같이 있지 않다 보니 학교생활에 필요한 적절한 교육을 받지 못했고, 노는 친구들과 어울리며 사고도 치고 문제를 일으켜온 모양이다. 하지만 그래도 아이는 아이였다. 부모님 이야기가 나오니 잠시 말을 멈추고 목이 메는 모습도 보였다. 잘은 모르지만 부모님에게 사랑까지는 아니더라도 관심을 받고 싶어하는 마음이 있었지만, 주변에 적당한 어른이 없는 상태에서 삶의 방향이 잘못된 채 지내오다가 이렇게 학교폭력과 교권침해 관련으로 출석한 것 같다.

교권을 침해했다고 사안이 접수된 학생들 중에는 이렇게 학교폭력 가해 관련 학생으로 함께 연관된 경우도 가끔 볼 수 있다. 다만 이번처럼 같은 날 심의가 열리는 경우는 흔치 않은데, 할머니가 몸도 안 좋아 보인다는 점을 생각하면 이왕이면 오는 김에 심의를 하는 게 나아 보이기도 했다. 물론 당연히 손자 녀석이 학교생활 잘해서 이런 일로 불려오지 않는 것이 더 좋겠지만 말이다.

어떤 경우에는 교권을 침해하여 신고된 학생이 심의를 기다리는 기간 중에 다른 학교폭력 사안에 연루된 후 가해 관련 학생으로 심의에 출석했고, 심의 결과 퇴학 조치를 받기도 했다. 이 사안에서는 교권을 침해당한 것으로 보이는 선생님이 심의 요청을 철회하여 사안을 종결했다. 만일 심의가 진행되었다 해도 상대 학생은 퇴학 처분으로 이미 학생 신분이 아닌 일반인이 되었기 때문에 가해 관련 조치를 결정하기는 어려웠을 것이다.

이처럼 학교폭력으로 사안이 접수된 가해 관련 학생들이, 선생님에 대해서는 교권침해라는 잘못을 저질러 성격이 다른 두 위원회 심의에 출석을 요청받는 경우를 보면 마음이 복잡하다. 학생과 학부모에 대해서도 그렇지만, 저 아이를 가르치거나 사안을 조사해야 하는 학교와 담임 선생님, 업무 담당 선생님도 참 힘들겠구나 싶어서 안쓰럽기도 하다.

두 심의를 마친 학생과 할머니는 무거운 발걸음을 옮겨 집으로 향했다. 나이 드신 할머니가 철없는 손자 때문에 추운 날 불편한 몸을 이끌고 어려운 자리에 더 이상 오시지 않았으면, 그래서 또 이곳에서 마주쳐서 '야, 네가 왜 또 거기서 나와' 하고 놀라 바라보는 일이 없으면 좋겠다.

# 교권보호 담당 노 장학사의 사안 관련 팁

해당 심의 건은 학생이 교실에서 난동을 부린 후 선생님의 정당한 생활지도에 불응하여 교육활동을 의도적으로 방해한 행위였습니다. 이후 주변 친구들에게도 피해를 줘 학교폭력으로 별도 신고가 접수되었지요. 학생 입장에서는 유사한 시기에 다른 이유로 두 번이나 신고가 되고 심의위원회에 참석하니, 본인도 괴로웠을 것입니다. 가장 중요한 것은 '재발 방지'입니다. 또한 교권보호위원회 심의 후 결과 조치를 성실하게 이행하는 것도 중요합니다. 교권보호위원회에서는 해당 사안 학생의 경우 '특별교육 이수 또는 심리치료' 조치를 결정하기도 합니다. 성실하게 특별교육에 참여하고 본인 행위를 반성하며 재발하지 않도록 스스로 노력하는 것. 이것 또한 교육의 일환이고, 학생이 건강한 성인으로 자라는 데 도움이 될 것입니다.

간혹 조치결정의 부당함을 호소하며 행정심판이나 소송을 진행하는 부모님들도 계십니다. 심의위원회 판단에 문제가 있다면 당연히 불복절차를 개시할 수 있습니다. 다만 걱정되는 부분은 '피해자에게 사과하면 잘못을 인정하는 셈'이라고 생각하는지 잘못을 알면서도 '사과와 재발 방지'를 생각하지 않고 법적 다툼에만 매몰되는 것입니다. 갈등에 대한 해결방식으로 우선 생각하는 것이 법적 다툼이라면, 아이들이 인생을 살면서 앞으로 겪을 수많은 갈등은 어떠한 방식으로 해결해나갈까요? 잘못한 부분이 있다면 인정하고 사과하는 것, 그리고 서로 중재해나가는 것. 이러한 과정들이 아이들에게는 더 필요하지 않을까요?

## 최 변호사의 법률 조언

- 본 사안의 학생처럼 비슷한 시기에 교권침해와 학교폭력을 동시에 신고당하는 학생이 드물지만 종종 있습니다. 교권보호위원회 조치결과와 학교폭력대책심의위원회 조치결과의 가장 큰 차이점은 조치사항의 학교생활기록부 기재 여부입니다. 학교폭력 가해 학생의 경우 학교폭력대책심의위원회에서 일정 정도 이상의 조치처분을 받으면 초·중등교육법에 의거하여 학교생활기록부에 기재되는 반면, 교권보호위원회에서의 조치처분은 현행법상 아직까지 학교생활기록부에 기재되지 않습니다.
- 이처럼 교권보호위원회에서의 처분은 학교생활기록부에 기재되지 않기 때문에 대학 입시에서 불이익을 받지 않는 것처럼 보일 수 있습니다. 그러나 교권보호위원회에서 출석정지 조치를 받았다면, 학교 출석 일수에서 미인정 결석 처리가 되는 점을 유의하셔야 합니다. 이러한 출결사항이 대학교에 제출되면, 대학 입시에서 입학사정관이나 면접관에게 좋은 인상을 주는 건 당연히 어렵겠죠?

## 마음을 열면 사랑이 들어올지니

　교권침해 사안 진행 과정은 학교폭력 사안 진행 과정과 비슷한 점이 많다. 사안이 발생하면 교육지원청에 알리고, 학생 등 관련된 사람들이 작성한 확인서를 살펴보고 심의개최를 통보한다. 심의 시 각자의 주장을 다시 들어보고 조치처분을 결정한 후 학교와 당사자들에게 알려준 후 이행 여부도 확인하면서 사안이 마무리된다. 하지만 차이점도 일부 있다. 학교폭력의 경우 전담조사관이 사안을 조사한다든지 화해중재 신청 후 학교장 자체해결로 마무리될 수 있다. 한편 교권침해 사안은 분쟁조정이라고 해서 학생과 선생님 서로 간 갈등을 마무리하는 경우가 있다.

　고등학교 여학생이 교권침해를 했다는 사안이 접수되었다. 수업 시 반복해서 주변 친구들과 떠들고 방해를 한 것 같았다. 당연히 선생님도 여러 차례 주의를 주었는데 선생님을 무시하는 듯한 말투로 '아몰랑, 아몰랑~' 하면서 듣는 척도 안 했다고 한다. 선생님이 이 말을 다시 지적하자 "선생님한테 한 말 아닌데요, 혼잣말이에요!" 하면서 반항적인 태도를 보였고, 이에 더해 화가 나 있는 선생님을 보며 친구들과 비웃는 듯한 모습을 보였다고 했다.
　선생님 입장에서는 수업을 방해하고, 이에 대해 지도를 했지만 학생이 따르지 않고 계속 다른 말을 하는 것에 더해 자신을 모욕한다고 여겨 충분히 화가 날만 했을 것이다. 특히 이런 상황은 주변에 있는 다수의 학생이 지켜보고 있기에 더욱 당황스러웠으리라 생각한다. 다만 상황을 파악하면서 아쉬웠던 것은 학생도 주변 친구들이 보고 있는 건 마찬가지일 수 있는데, 선생님이 해당 학생에게 큰소리를 여러 차례 반복하여 서로 간 감정의 골이 깊어질 수도 있었다는 점이다. 어쨌든 사안은 접수되었고 심의를 준비하게 되었다.

출석을 통보하고 심의가 열리기 며칠 전, 사무실로 가해 관련 학생 어머니가 전화를 주었다. 아마 출석통보 우편물을 받고 조금 흥분된 상태인 것 같았다. 자신의 아이가 이제껏 별다른 문제 없이 학교생활 잘 해왔는데 왜 이런 신고를 당한 건지와 함께, 선생님도 이 정도 일로 신고를 하는 건 아이를 골탕먹이려는 것 아니냐며 격앙된 목소리였다. 일단 어머니를 진정시키며 이야기를 들어준 후 통화는 마쳤다.

다만 이 어머니는 흥분된 와중에도 분쟁조정을 신청하여 사안을 마무리지으면 좋겠다는 뜻도 비쳤다. 가해 관련 측 입장에서는 그럴 수 있을 것이다. 학생 측 주장을 대강 들었으니 사안의 상대방인 선생님과도 이야기를 나눠봐야겠다 싶었다. 학생은 분쟁조정을 희망했는데, 선생님은 전혀 의향이 없으신지 차분히 물었다. 선생님도 사안 발생 이후 시간이 좀 지나기도 했고, 마음이 조금은 풀어지셨는지 분쟁조정을 허락해주셨다.

이제 이 사안은 심의를 진행하는 것에서 분쟁조정을 해보는 쪽으로 방향이 바뀌었다. 분쟁조정은 자칫하면 일을 더 크게 만들 가능성이 있기에 항상 조심스러운 접근이 필요하다.

다행스럽게도 가해 관련으로 접수된 학생과 부모님은 앞선 전화 통화 때와는 달리 정말 조심스러운 태도로 선생님에게 사과를 전하고 싶다는 의사를 전했고, 선생님과 대면할 기회를 얻고 싶다고 했다. 선생님 역시 교육지원청에서 도와주고 있어 고맙다며 허락해주었다.

출석 통보를 받고 그렇게 흥분해서 교육지원청에 전화를 했던 어머니는 자녀 교육을 잘 시키겠다는 약속과 함께 학생과 정중하게 선생님에게 사과했다. 선생님도 학생 입장도 좀 더 살피면서 생활지도를 하겠노라면서, 혹여 본인 때문에 학생도 마음이 불편한 부분이 있다면 사과하겠다는 말을 전했다. 서로 토닥이면서 갈등이 잘 마무리되는 훈훈한 자리였다.

처음에는 악성 민원인 같았던 어머니가 태도를 바꾸어 예의 바른 모습으로 선생님을 대한 것이 서로의 마음이 풀어진 계기가 된 사안이었나. 선생님도 한때 학생이 삐딱한 모습을 보였다고 하나 본인도 지나치게 화를 내었다며 아이를 감싸는 모습을 보여주어 잘 마무리될 수 있었다.

물론 모든 사안이 이렇게 잘 끝나지도 않고, 그럴 수도 없는 노릇이다. 학교는 아이들이 열심히 공부하는 곳이지만, 때로는 이런저런 실수를 하고 갈등을 겪으며 성장하는 곳이기도 하다. 잘못된 행동을 했을 때 무조건 반항하기보다 인정하고 사과할 줄 아는 태도를 익히는 것은 멋진 어른이 되기 위해 꼭 필요한 일이다. 선생님들 역시 아이들 마음을 좀 더 헤아리며 대한다면 상당수 갈등은 굳이 교육지원청까지 오지 않아도 되지 않을까 싶다.

 당연한 말이지만 학생과 선생님이 서로 마음을 열면, 사랑이 그 안으로 들어오고 학교와 교육현장이 더욱 따뜻해질 것이다.

 교권침해 사안이 발생한 것에 대해 그저 심의를 열어 규정에 근거하여 몇 호 처분을 결정하고 통지하는 것을 사무적으로만 대한다면야 사실 그리 어려운 것은 아니다. 하지만 아이들이 친구들은 물론 선생님을 포함한 어른들과 서로 어울리고 함께할 수 있는 사람으로 커야 하기에 교육지원청은 갈등을 슬기롭게 해결할 여러 고민들을 계속해나갈 것이다. 언제나 아이들을 위해 애쓰시는 모든 선생님, 부모님들을 응원한다.

## 교권보호 담당 노 장학사의 사안 관련 팁

대부분 선생님들이 아이들의 사소한 장난이나 일회성 반항 등을 이유로 교권이 침해되었다고 신고하는 경우는 드뭅니다. 본 사안 역시 신고 내용은 경미했으나, 이전부터 해당 학생이 선생님의 생활지도에 따르지 않고 수업시간에 다른 학생들 학습도 방해하는 행동을 지속하여, 선생님도 참다 참다 결국 신고까지 하게 된 사안이었습니다.

교권보호위원회에서는 심의 전, 양측이 동의만 한다면 분쟁조정을 시도합니다. 분쟁조정은 당사자들이 원하는 것이 무엇인지 교권보호위원회 위원들이 사전 청취 후, 합의점을 이끌어낼 수 있도록 제3자 입장에서 전달합니다. 대면을 원칙으로 하며, 교육적 목적에서 진행되기에 '피해복구'를 중심에 두고 있습니다. 신고인 측에서 사과를 원할 수도 있고, 물건이 파손되었다면 적절한 보상을 이야기해볼 수도 있습니다. 분쟁조정은 긴 시간이 걸리긴 하지만, 각자의 마음을 이야기할 수 있기에 서로의 감정을 풀 수 있는 시간이기도 합니다.

안타깝게도 교육활동 침해로 신고가 되면 '최대 7일'간 학생을 교사로부터 분리하기에, 사과를 하고 싶어도 할 수 있는 기회가 없다는 이야기를 하는 경우도 있습니다. 분쟁조정 신청을 통해 양측이 교육적으로 문제를 해결해나갈 수 있기를 바라봅니다.

## 최 변호사의 법률 조언

- 본 사안에서 살펴본 것처럼 교육청은 교권침해와 학교폭력 사안에 대하여 심의위원회를 열고 조치처분을 내리는 일만 하는 것이 아니라, 지역교권보호위원회에서 교사와 학생 또는 보호자와의 분쟁을 원만하게 해결하는 조정 제도도 「교원의 지위향상 및 교육활동 보호를 위한 특별법」 제18조 제2항 제4호에 규정하고 있습니다. 위 조항은 '교원의 교육활동과 관련된 분쟁의 조정'이라고 하여 조정 대상을 폭넓게 규정하기 때문에 교권침해 사안이 진행되는 과정 중에라도 심의 전이기만 하면 충분히 조정제도를 통해 서로의 갈등을 원만히 해결할 수 있습니다.

- 위 법의 규정과 동일한 제도가 바로 학교폭력 사안에도 있는데, '맞춤중재'라는 제도입니다. 2024년도부터 본격적으로 도입되었으나 아직 홍보가 제대로 되지 않았는지 각급 학교 선생님들도 위 제도를 잘 알지 못해서 학교폭력 사안이 발생했을 경우 무조건 학교폭력 신고만으로 분쟁을 해결하려는 경우가 많습니다.

- 그러나 교육청에서 주관하는 '맞춤중재' 프로그램은 오랜 세월 교직에 있으셨거나 상담을 전공하신 위원분들이 직접 학생들 이야기를 들어주고 또 서로의 입장을 헤아릴 수 있게 지도하면서, 당장 상대방에 대한 처벌만으로는 해결될 수 없는 각자의 마음을 다독이며 앞으로의 학교생활을 잘 해낼 수 있도록 다짐하는 시간을 갖습니다.

- 특히 경기도 고양교육지원청에서 주관하는 맞춤중재의 중재 성공률은 '98.7%'로 매우 높아서, 각자가 중재하는 것에 동의하기만 하면 거의 대부분의 분쟁이 원만하게 해결되니, 이처럼 좋은 프로그램은 없어 보입니다. 학교폭력으로 고생하시는 모든 분들이 이러한 맞춤중재 프로그램을 많이들 이용하시면 좋을 것 같다는 바람에 이렇게 또 홍보를 해봅니다.

## 망상 속의 그대

　세상을 살다 보면 현실을 직시하고 미래를 꿈꾸며 열심히 노력하는 사람들도 많이 보지만, 개중에는 잘못된 자신만의 생각에 사로잡혀 있는 사람도 보게 된다. 그 정도가 심한 경우 망상에 사로잡혔다고 표현하기도 한다.

　표준국어대사전에는 '망상(妄想)'에 대해 '이치에 맞지 아니한 망령된 생각을 함. 또는 그 생각'이라고 나와 있다. 비슷한 느낌의 단어로 '공상(空想)'이 있다. 공상은 '현실적이지 못하거나 실현될 가망이 없는 것을 막연히 그려본다'는 의미로, '공상에 잠기다'에서처럼 혼자서 가만히 이런저런 생각을 하는 모습에 쓰이는 단어인 듯하다. '망상'의 '망(妄)'은 '허망하다'는 뜻을 지닌 한자로, 공상에 비해 부정적인 느낌이 강한 것으로 보인다. 주변 사람들을 고려하지 못하고 헛된 생각에 빠져 망상에 이르게 되면 본인은 물론 다른 사람에게도 악영향을 미치게 된다.

　한 선생님이 교권보호센터에 도움을 요청했다. 학부모가 자신을 스토킹한다는 내용이었다. 학교에서 생활하다 보면 간혹 선생님을 마음에 두고 학생이 스토킹하는 경우가 있는데, 학부모의 스토킹이라니, 이런 일이 있을 수야 있겠지만 흔치는 않은 경우였다. 본인도 그렇고, 상대방도 가정에서 배우자와 아이가 있는데 이유 모를 집착이 이어져서 너무나 괴롭다는 내용이었다. 일단 선생님 이야기를 바탕으로 생각해보면, 교권침해 여부를 떠나 형사처벌 대상까지 될 사안이었다.

사안을 살펴보고 선생님과 면담을 나눴다. 담임을 맡은 학생의 학부모가 자녀 교육과 관련하여 상담을 요청해서 통화와 면담을 두어 차례 한 적이 있다고 했다. 이후 추가로 면담을 요청해왔는데 주말에 점심을 같이하며 이야기를 나누자고 했다고 한다. 학부모와 사적인 만남을 갖는 것이 부적절하다고 생각해서 거절했는데, 자녀와 관련된 일이 아니라 개인적으로 보고 싶다는 말을 하는 등 불쾌한 접근이 시작되었다고 했다.

한편 학부모는 선생님과 다른 이야기를 전했다. 선생님이 자신의 아이가 없는 시간에 연락해서 시내로 부른 후 함께 밥을 먹기도 하고, 호감을 표현해왔다는 내용이었다.

학부모가 선생님을 만났다고 주장하는 시간에 선생님은 다른 곳에서 사용한 신용카드 내역과 가족과 함께 찍은 휴대폰 사진 등을 제시하면서 학부모가 주장하는 장소에 있지 않았다며 반박했다. 모두 쉽게 드러날 거짓이었다.

선생님은 너무 분하고 억울한 감정을 느끼고 있었고, 한편으로는 본인이 의도하지 않은 불미스러운 일이 주변에 퍼질까봐 걱정했다. 누구나 그렇겠지만 특히 선생님들은 아직 어린 다수의 학생들을 가르치고 있어, 이런 일이 알려지는 것을 꺼리는 경우가 많다.

다만 이 사안의 경우, 학부모가 주말에 선생님과 만남을 갖고자 했다는 것이 교권침해인지에 대해서는 의견이 다른 부분도 있었다. 교권침해는 교육활동 중인 교원에게 침해행위를 했을 때 인정되기 때문이다. 하지만 학부모가 자녀 면담을 이유로 반복하여 학교에 찾아와서 선생님에게 접근했으며, 일과 중 통화를 시도하는 등의 행동을 했으므로 교권침해에 해당한다는 판단을 내리게 되었다.

위에 적었듯 이 사안은 형사처벌 대상으로도 생각할 수 있는 내용이었다. 이처럼 형사처벌 대상이 되는 항목 역시 교권침해의 한 유형으로 인정하고 있다. 사안을 살펴본 심의위원회에서도 스토킹에 해당한다고 판단했다. 이처럼 지역 교권보호위원회에서 교권침해라고 인정받으면 도교육청에 형사고발에 대한 도움을 요청할 수 있다.

'망상'의 비슷한 말로 '환상'을 떠올릴 수도 있다. 예전에 한 가수는 자신의 노래에서 환상 속의 그대가 지금 자신의 진짜 모습이 아니라고 말하면서 지금 당신이 살고 있는 모습은 무엇일까 묻기도 했다.

이 사안에서 학부모의 진짜 마음은 무엇이었을까. 교권침해 판단 이후 학부모에 대한 조치가 결정되기는 했지만 어쩌면 적극적인 치료가 더 필요한 사안이었을 것도 같다. 선생님도 마음의 안정을 찾아 다시 학교생활을 잘 해나갈 수 있도록 지원될 것이다.

언제까지고 망상에 빠져 있는 것이 타인은 물론 결국 본인도 망하는 길임은 쉽게 짐작할 수 있다. 적절한 상담과 치료로 이제 그만 헛된 망상에서 벗어나 자신과 주변 사람들에게 더 이상 피해를 주지 않기를 바라본다.

## 교권보호 담당 노 장학사의 사안 관련 팁

학부모가 주장한 내용들은 선생님의 증거물들로 인해 모두 거짓으로 판명되었지만, 피해 선생님의 마음은 회복하기까지 오랜 시간이 걸릴 것 같아 안타까운 마음이 들었습니다. 이러한 사안이 아니더라도 피해 교원을 위해 교원지위법에서는 피해자 보호조치로 '1호 심리상담 및 조언, 2호 치료 및 치료를 위한 요양, 3호 그밖에 치유와 교권 회복에 필요한 조치'를 위원회에서 결정하여 권고하고 있습니다.

보호자 등이 교권침해로 신고되어 심의 결과 교권침해로 인정되면 '1호 서면사과 및 재발방지 서약, 2호 교육감이 정하는 기관에서의 특별교육 이수 또는 심리치료' 조치를 받을 수 있습니다. 특별교육 이수 및 심리치료의 경우, 미이행 시 교원지위법 제35조에 의거하여 300만 원 이하의 과태료가 부과됩니다.

이러한 피해 상황 외에도 형사처벌 대상이 될 행위들은 교육활동 침해 유형에 해당하며, 지역교권보호위원회에서 교권침해로 인정 시, '교육감 형사고발' 역시 요청할 수 있습니다. 고소·고발이 문제 해결의 만능키가 아닙니다. 그럼에도 성 사안 등의 범죄 수준 행위들은 형사고발 요청 역시 고려할 부분이라고 생각합니다.

## 최 변호사의 법률 조언

- 정부는 2020년대 이후부터 갈수록 스토킹에 의한 살인, 폭력 등 범죄가 많이 일어나자, 2021년경부터 「스토킹범죄의 처벌 등에 관한 법률」(약칭 스토킹처벌법)을 제정하여 시행하고 있습니다.

- 위 사안의 경우 학부모는 자녀 면담을 핑계삼아 피해교사 의사에 반하여 반복적으로 학교에 찾아왔고, 피해교사 업무시간에 자녀의 일과 상관없는 일로 연락을 시도하여 스토킹처벌법 위반죄로 처벌받을 가능성이 있으며, 이에 따라 위 학부모의 스토킹 행위는 당연히 교육활동 침해행위에도 해당합니다.

- 한편 학부모가 이성적 감정 없이 자녀 문제에 항의하기 위해 수차례 교사에게 연락하여 같은 취지의 말을 반복하거나, 담당 교사 거절에도 업무시간 외에 지속적으로 연락을 시도하는 경우도 역시 스토킹처벌법 위반으로 처벌받을 수 있습니다. 스토킹처벌법은 가해자의 피해자에 대한 호감이나 이성적 감정을 요건으로 하지 않고, 상대방 의사에 반하여 반복적으로 상대방에게 접근하거나 연락을 취하는 행위를 처벌하는 죄이기 때문입니다.

- 따라서 저는 업무 외 시간에도 학부모들 연락에 시달리는 선생님들이 조언을 구할 때, 먼저 학부모님에게 정중히 거절 의사를 표현하도록 한 다음, 거절한 이후에도 지나치게 많이 연락하는 학부모에 대해서 스토킹처벌법으로 신고할 수 있음을 알리도록 권고하고 있습니다.

## 선을 넘은 녀석들

누구에게나 생활하면서 지켜야 할 선이란 것이 있다. 여러 사람들과 지내다 보면 친근감을 비롯한 다양한 감정들을 표현하게 되는데, 서로 눈치껏 하지 말아야 할 행동들이 있기 마련이다. 회식 때 부장님이 아무리 괜찮다고 해도, 야자타임 하자는 말에 흥분해서 아무 말이나 하다가는 당장 다음날부터 출근하는 데 부담을 느끼기 마련이다.

학교에서도 넘지 말아야 할 선이 있는데, 특히 선생님과 학생 사이에는 적절한 친밀감과 동시에 학생과 어른으로서 지켜야 할 도리가 있다. 기본적인 예의 또는 상식이라고도 할 수 있을 것이다. 하지만 아직 어린 학생들은 자신의 감정에 몰입한 나머지 잘못된 행동을 하는 경우가 있고, 이후에 후회하게 된다.

평소 학생생활지도를 열심히 하는 선생님이 있었다. 사실 학생생활지도를 성의껏 한다는 것은 갈수록 어려워지는 일이다. 생활지도를 안 하자니 교사로서 마음에 걸리지만, 이걸 하자니 학생과 학부모에게서 별의별 민원을 받는 경우가 많아져서, 좋은 게 좋은 거라고 그냥 눈감고 넘어가는 경우도 종종 있는 것 같다. 또한 학생들도 생활지도를 잘 해주는 선생님을 일부 좋아하기도 하지만, 아무래도 당장은 자신들에게 싫은 소리를 하는 선생님을 불편해하거나 심하게는 적대시하는 경우도 있다.

이 선생님의 경우에도 평소 학생지도에 대해 마음에 들어하지 않는 학생들이 있었던 것 같다. 어느 날 점심시간에 밥을 먹은 후 두 학생이 책상에 노트를 두고 특정 선생님 성함을 적었다고 한다. 그런데 주위 친구들이 살펴보니 선생님 성함을 쓴 후 그 주위에 욕설을 가득 적거나, 심지어 죽었으면 좋겠다는 식의 문구를 쓰면서 깔깔대는 것이었다.

　평소 그 친구들 성향을 알고 있던 주위 학생들은 잠깐 그러고 말겠지 싶어 두고 보았는데, 점심시간 내내 그런 행동을 했다고 한다. 아무래도 불편함을 느낀 몇몇 학생들이 다행히 '이건 선을 세게 넘었다'는 생각을 하게 되었고, 담임 선생님을 찾아갔다. 제보를 받은 선생님은 해당 학생들 잘못을 파악했고, 그 녀석들이 일종의 '데스노트' 삼아 그런 행동을 했다는 것을 알게 되었다. 선생님이 마음에 들지 않는다고 다른 친구들 보란 듯이 일종의 저주를 해서야 되겠는가.

　선생님은 바로 학생들에게 확인서를 작성하도록 하고, 학년부장 및 교감 선생님에게 해당 내용을 보고했다. 학생들 행동이 교권침해에 해당할 수 있다고 판단한 학교에서는 교권보호센터에 연락하여 위원회 개최를 요청했다.

　이 소식을 들은 학부모들은 당황했다. 학교에서 말썽을 조금 피우는 정도로만 알았지 선생님을 대상으로 데스노트라니 이게 무슨 말인가. 교권보호지원센터로 연락하여 심의위원회 개최와 관련한 내용을 상담했고, 학교에도 찾아가 해당 선생님에게 용서를 구하려 했다. 하지만 이미 마음에 상처를 입은 선생님은 학생 및 학부모와의 만남을 부담스러워하며 정중히 거절했다.

　결국 심의는 진행되었다. 심의 전부터 해당 학생과 학부모들은 어떤 결정이 내려지더라도 처분을 달게 받을 것이고, 추가로 상처 입은 선생님에게 진심어린 사과를 드리고 싶다는 의사를 반복하여 진술했다. 그리고 다행히 심의 이후였지만 선생님은 만남을 허락했고 학생과 학부모의 사과를 받아들였다.

　이후에 추가로 학교에서 연락이 오지 않는 것을 보면 그래도 학생들이 더 이상 잘못을 하지 않고 학교생활을 하는 것 같다. 선생님은 마음의 상처를 회복했을까. 이런 일을 한번 겪고 나면 그동안 성실히 해왔던 생활지도에서 손을 떼는 경우가 많은데 지금은 어떠실지 모르겠다.

　학생들이 학교에서 지내다 보면 칭찬받는 경우도 있겠지만 잘못된 행동에 대해 혼이 나는 경우도 있다. 누구나 그렇다. 속상하고 화가 날 수 있겠지만, 대개의 경우 그래도 혼내주는 선생님은 학생들이 인생을 살아가는 데 지켜야 할 선 안에서 살아갈 수 있도록 노력하는 중이라는 걸 알아주었으면 좋겠다. 그리고 혹시 선생님에게 불편한 마음이 생기더라도 데스노트를 적어가며 추악한 주문을 외는 것 같은, 선을 넘는 일은 하지 말아야 한다. 그나마 이 학생들과 학부모님은 선을 다시 넘어와서 다행이었다. 지켜야 할 선은 지켜야 하는 법이다.

## 교권보호 담당 노 장학사의 사안 관련 팁

    교권침해로 인정되면 학생은 '1호 학교봉사, 2호 사회봉사, 3호 특별교육 또는 심리치료, 4호 출석정지, 5호 학급 교체, 6호 전학, 7호 퇴학' 중의 조치를 받습니다. 학교폭력에 대한 조치와 유사하나 행위의 심각성, 지속성 등을 고려하여 '조치 없음' 처분도 받을 수 있습니다.

    선생님들이 학생생활 지도를 하다 보면 학생과 감정이 상할 수도 있습니다. 선생님 역시 사람이고, 생활지도에 대해 본 사안처럼 학생들이 선을 넘으면 그 상처로 인해 '생활지도를 포기하고 싶다'라고 생각할 수도 있습니다. 학교폭력이든 교권침해든 사안과 관련된 모든 당사자들은 '피해 당사자 회복'에 초점을 맞춰야 하고, 교육지원청 교권보호위원회 개최 여부를 떠나 피해 당사자의 마음을 살피며 회복할 수 있도록 가해 학생과 학부모가 노력하는 것이 중요합니다.

    학생들은 아직은 미성숙하고 누구나 잘못할 수 있습니다. 학교와 가정, 나아가 우리 사회에서도 누군가에게 피해를 준 것에 대해서는 본인들 스스로 책임을 지도록 교육하는 것이 가장 중요하다고 생각합니다. 교육활동 침해 조치를 성실하게 이행하는 것, 해당 피해자에게 미안한 마음을 가지고 찾아가거나 또는 여의치 않으면 편지라도 써서 반성과 사과를 표현하는 것, 자숙하며 잘못을 반복하지 않는 것 등도 자신의 행위에 대해 책임을 다하도록 하는 교육의 일환입니다.

## 최 변호사의 법률 조언

- 본 사안처럼 소수의 학생들이 무언가 선생님에게 대놓고 말로 욕설을 하거나 험담을 하지는 않고 종이에 글로써 폭언을 한 경우, 공연성이 없어 모욕죄나 명예훼손죄에 해당하지 않을 가능성이 높고, 이에 따라 형사적으로 처벌하기는 어려울 것으로 보입니다.
- 그러나 형사상 처벌죄가 성립하지 않더라도 교원지위법에는 학생이 교사의 정당한 생활지도에 불응하거나 기타 교권을 존중하지 않는 행위를 했다면, '교육활동 침해행위 및 조치기준에 관한 고시' 제2조 제3호(정당한 생활지도에 불응)나 제6호(기타 교육공무원법 제43조 제1항에 위반하는 행위)에 의거해 교육활동 침해행위로 판단할 수 있습니다.
- 이처럼 교원지위법에는 문제되는 학생의 행위가 형사상 처벌 가능 범죄가 아니어서 교육활동 침해로 판단하기 애매하더라도, 교권 보호를 위해 부도덕하거나 비윤리적인 학생의 행위들을 교육활동 침해행위로 판단할 수 있는 포섭 규정이 있다는 것을 유의하셔야 합니다.

## 얼마예요?

'돈'은 어디에서 온 말일까. 돈의 어원에 대해 동사 '돈다'에서 유래한 말이라며, 그래서 돈은 한 곳에 머물지 않고 돌아다닌다는 설명이 있지만, 이는 정설이 아닌 민간에서 떠도는 말이다.

우리는 정치적으로는 민주주의, 경제적으로는 자본주의를 기본으로 하는 사회에서 살고 있다. 갈수록 돈의 영향력이 커지고 있어 염려하는 목소리도 있고, 인생을 사는 목적이 돈이 되어서는 안 된다고 하는 사람들도 있다. 하지만 누구나 어느 정도는 돈을 좋아하는 마음이 있지 않을까 싶다.

학교폭력 사안을 들여다보면 학생들 사이에 돈 때문에 갈등이 생겨 접수가 되거나 학부모들 간에도 돈으로 적당히 학교폭력을 무마하려고 하여 마음이 불편한 경우가 있는데, 이는 교권침해와 관련한 사안에서도 일어나는 일이다.

처음에는 한 고등학교 여학생 간에 학교폭력이 발생한 것으로 보였다. 그 나이 또래 학생들 간에 자주 있는 일로, 사소한 감정 다툼이 다른 친구들에게까지 번져서 따돌림을 했다는 이유로 사안이 접수되었다. 여기까지는 교권보호지원센터로 올 일이 아니었.

하지만 가해 관련 학생 어머니의 행동이 문제였다. 자녀 이야기만 믿고 내 아이의 결백함을 증명하고자 애쓰는 모습을 보였던 듯했다.

자녀가 다닌 학원과 스터디카페 등 동선을 따라가며 CCTV 자료와 관련 인물들 확인서를 구하고 다녔다. 당연히 학교에도 찾아갔고, 일과 중인 교실을 방문하기도 했다. 예전에 상영했던 영화 '마더' 포스터에는 '아무도 믿지 마, 엄마가 구해줄게'라는 문구가 있는데, 이 영화에서 아들의 결백을 입증하려고 노력했던 김혜자 씨가 떠오르기도 했다.

학교에서는 당연히 학부모에게 교육활동 시간에 허가 없이 출입하지 말라고 경고했지만 소용없었다. 친구들을 찾아다니며 탄원서에 서명해달라고 요구했고, 이를 문제삼는 선생님들에게는 오히려 "학교에서 내 아이에게 해준 게 뭐가 있느냐, 멀쩡한 아이를 학교폭력 가해자로 만들지 않았느냐"며 항의했다. 또한 지역 맘카페 등에 본인 입장에서 작성한 글을 올려 여러 사람들이 학교에 민원을 제기하게 하는 등 학교 교육을 방해한 것으로도 보였다.

학생의 담임을 맡은 선생님도 어려움을 겪었다. 주말과 야간 등 시간을 가리지 않고 울려대는 전화벨 소리와 문자 알림에 스트레스가 극심하여 상담이 필요할 지경이었다. 학부모는 문자와 통화를 통해 학교폭력 사안처리를 제대로 하지 않아 내 아이가 정신적인 피해를 입었고, 이는 정서적 아동학대에 해당한다고 소리를 높였다. 사안과 관련하여 돈이 얼마가 들든 변호사를 선임해 법적 절차를 밟겠다는 것에 더해 학교 인근 여러 곳에 선생님 지도에 문제가 있다는 내용으로 현수막을 제작해서 걸겠다고 위협했다고도 한다.

결국 교권보호위원회에서는 자녀의 학교폭력 사안에 대해 보호자로서 대응하고자 하는 마음이 일부 이해되는 면도 있으나, 학교와 선생님에 대한 부당한 압력이고 협박일 수 있다고 판단하여 학부모에게 특별교육 이수를 포함한 조치를 결정했다.

학교 밖 시선에서 보면 교권침해 사안 내용에 비해 특별교육 이수가 가벼운 조치가 아니냐고 생각할 수도 있다. 하지만 현재 교원지위법에서 교권침해를 한 일반인을 대상으로 한 조치에는 서면사과나 특별교육 정도가 있는데, 서면사과는 강제성이 없고, 그나마 특별교육을 미이수하면 최대 3백만 원 과태료를 부과할 수 있어 이 조치가 결정되는 경우가 있다.

조치결정을 받은 학부모는 교권보호지원센터로 전화해서 본인에게 결정된 특별교육을 안 받고 행정소송을 갈 거라고 당당하게 이야기했다. 그러면서 특별교육을 받지 않으면 무슨 불이익이 있는지 물었다. 법 내용대로 과태료를 부과할 수 있다고 하자 웃으면서 "과태료요? 그거 얼마예요?"라고 한다. 최대 3백만 원임을 안내했더니 다시 웃으며 "돈 내면 되겠네요. 그 정도야 뭐, 내고 말죠. 돈 3백? 낼게요." 하고 거칠게 전화를 끊었다.

당연히 불쾌했지만 어쩔 수 없는 노릇이었다. 당사자가 특별교육을 이수하지 않겠다고 당당히 통보해왔으니 도교육청 관련 부서에 과태료 부과 과정 등을 문의하면서 이후 행정절차를 준비했다. 하지만 얼마 뒤 학교와 연락해본 결과는 의외였다. 학부모는 특별교육 이수를 잘 마치고, 학교로 이수증도 제출했다고 한다. 물론 직접 만나지는 못해 어떤 표정과 태도였는지는 알지 못하지만 그렇게라도 이수

했다니 다행이었다.

　특별교육을 이수하지 않고 돈 3백만 원 내면 된다며 쿨하게 넘겨 버렸다면 그런 엄마의 모습을 볼 아이는 무슨 생각을 했을까. 까짓거, 돈이면 되는구나 하고 보호자와 함께 승리의 웃음을 지었을까 아니면 정당한 행정절차를 지키지 않는 부모 모습에서 부끄러움을 느꼈을까. 어찌되었든 해당 학부모가 조치처분을 잘 이행했다고 하니, 일어나지 않은 일에 대해 너무 생각하지 않으려 한다. 그리고 여기는 와봐야 좋을 일 없는 곳이니 다시 만나지 않았으면 좋겠다. 교권침해를 한 당사자든 학교폭력 가해 학생의 보호자든 말이다.

## 교권보호 담당 노 장학사의 사안 관련 팁

선생님에 대한 보호자의 교육활동 침해에 대해 결정된 조치를 미이행하면 과태료 부과 대상이 될 수 있습니다. 이 사안에서 처음에는 '돈으로 해결하겠다'는 학부모 생각이 안타까웠지만, 결국 보호자는 처분을 이행했으니 특별교육을 통해 조금이나마 생각 변화의 계기가 되었으면 좋겠습니다. 현장 선생님들을 만나보면 학부모에 대한 지역교권보호위원회 조치가 '서면사과, 특별교육' 수준이라 경미한 조치라고 생각하는 분들도 많았습니다. 그래도 교사의 교육활동을 심각하게 침해하는 잘못된 행위에 대해 경각심을 주거나, 이 같은 행동이 중단되는 효과는 분명 있습니다.

학교에서는 교권침해 예방을 위해 '학교 방문 사전 예약'을 학기 초에 꼭 안내해주시고, 초등학교 경우 교실 전화에 녹음 기능을 구비하길 권합니다. 최근 일부 민원인이 학교에 무단출입하는 것과 관련한 사안들이 다수 발생하고 있습니다. 학부모님들은 교권침해가 선생님 개인에 대한 피해를 넘어 결국은 교실에서 수업받는 아이들 학습권에 지장을 줄 수 있다는 점을 인지해주셨으면 합니다. 물론 훌륭한 학부모님들이 다수인 것을 알고 있으나, 간혹 학교와 학부모의 갈등이 극에 치닫는 경우가 있고 이로 인한 피해는 고스란히 아이들에게 전해지기 때문입니다.

## 최 변호사의 법률 조언

- 최근 들어 학부모들의 학교 측에 대한 민원이 거세지면서, 학교에 무단으로 방문해 건조물침입죄나 퇴거불응죄 등으로 처벌받는 사례가 속출하고 있습니다.

- 실제로 초등학교 5학년 학생의 학부모는 담임 교사에게 사전 연락도 없이 수업 중에 갑자기 교실에 들이닥쳤고, 이에 피해교사가 학부모에게 "수업 중이니 교실에서 나가달라, 나가시지 않으면 교권침해이니 경찰을 부르겠다"라고 정중히 요청하자, 해당 학부모는 "뭐, 이런 걸 가지고 경찰을 부르냐? 자기 할 일 안 할 일 구분도 못하면서 무슨 애들을 가르친다고"라는 등으로 큰소리를 치며 교실에서 약 4분간 소란을 피운 후 교실을 떠났습니다. 결국 위 학부모는 퇴거불응죄로 1심에서 징역 4월과 이에 대한 집행유예 1년 형을 선고받았고 양형부당으로 항소했습니다. 하지만 항소심 역시 해당 학부모가 아직도 제대로 반성하지 않는다는 이유로 기존 형에다 80시간의 사회봉사 명령까지 추가로 선고했습니다(수원지방법원 2022노7327 판결 참조).

- 위 판례는 최근 학부모에 의한 교권침해의 심각성을 잘 인지한 판결로 보입니다. 교사의 퇴거 요청에도 불구하고 학부모가 단 4분이라도 교실에 무단침입해 소란을 피운다면 곧바로 퇴거불응죄 실형에 처해질 수 있다는 것을 보여준 판결이므로, 앞으로 학부모님들께서는 학교에 방문하실 때 꼭 만날 선생님과 사전약속을 한 다음 방문해주셔야 합니다.

## 초보운전

　대학에 입학한 아들이 운전면허를 취득했다. 말 타면 경마 잡히고 싶다더니, 도로 연수를 더 하고 싶어했다. 운전 학원에서 하는 연수를 알아보니 30만 원쯤 드는 것 같았다. 돈도 돈이고, 이왕 내 차가 있으니 내가 주말이나 시간 되는 때를 이용해서 연수도 시키면서 아이와 이야기 나누는 것도 좋겠다 싶었다. 하지만 착각이었다. 운전 연수는 돈 주고 하는 게 국룰이라는 말이 그냥 있는 말이 아니다. '운전 연수중'이라고 커다랗게 쓴 종이를 차 뒤에 붙인 채 보조석에 앉아서 가슴 졸이며, 때로는 험한 말을 꾹 참아가며 동네 주변을 돌았다. 아빠랑 하는 연수는 여기까지가 끝인가 보다 여기고, 이제 나는 돌아설 테니 학원 가는 게 좋겠다 싶기도 했지만 이왕 시작했으니 며칠 더 해보기로 했다.

　운전도 그렇고 누구나 어떤 일에든 처음이 있고, 그 순간은 가슴 떨리기 마련이다. 그동안 학교에서 진행되던 교권보호위원회가 2024년부터 교육지원청에서 담당하게 되었다. 처음 접수했던 사안이 떠올라 여기 적어본다. 교권보호위원회 심의를 위해 미리 위원회를 구성하고 여러 차례 연수를 받기도 했지만 두근거리는 마음으로 접수된 사안을 살펴보았다.

　마침 관련 선생님은 올해 처음 발령받은 신규 남자 선생님이었다.

교권침해를 한 학부모는 초등학교 1학년 학생을 둔 학부모였다. 아이는 첫째 아이라고 했다. 모두가 처음인 사람들이었다.

　심의일에 신고인 자격으로 출석한 선생님은 초임이어서 더 그렇게 보였겠지만 정말 어려 보였다. 하지만 이야기를 할수록 초임답게 열정을 가지고 아이들을 지도하는 것으로 보였다. 그런데 담임을 맡은 학생 학부모와 상담 중 학부모로부터 갑작스러운 욕설을 들어 충격이 큰 것으로 보였다. 선생님은 녹음 자료를 증거 자료로 제출했는데, 정말 큰 고성으로 있는 욕, 없는 욕을 한참 계속했다. 듣는 것도 힘들 지경이었고, 이 정도면 교권침해는 분명해 보였다.

　다음으로 학부모가 출석했다. 사안 내용으로 보아서는 앙칼진 모습으로 심의위원들을 노려보며 진술할 것만 같았는데, 매우 불안한 모습을 보였다. 말을 더듬거리고, 덜덜 떨면서 위원들 질문에 답변하기보다 자신의 상황을 변명처럼 어렵게 겨우 이야기했다.

　주로 아이를 키우면서 겪어온 어려움을 진술했는데, 경제적으로도 힘들었고 이런저런 가정사가 있는 것으로 보였다. 첫째 아이를 힘들게 키워 학교를 보내놨는데 아이가 학교생활에 잘 적응하지 못해 전화를 몇 번 받다 보니 예민해진 것 같다며 잘못을 인정하면서 용서를 구한다고 했다. 심리적 안정을 위해 노력해야 할 상황인 것으로도 보였다.

　사안 당일 이야기를 들어보니 전날 가정에 일이 있어 예민해진 상태였는데, 아이가 배변 문제가 있다며 전화를 받은 모양이었다. 초등학교 저학년이나 특수학급 아이들에게 종종 있는 일이다. 간혹 학부모 입장에서는 어린이집이나 유치원에서는 선생님이 처리해주기도 했다며, 학교에서 그 정도는 좀 도와줄 수 있는 것 아닌가 생각하며 섭섭함을 전하기도 한다. 하지만 학교는 더 이상 어린이집이나 유치원 같은 곳이 아니다. 같은 반 학생들이 많아지기도 해서 한 아이에게만 관심을 보이기 어려운 점도 있다. 어쨌든 그렇게 감정을 절제하지 못한 상태에서 교사에게 심한 욕을 퍼부은 듯했다. 담임이었던 남자 선생님은 여자 학부모의 욕설이 너무나 충격이었을 것이다.

마침 남편이 함께 심의에 출석했고, 위원들에게 정중하게 90도로 허리 숙여 인사하며 용서를 구했다. 아내 잘못을 인정하고, 가정에서 아이와 아내를 더 신경쓰겠다고 반복하여 사과했다. 그나마 다행이었고, 사안 내용에 맞는 조치를 결정하여 통보해주었다.

심의 이후 남편은 아이 문제를 상담받고 싶다며 교권보호지원센터를 따로 찾아오기도 했다. 마침 시간이 되어 남편분을 만났고, 두 시간가량 대화했다. 이후에도 몇 차례 전화 통화를 하며 아이의 심리 상태는 어떤지, 아내분 건강에 문제는 없는지 이야기 나누었다. 아이가 학교생활에 잘 적응하고 다닐 수 있도록 교육지원청에서 어떤 지원을 해줄 수 있을지 알아보기도 해주었고 감사하다는 인사를 들을 수 있었다.

사안을 진행하며 당연히 교권보호지원센터에서는 교권침해로 힘들어하는 선생님에 대한 지원을 고민해야겠지만, 마음이 아픈 학생과 학부모에 대한 관심도 가져야겠다는 생각도 들었다. 이렇게 첫 사안을 마쳤고, 지난 1년여간 50여 건 심의를 진행하며 선생님을 중심으로 학교 현장을 지원하기 위해 노력해왔다.

운전을 시작한 아들은 처음 연수를 시작할 때는 내내 불안하기만 하더니만 몇 차례 더 연습해보니 끼어들기도 하고 유턴도 하면서 그래도 좀 나아진 것 같다. 물론 주차하다 차 옆 부분을 살짝 긁어먹긴 했지만, 남의 차 안 긁고 사람도 안 다쳤으니 다행이지 하며 넘기면 그만이다. 나도 초보운전 땐 그러지 않았나.

담임 선생님이 초임 선생님이라고 하면 아무래도 조금 염려하는 학부모들이 있긴 한 것 같다. 하지만 저경력 선생님이라면 그만큼 사랑과 열정으로 아이들을 대하지 않을까. 학부모들도 특히 첫째 아이라면 부모가 처음이라 서툴고 힘들 수 있다. 아이의 일거수일투족에 마음이 쓰일 것이다. 하지만 그렇다고 그 스트레스가 선생님을 향해서는 안 될 일이다.

각 지역교육청 교권보호위원회가 큰 문제 없이 한 해를 넘겼다. 첫해의 경험을 바탕으로 학교 현장을 더 따뜻하게 살필 수 있도록 많이 응원해주면 좋겠다.

## 교권보호 담당 노 장학사의 사안 관련 팁

처음 자녀를 학교에 보내는 부모님 마음은 선생님으로서, 부모로서도 저 역시 경험했기 때문에 걱정되는 부분에 대해 공감하고 있습니다. 유치원 때와 다른 환경이기도 하고, 특히 자녀가 여러 일들을 스스로 하는 것에 익숙하지 않다면 부모님 걱정은 더 크실 것입니다. 해당 사안의 부모님 역시 안타까운 상황이지만, 교사에게 심하게 욕설하고 소리친 것을 없었던 일로 할 수는 없었습니다. 피해 선생님의 정신적 고통은 이루 말할 수 없어 보였습니다. 이에 교권보호위원회에서는 공연성이 없기에 '모욕'은 아니지만, '불안감 조성' 행위로 판단했고 교육활동 침해로 인정했습니다. 본 사안과 유사한 경우들이 실제 교육현장에서 종종 발생하고 있고, 피해 선생님들은 교단에 다시 서기가 어려워 휴직까지 하는 경우도 있습니다.

학부모님들은 학교에서 잦은 연락이 온다면, 먼저 아이와 부모님 상황에 대해 담임교사와 소통하여 가정 상황을 인지할 수 있게 해주는 것이 필요합니다. 서로의 상황을 알아야 배려할 수 있고 아이 성장을 위해 세심하게 학교에서도 접근할 수 있기 때문입니다. 그래서 학기 초 담임 선생님과의 소통은 그 무엇보다 중요합니다. 또한 자녀의 행동과 말을 믿어주시되, 담임 선생님에게도 아이가 한 말에 대해 체크해보시길 권합니다. 간혹 어린 자녀들의 표현과 실제 상황이 상이한 경우가 있을 수 있고, 이러한 경우들이 누적되면 불신과 오해를 낳습니다.

학교에서도 학기 초에 부모님 대상으로 유치원과 초등학교가 다른 점에 대해 상세히 연수하는 프로그램이 꼭 필요합니다. 처음 학교에 오는 아이가 '스스로 해나갈 수 있는 힘을 길러 안정적인 학교생활을 하는 것'이 학교생활을 잘하기 위해 꼭 필요하기 때문입니다.

## 최 변호사의 법률 조언

- 학교폭력이든 교권침해든 상대방에 대한 욕설은 감정이 격해져 우발적으로 범한 실수라 하더라도 용서받을 수 없는 행위입니다.
- 법원은 10대 청소년들의 언어습관을 고려해 학교폭력 경우에는 종종 일시적인 욕설을 학교폭력으로 인정하지 않는 판결을 내리지만, 교권침해 경우에는 피해교사에게 욕설을 했을 경우 이를 교육활동 침해행위로 포섭할 수 있는 규정이 있기에 예외가 없습니다.
- 위 사안의 어머니도 처음 자녀를 학교에 보내면서 이런저런 걱정이 많아지고 그에 대한 스트레스가 만만치 않아 순간적으로 욕설을 내뱉으신 거겠지만, 자신의 자녀를 지도하는 담임교사 또한 누군가의 소중한 자녀라는 사실을 떠올린다면 섣불리 욕설을 내뱉지는 않았겠지요.

## 하늘과 땅이 알고, 너와 내가 안다

    요즘 학생들은 한자를 어려워해서 잘 모를 수도 있지만, 아주 어렵지 않은 한자로 만들어진 '천지지지여지아지(天知地知汝知我知)'라는 말이 있다. 말 그대로 '하늘이 알고 땅이 알고 있으며, 네가 알고 나도 안다'라는 의미로, 온 천하가 다 알고 있어 속일 수 없다는 뜻이다. 우리에게 익숙한 다른 말로는 '낮말은 새가 듣고 밤말은 쥐가 듣는다'라는 속담 정도로 바꿀 수도 있겠다. 아무도 모를 것 같은 잘못된 행동에 대해서도 경계해야 한다는 의미로 생각할 수 있다. 요즘 온라인의 익명성을 이용하여 학생 간 혹은 선생님을 대상으로 걸리지 않을 거라고 생각하면서 자신의 불만이나 험담을 표현하다가 결국 학교폭력이나 교권침해 사안으로 접수되는 경우가 종종 발생하는 것과 관련 지을 수 있을 것 같다.

    한 고등학교에서 생긴 교권침해 사안도 이와 같은 경우였다. 친구 사이인 여학생들이 자신들을 지도하는 선생님을 대상으로 욕설을 포함한 부정적인 글을 작성하면서 선생님 사진도 온라인상에 올린 것으로 보였다. 처음 이런 내용이 온라인에 게시되었다고 확인한 것은 재학 중인 다른 학생들이었다. 글 내용이 선생님을 향한 것이라고 생각한 학생들은 학생부로 찾아가 이 같은 사실을 이야기해주었고, 생활지도 담당 선생님이 내용을 살펴본 후 해당 선생님과 교감 선생님에게 전달하는 등의 과정을 거쳐 교권침해 사안으로 접수되었다.

다만 사안 초기에는 피해 선생님은 특정되었으나 가해 학생들이 누구인지 알기 어려웠다고 한다. 이에 선생님과 학교는 글의 작성 경위에 대해 경찰 수사를 의뢰했고, 학교에서도 자체적으로 여러 노력을 기울여 가해 학생들을 확인할 수 있었다. 학생들은 처음에는 자신들이 이런 행동을 했다는 것을 부인했지만, 여러 학생들이 얽혀 있다 보니 그들 사이에 균열이 생기기도 하는 등 결국 잘못된 행동을 시인했다.

이들은 커뮤니티를 이용하는 사람들이 많지 않아 별다른 생각 없이 올린 글이었다며 반성하는 모습을 보이기도 했다. 학생들의 짧은 생각으로는 별일 아니라고 여겼던 듯하지만, 온라인의 특성상 얼마든지 다른 곳으로 전파될 수 있다는 점을 생각한다면 심각하다고 인정되기 마련이다. 피해 선생님 역시 교실에서 수업하면서 마주칠 수 있는 학생들 중 누군가가 본인을 향해 또다시 이런 글을 작성할 수 있다는 불안감을 느끼는 것으로 보였다. 피해 사실 확인서는 제출했으나, 반복하여 그 일을 떠올리기 싫다며 심의에는 불참하기도 했다. 조치결정 이후 학생들은 뒤늦게나마 학교와 선생님에 대한 칭찬글을 여러 개 작성하여 제출한 듯했지만, 이미 상처 입은 선생님 마음이 완전히 회복되지는 않을 노릇이었다.

선생님들은 학교에서 같이 일상을 지내는 학생들을 우선 믿고 가르치기 마련인데 학생들이 이 같은 신뢰를 깨는 경우가 있다. 체험학습 중 학생들이 찾아와 함께 사진을 찍자길래 그러자며 생각 없이 찍었는데, 이 사진을 커뮤니티에 게시하면서 부정적 내용을 함께 작성하는 경우도 있었다. 선생님은 수업하는 학생들이 밝은 얼굴로 찾아와 사진을 찍자고 하니, '하나 둘 셋~! 찰칵' 하고 밝게 웃으며 찍어주었는데 이런 행동을 당한 것이다. 나중에서야 잘못했다고 하면서 선처를 구한다 한들 당연히 심한 배신감을 느낄 수밖에 없는 일이다.

인터넷 게시판이나 휴대폰 앱 중에는 게시글이나 사진을 올린 후 일정 시간이 지난 이후 내용이 삭제되는 것들이 있다. 또는 보안성이 강해 커뮤니티에 속하지 않은 외부인이 볼 수 없다고 알려진 것들도 있다. 이를 이용해서 우리끼리만 알고 지내면 별일 없을 거라고 생각하고 잘못된 언행을 하는 것이다. 걸리더라도 학생이 한 일인데 어른인 선생님이 이 정도는 이해할 수도 있지 않느냐고 우기기도 한다.

하지만 요즘은 선생님들도 교권보호에 대해 예전에 비해 민감하게 반응하는 경우가 많고, 이는 당연한 일이라고 할 수 있다. 수사기관에서도 딥페이크 등의 심각한 사안은 물론 온라인상의 부정적 댓글 등에 대해서도 빠르게 대응하고 있다. 일부 사이트나 앱이 보안성이 강하다고 알려져 있지만 이런 경우에도 수색영장을 적극적으로 청구해서 자료를 제출받는 등 수사를 강화하고 있다.

한두 번 글이나 사진을 올려서 적발되지 않았다고 안심하여 다시 이런 일을 반복하거나 친구들과 함께해서는 안 된다. 설령 오랜 기간 걸리지 않는다고 한들, 하늘이 알고 땅이 알고, 다른 친구가 알며, 무엇보다 스스로 그런 행동이 잘못임을 알기 마련이다. 컴퓨터 앞에서 부지런히 움직였던 자신의 손가락을 훗날 부끄럽게 여기지 않았으면 좋겠다.

## 교권보호 담당 노 장학사의 사안 관련 팁

교실에서 쉬는 시간에 휴대폰을 사용하거나, 태블릿을 활용하여 수업하는 경우가 있다 보니 선생님이나 친구들 모습을 촬영하여 온라인에 올리는 행위로 신고되는 사례가 꽤 많습니다.

이는 교육부에서 고시한 교육활동 침해행위 유형(교육활동 중인 교원의 영상·화상·음성 등을 촬영·녹화·녹음·합성하여 무단으로 배포하는 행위)에 해당합니다. 특히 자신의 사진을 누군가 동의 없이 촬영하는 행위는 딥페이크 피해로도 이어질 수 있기에 피해자에게는 두려움으로 다가옵니다. 교권보호위원회나 학교폭력대책심의위원회에서도 이러한 사안들은 '장난'이라고 주장하더라도 피해 확장성이 있기에 심각하게 바라봅니다. 또한 법적 처벌까지 받을 수 있기에 더욱 주의가 필요합니다.

## 최 변호사의 법률 조언

- 위 사안을 보니 제가 교육청에 처음 들어와 참관했던 한 교권보호위원회 사안이 또렷이 기억납니다. 위 사안처럼 중학생들이 피해교사 사진을 찍어 이를 조롱하는 동영상을 만들고, 여기에 성희롱하는 자막까지 넣어서 파일로 만든 후 단톡방에 게시한 내용이었습니다. 남학생도 아닌 여학생들이 여교사를 대상으로 했기에, 피해교사의 정신적 충격이 상당해 보였습니다.

- 제가 위 교권침해 사안을 참관하며 더더욱 안타까웠던 것은 동영상을 주도적으로 만들었던 학생들이, 정보통신망법상 명예훼손죄로 형사 처벌받을 수 있다는 심각성을 여전히 잘 모르는 것처럼 보인 점입니다. 해당 여학생은 문제의 영상을 장난으로 만들었고, 그저 삭제하면 다 해결될 문제로 인식했습니다. 명예훼손성 동영상 유포행위의 심각성을 전혀 인지하지 못했던 것이지요.

- 학생들은 아직 어리기에 자신의 장난스런 행위가 형사처벌까지 가능하다는 사실을 모를 수 있습니다. 그러나 가정은 자녀들에게 무엇이 옳고 그른지를 가르쳐야 할 1차적인 책임이 있습니다. 위 학생의 주양육자였던 할머니는 교권보호위원회에 출석한 날 처음 사안을 들었을 정도로 해당 학생과의 소통이 부족한 상태였습니다. 부디 이 일을 계기로 학생과 할머니가 서로 부족했던 소통의 물꼬를 트고, 다시는 교육청에 찾아오는 일이 없기를 바라봅니다.

**더 알아보기 ❷**

## 선생님을 진심으로 지원하는 '교권보호지원센터'를 소개합니다.

**※ 설치 근거: 교원의 지위향상 및 교육활동 보호를 위한 특별법**(2024.3.28.시행)

> 제29조(교육활동보호센터의 지정 등) ① 관할청은 교육활동 침해행위를 예방하고, 피해교원의 정신적 피해에 대한 치유 지원 등 심리적 회복이 필요한 교원을 지원하기 위하여 전문인력 및 시설 등 대통령령으로 정하는 요건을 갖춘 기관 또는 단체를 교육활동보호센터로 지정할 수 있다.

**※ 경기교권보호지원센터는?**(경기도 교육청 기준, 시도마다 상이할 수 있음)

경기교권보호지원센터는 교권 담당 장학사, 변호사, 상담사, 주무관이 배치되어 근무하고 있습니다. 매일 수많은 전화를 받는 선생님들이 현재의 어려움과 교육활동에 방해가 되는 침해 요소들에 어떻게 대처할지 방법도 함께 고민해나가고 있습니다.

특히 2024년부터는 '지역교권보호위원회'가 구성되어 학교 현장에서 발생하는 교육활동 침해 사안에 대해 교육활동 침해가 맞는지, 맞다면 어떠한 보호조치와 선도조치를 해야 할지 위원회를 열고 심의를 진행합니다.

또한 경기도의 경우 2025년부터는 교육활동 보호를 위해 '안심 콜 탁(TAC)'을 구축하여 선생님들을 지원하기 위해 준비하고 있습니다. '탁'의 의미는 '막힘없이 필요한 지원을 원스톱으로 지원'한다는 의미입니다. 교육청의 이러한 노력이 선생님들을 지원하고 나아가 학교 구성원 모두의 안전과 교육활동으로 이어지길 희망합니다.

더불어 '교원 대상 아동학대 신고' 시 경기도의 경우 교권센터가 함께 선생님에게 법률 지원 및 '교육감 의견서'를 작성하여 경찰로 제출케 하는 등 정당한 교육활동이 아동학대로 이어지지 않도록 현장에 밀착하여 지원하고자 노력하고 있습니다.

**※ 교권보호지원센터는 어디에 있는가?**

경기도의 경우 2022년부터 북부·남동·남서의 3개 권역으로 시작하여 2024년 파주, 고양, 성남, 수원, 안양, 과천, 안산 등 총 13개 권역으로 확대되었습니다. 2025년에는 경기도 25개 지원청으로 전면 확대되어 경기도 내 선생님들의 교육활동

보호를 지원하고 있습니다. 특히 센터 내 장학사, 주무관, 변호사, 상담사가 선생님들의 법률·행정·심리상담을 통합적으로 지원하고 있습니다. 선생님들께서 교권센터 도움이 필요하실 때는 시도별 교육청으로 문의하시면 언제든 필요한 지원을 받을 수 있습니다.

※ 교권보호지원센터는 어떤 일을 하는가?

| 구분 | 사업명 | 사업 내용 |
|---|---|---|
| 교육활동 침해 예방 | 교육활동 침해 예방교육 및 연수 실시 | 학교 현장으로 찾아가는 연수, 교원 역량 강화 연수 운영 지원 등 |
| 침해사안 통합 지원 시스템 구축·운영 | 교육활동 보호 안심콜 탁(TAC) 1600-8787 운영 | 교육활동 침해 피해교원 법률·행정·심리상담 원스톱(One-Stop) 지원<br>※교육부의 경우 1395 콜센터 운영 중 |
| | 교육활동 침해사안 지원 | 교육활동 보호 긴급지원팀 운영<br>(학교 현장 방문을 통한 사안 지원) |
| | 지역교권보호위원회 운영 | 교육활동 침해행위에 대한 심의 및 분쟁조정<br>- 피해교원 보호조치, 가해 측 선도조치 등 |
| 피해교원 회복 지원 | 교원 심리·정서 상담 지원 | 교육활동 침해 피해교원 및 직무 관련 스트레스 교원 상담 지원 |
| | 교원 마음 회복 프로그램 운영 | 교육활동 침해 피해교원 및 희망교원 대상 집단 상담·힐링 성장 프로그램 운영 |

경기도 교육청 기준, 시도 교육청마다 지원 세부 사항은 다를 수 있음

### 더 알아보기 ❸

## 학생들 마음건강을 위한 '위(Wee) 프로젝트'를 소개합니다.

### ※ 「위(Wee) 프로젝트」 개념

> Wee = 'We(우리들)+education(교육)', 'We(우리들)+emotion(감성)'의 이니셜

- 나(I)와 너(You) 속에 우리(We)를 발견할 수 있도록 사랑(♥)으로 지도하고, 학생에게 감성과 사랑이 녹아 있는 위(Wee) 공간에서 자신의 잠재력을 찾아내자는 의미 내포
- 위(Wee) 프로젝트 대상: 모든 학생을 대상으로 하되 주 대상은 위기학생
- 위(Wee) 프로젝트 내용: 단위학교-교육(지원)청-지역사회가 연계된 다중안전망
- 전략: 학생의 건강하고 즐거운 학교생활 지원

Wee는
We(우리들) + education(교육)
We(우리들) + emotion(감성)의 합성어입니다.

- 위(Wee) 센터: 학교, 교육(지원)청, 지역사회와 연계하여 학생들의 건강하고 즐거운 학교생활을 지원하는 다중 통합지원 서비스망 중 '교육지원청' 기관을 이르는 말입니다.

### ※ 「위(Wee) 프로젝트」 체계

- 「위(Wee) 프로젝트」는 정서불안, 폭력, 학교부적응, 일탈행동 등 위기학생에 대한 촘촘한 3단계 safe-net 구축 사업을 일컬음
  - 1차 안전망으로 단위학교 내 위(Wee) 클래스 운영
  - 2차 안전망으로 교육지원청에 위(Wee) 센터 설치·운영
  - 3차 안전망으로 위(Wee) 스쿨, 가정형 및 병원형 위센터 설치·운영

| 1차 안전망<br>(학교) | 2차 안전망<br>(교육지원청) | 3차 안전망<br>(도교육청) |
|---|---|---|
| 위(Wee) 클래스 | 위(Wee) 센터 | 위(Wee) 스쿨(경기새울학교)<br>가정형·병원형 위(Wee) 센터 |
| 잠재적 위기학생의<br>조기진단 및 대처 | 위기학생의 진단·상담·치유<br>One-Stop 서비스 지원 | 고위기학생의<br>위탁 교육 |

## ※ 위(Wee) 프로젝트 역할 및 기능

| 구분 | 내용 |
|---|---|
| 위(Wee)<br>클래스<br>(1차) | · 단위학교 내 상담실 설치 및 운영<br>· 전문상담교사 또는 전문상담사 배치<br>· 개인상담/집단상담/특성화 프로그램 운영<br>· 잠재적 위기학생에 대한 초기 진단 및 대처<br>· 위(Wee) 센터(또는 지역사회 관계 기관) 의뢰 및 연계 |
| 위(Wee) 센터<br>(2차) | · 교육(지원)청 내 학생상담지원센터 설치<br>· 전문상담교사, 전문상담사, 임상심리사, 사회복지사 등 학생상담 및 지원 관련 전문인력으로 구성<br>· 위기학생에 대한 전문적인 진단-상담-치료 One-Stop 서비스 지원<br>· 지역사회 내 관계기관과 연계를 통한 경제적·사회적 문제 해결 지원<br>· 교사 및 학부모를 대상으로 하는 교육 및 자문 서비스 제공 |
| 3차 / 위(Wee)<br>스쿨 | · 위기학생의 장기간 치료 및 교육을 위한 기숙형 장기위탁교육기관<br>· 교과교사, 전문상담교사, 전문상담사, 임상심리사, 사회복지사, 치료사 등 전문가팀 배치<br>· 교과활동, 직업진로교육, 방과후활동, 상담활동 등 프로그램 운영 |
| 3차 / 가정형 위<br>(Wee) 센터 | · 가정폭력 및 학교폭력 피해 학생을 위한 상담·교육·보호 기능을 가진 기숙형 위탁 대안 교육 기관<br>· 전문상담사, 사회복지사, 조리사 등 전문가로 구성된 민간 기관 위탁 운영<br>· 교과활동, 직업진로교육, 방과후활동, 상담활동 등 프로그램 운영 |
| 3차 / 병원형 위<br>(Wee) 센터 | · 정서·심리적으로 고위기학생 증가에 따라 치료 지원이 가능하도록 정신과 전문의 병원에서 대안교육 위탁기관 운영<br>· 우울증 및 정서 불안 등으로 정서·심리적 어려움을 겪는 학폭 피해 및 위기학생, 자살 시도 및 자해 등 긴급 사안 발생 관련 학생 대상 운영<br>· 정신과적 고위기학생의 장기간 상담 및 교육을 통한 치유 및 치료 기능 |

출처: 경기도교육청, '2025 위(Wee) 프로젝트 학생상담 운영 및 지원 계획' 중

# EPILOGUE

## "상처는 피한다고 저절로 낫지 않습니다"

학교에서 맡았던 학교폭력 관련 업무 중 심의진행을 포함한 상당 부분이 교육지원청으로 이관된 지 몇 년이 되어갑니다. 이에 더해 2024년부터는 교권침해와 관련한 업무 역시 교육지원청에서 진행하고 있습니다.

학교폭력과 관련한 업무를 하다 보면 언론에 종종 나올 정도로 사안 내용이 심각한 경우가 있습니다. 이 경우 학교에서는 교육지원청의 심의 이전이라도 학교폭력 피해가 크다고 판단하면 피해학생과 가해학생에 대해 긴급조치가 가능합니다. 교권침해 사안 경우에도 유사한 조치를 할 수 있습니다. 이외에도 학교폭력 및 교권침해와 관련하여 여러 제도가 마련되어 있어, 교육현장이 보다 안전한 곳이 될 수 있도록 교육지원청을 포함한 다양한 기관에서 노력하고 있습니다.

하지만 학교폭력과 교권침해 사안을 접수하고 심의를 준비하다 보면 굳이 교육지원청에 심의를 요청하지 않고 얼마든지 당사자 간, 또는 학교 내에서 해결할 수 있을 것 같은 경우도 많습니다. 친구가 째려본 것 같아서, 노란 옷을 입고 갔더니 소시지 같다고 놀려서, 수업 시간에 소리를 질러서, 지나가면서 어깨를 치고 가서 등을 이유로 학교폭력이 접수되곤 합니다.

학부모들은 내 아이는 절대 그런 애가 아닌데 친구를 잘못 만나서 안 좋은 행동을 했다고 그저 남 탓에 바쁜 경우가 많습니다. 심지어 자신 또는 자녀가 분명히 잘못한 게 있긴 하지만, 상대 학생이 자신을 학교폭력으로 신고함으로써 정신적 피해를 입었다는 이유로 학교폭력이라며 신고하기도 합니다. 대체 어쩌라는 것일까요. 그래서 교육지원청에서 심의가 진행되는 사안 중 80% 이상이 '조치 없음'이나 학교생활기록부에 조치사항 기재가 유보되는 1, 2, 3호 조치가 결정되고 있습니다. 정말 아이들을 위한다면 굳이 교육지원청까지 오지 않아야 될 사안들일 것입니다.

이렇게 조치결정이 통보되면 마음에 들지 않는다고, 교육지원청과 학교는 뭐 하는 곳이냐며 다시 목소리를 높이는 경우가 많습니다. 그렇게 당장의 화풀이를 쏟아내는 모습을 보고 있으면, 부모에 대해 화가 나는 걸 넘어서 이런 상황을 견뎌내야 할 아이가 안쓰러워집니다.

학교폭력과 교권침해 모두, 일부 학부모님들은 자녀의 일탈에 대해 애가 크면서 그럴 수도 있지, 뭐 그런 걸 가지고 이러나 하는 태도를 보이는 경우가 있습니다. 심하게는 학부모 스스로가 다른 학생을 대상으로 학교폭력 또는 선생님을 대상으로 교권침해로 인정되는 행동을 하여 물의를 빚기도 합니다.

물론 초·중·고 학생들이 자라는 과정에서 친구들과 또는 선생님과 갈등을 빚는 것은 자연스러운 일입니다. 모든 어른들은 그러면서 어른이 되었습니다. 이런 과정을 통해 자녀가 성장하기 위해서는 잘못된 행동을 돌아보고, 상대방의 상처를 들여다보는 마음을 키워야 할 것입니다. 그래서 교육지원청에 따라 명칭이나 내용이 조금씩 다르지만, 회해중재 프로그램을 마련하여 건강한 교육력 회복을 도모하고 있고 나름의 성과도 확인할 수 있었습니다.

상처는 피한다고 해서 저절로 낫지 않습니다. 보기 싫더라도 상처를 들여다보고 그에 맞는 효과적인 치료를 한다면 새살이 돋아 오히려 더 건강해질 수 있을 것입니다. 학교폭력과 교권침해라는 상처에 대해 학교 선생님들과 교육지원청에서 적절한 교육적 해결책을 마련하기 위해 오늘도 노력하는 이유입니다.

부모님들 사랑과 선생님들 관심 속에 아이들이 갈등을 스스로 해결하는 힘을 키우고 보다 행복하게 학교생활을 해나가는 데 이 책이 작은 도움이 되길 기원합니다.

감사합니다.

# 내 아이가
# 그럴 리 없어요

초판 1쇄 발행    2025년 5월 30일

지 은 이    최건희, 김익환, 노정철, 고재현
펴 낸 이    한승수
펴 낸 곳    문예춘추사

편    집    구본영, 이상실
디 자 인    박소윤
마 케 팅    박건원, 김홍주

등록번호    제300-1994-16
등록일자    1994년 1월 24일

주    소    서울특별시 마포구 동교로 27길 53, 309호
전    화    02 338 0084
팩    스    02 338 0087
메    일    moonchusa@naver.com

I S B N    978-89-7604-728-1    03370

* 이 책에 대한 번역·출판·판매 등의 모든 권한은 문예춘추사에 있습니다.
  간단한 서평을 제외하고는 문예춘추사의 서면 허락 없이 이 책의 내용을
  인용·촬영·녹음·재편집하거나 전자문서 등으로 변환할 수 없습니다.
* 책값은 뒤표지에 있습니다.
* 잘못된 책은 구입처에서 교환해 드립니다.